Howard Blum
Ihr Leben in unserer Hand

Howard Blum

Ihr Leben in unserer Hand

*Die Geschichte der Jüdischen Brigade
im Zweiten Weltkrieg*

Aus dem Amerikanischen
von Michael Arndt

Econ

Wieder für Jenny.
Wie immer in Liebe.

Da kündete Horatio, der Wachhauptmann am Tor:
»Ein jeder wird vom Tod ereilt,
nichts rettet ihn davor.
Und wie stirbt' sich's wohl besser als bei riskantem Tun
für der Väter Angedenken und für der Götter Ruhm?«

aus *Horatio*
von Thomas Babbington MacAuley

Inhalt

Vorbemerkung

Diese Geschichte ist wahr.

Sie handelt von der Jüdischen Brigade, einer 5000 Mann starken Armee aus Palästina, die von den Briten nach Europa geschickt wurde, um dort während der letzten Monate des Zweiten Weltkriegs gegen die Deutschen zu kämpfen.

Diese Geschichte erzählt auch von drei Soldaten – Israel Carmi, Johanan Peltz und Ari Pinschuk –, die sich freiwillig dieser Einheit anschlossen. Die Zeit hatte dem Leben dieser drei Männer ihren Stempel aufgedrückt, aber – und das ist das Entscheidende – diese Männer drückten mit ihren Taten auch der Welt ihren Stempel auf.

Um diese Geschichte mit ihren historischen und individuellen Aspekten erzählen zu können, habe ich mich verschiedener Quellen bedient: Ich führte 114 Einzelinterviews, durchforstete Regierungsarchive in Großbritannien, Israel und den USA und wühlte mich durch ein mittleres Gebirge aus Nachschlagewerken, englischen wie hebräischen. Am Ende dieses Buches führe ich die jeweiligen Quellen nach Kapiteln geordnet an.

Da *Ihr Leben in unserer Hand* größtenteils von diesen drei Männern handelt – wie sie ihr Leben gestalteten und wie sich ihre Bewältigung von Konflikten auf größere Ereignisse niederschlug –, sollten Sie, die Leser, auch erfahren, warum ich überhaupt mit profunder Kenntnis über sie berichten kann. Nun, ich besaß die wertvollste Quelle, derer sich ein

Autor bedienen kann: Augenzeugen. Jeder der drei stellte sich für eine Reihe langer Interviews zur Verfügung. Ich habe ihre Worte auf Tonband, auf Video und auf den gelben Notizzetteln, die ich bei jedem Interview ausfüllte; Israel Carmi und Johanan Peltz gewährten mir darüber hinaus auch Einblick in ihre unveröffentlichten Memoiren. Dabei handelt es sich um detaillierte und nachdenkliche Aufzeichnungen von bemerkenswerter Klarheit, die sich zudem sehr spannend lesen.

Die Quellenangaben am Schluss des Buches zeigen, von welch einzigartigem und unschätzbarem Wert diese Memoiren sowie die Erinnerungen von Lea Pinschuk für mich waren. Für den Moment mag die Feststellung ausreichen, dass diese unveröffentlichten autobiografischen Texte maßgeblich dazu beigetragen haben, exakt wiederzugeben, was jene Menschen vor rund sechzig Jahren gedacht, gefühlt und gesagt haben. Ohne diese Quellen wäre es mir nicht möglich gewesen, diese wahre Geschichte niederzuschreiben.

PROLOG

»Dies ist die Dämmerung«

September 1944

Seit der Invasion in der Normandie waren erst hundert Tage vergangen, doch als sich der Herbst mit den ersten kühlen Nächten ankündigte, war das alliierte Oberkommando zuversichtlich, dass der Krieg in Europa bald vorüber sein würde. Paris war befreit. London erstrahlte wieder im Licht. Die Russen kämpften in Tallin, Riga und in den Straßen von Warschau. Und die Truppen der Alliierten – die größte Armee der Weltgeschichte – näherten sich zügig dem Rhein. Natürlich würde es weitere Kämpfe und weitere Tote geben, aber über den Ausgang des Krieges herrschte im September 1944 kein Zweifel mehr. Während seine Truppen durch Frankreich marschierten, erklärte Dwight D. Eisenhower, der Oberbefehlshaber der alliierten Verbände, den versammelten Kriegsberichterstattern überschwänglich: »Deutschlands militärische Situation ist hoffnungslos.«

In der Obersten Heeresleitung der Wehrmacht waren viele zu einem ähnlichen Schluss gelangt. Generalleutnant Ferdinand Heim, Kommandeur der besiegten Garnison in Boulogne und Überlebender der Einkesselungen von Kiew und Stalingrad, räumte am 19. September 1944 ein: »Jedes Unternehmen hat seinen Abend. Und dies ist die Dämmerung.«

In dieser Zeit der »Dämmerung« wurde dem britischen Premierminister Winston Churchill klar, dass es bald zu spät sein würde, um auf die ständigen Eingaben der Jewish Agency in Palästina zu reagieren. Seit dem Ausbruch des Krieges hatten die Juden im britischen Mandatsgebiet Palästina immer wieder darauf gedrängt, mit einem eigenen Truppenverband innerhalb der Armee Seiner Majestät gegen die Nazis zu kämpfen. Fünf Jahre lang hatten die Briten sie mit Ausreden hingehalten – knappe Ausrüstung, mangelhafte Ausbildungsmöglichkeiten, Rekrutierungsprobleme, man brauche noch etwas Bedenkzeit ... Den wahren Grund für die wiederholten Absagen formulierte der britische Kriegsminister in einem internen Schreiben an den Kolonialminister allerdings ganz unverblümt so: »Wir haben die Juden nicht um solche Einheiten gebeten, und wir können sie für unsere militärischen Absichten auch nicht gebrauchen. Das Kriegsministerium hat im Gegenteil immer ganz klar zum Ausdruck gebracht, dass es eine jüdische Einheit nicht als Hilfe, sondern eher als Peinlichkeit betrachten würde.«

Diese Animosität hatte einen Grund: Der britischen Regierung war bewusst, dass sie es mit Männern zu tun hatte, von denen sie in der Vergangenheit bekämpft worden war und die ihr aller Wahrscheinlichkeit nach auch in Zukunft wieder feindlich gesinnt sein würden. Im Mai 1939 hatten die Briten ein Weißbuch über das Territorium Palästina herausgegeben. Für die Krone war das ein pragmatischer politischer Akt gewesen: Der Weltkrieg war unabwendbar, und man brauchte die Unterstützung der arabischen Nationen, deren Länder an die Ostflanke des Empire angrenzten. Für die Jischuw, die Gemeinschaft der Juden in Palästina, war es hingegen ein niederschmetternder politischer Schritt, eine schamlose Rücknahme früherer Versprechen, in denen die Briten die Errichtung einer »jüdischen nationalen Heimstätte« garantiert hatten. Mit der neuen Politik aber wurde der Landverkauf von Arabern an Juden drastisch beschränkt – und damit auch der Strom jüdischer Einwanderer nach Palästina. Und was für die Gemeinschaft der Juden, die den gewaltsamen Araberaufstand von 1936 noch in lebhafter Erinnerung hatten, von viel größerer Tragweite war: Das Weißbuch kündigte die Gründung eines unabhängigen Palästinenserstaates innerhalb der nächsten zehn Jahre an. Die Juden reagierten mit Wut und Angst auf die Pläne der Briten. Es folgten Aufstände und Generalstreiks und die Hagana, die Untergrundarmee der Jischuw, gab ihre bisherige Zurückhaltung gegenüber den Mandatsbehörden auf. Ihre Kämpfer attackierten Büros und Eisenbahnlinien der Regierung und lenkten die britischen Truppen ab, während Bootsladungen illegaler Einwanderer hektisch an Land wateten und sich in den Sanddünen vor Tel Aviv versteckten.

Erst als im September 1939 der Krieg in Europa ausbrach, drosselte die Jischuw ihren aggressiven Widerstand gegen die Briten – jedenfalls ein bisschen. David Ben Gurion, der Vorsitzende der Jewish Agency in Palästina, kommentierte die neue Situation mit wahrlich salomonischer Präzision: »Wir werden das Weißbuch bekämpfen, als ob es keinen Krieg gäbe, und wir werden im Krieg kämpfen, als gäbe es kein Weißbuch.«

Die Briten überzeugte das nicht. Und als sich die Jewish Agency eilig bereit erklärte, eine eigene Truppe aufzustellen, die zusammen mit den Einheiten des Königs gegen die Nazis kämpfen sollte, wurde dieses Angebot zwar wohlwollend zur Kenntnis genommen, aber am Ende diplomatisch abgelehnt: »Wir begrüßen ihre mutigen Zusagen und werden sie nicht vergessen«, antwortete Churchills Vorgänger Premierminister Neville Chamberlain.

Anstatt den Forderungen der Jewish Agency nachzukommen, erlaubte die Regierung Juden den »Buffs« beizutreten, dem Königlichen Infanterie-Regiment von Ost-Kent, das in Palästina stationiert war. Allerdings bestanden die Briten darauf, dass genauso viele Araber wie Juden rekrutiert würden. So umsichtig diese Gleichstellung politisch auch sein mochte, die Praxis sah anders aus. Als die »Buffs« im August 1942 schließlich in der neuen Kolonialtruppe, den drei Bataillonen des Palästina-Regiments, aufgingen, gehörten mehr als drei Mal so viele Juden wie Araber zur britischen Armee.

Zwei Jahre später – erste Pläne zur Eroberung Berlins wurden skizziert, erste Augenzeugenberichte ließen das Ausmaß der systematischen Übergriffe der Nazis gegen die Juden ahnen –, fand Churchill, es sei genug mit den »immer gleichen, dummen Einwänden«. Er schickte ein persönliches Telegramm an Präsident Roosevelt, in dem er darlegte, die Juden hätten »vor allen anderen das Recht, als erkennbare Einheit gegen die Deutschen zu kämpfen«. Fünf Tage später antwortete der Amerikaner: »Ich habe keine Einwände.«

Am 20. September 1944, das jüdische Neujahrsfest Rosch Ha-Schana hatte gerade begonnen, gab der Rundfunksender BBC folgende Erklärung des britischen Kriegsministeriums bekannt: »Die Regierung Seiner Majestät hat die Aufstellung einer Jüdischen Brigade beschlossen, die an den aktiven Operationen teilnehmen soll. Kern dieser Infanterie-Brigade werden die jüdischen Bataillone des Palästina-Regiments sein. Die notwendige Zusammenziehung zu Ausbildungszwecken wird unmittelbar erfolgen, ehe die Einheit sich an den Kriegsschauplatz begibt.«

Die *New York Times*, die die Ankündigung am folgenden Tag auf Seite 12 kommentierte, tat die Brigade als »Geste« ab. Wenngleich »ihre Befürworter«, so hieß es vorsichtig in dem kurzen Artikel, »hoffen, dass die Einheit verfügbar sein wird, ehe der Endkampf zur Vernichtung des Nazitums stattfindet«. Die Kommentare der britischen Presse waren zwar zustimmend, aber ähnlich skeptisch. Die *Times* sah in der Aufstellung der Jüdischen Brigade eine »symbolische Anerkennung«; der *Manchester Guardian* beklagte, dass die Ankündigung »fünf Jahre zu spät« komme, und *The New Statesman and Nation* befand: »Auch wenn sie spät kommt, begrüßen wir diese Überwindung antisemitischer Vorurteile.«

Generell war man sich einig, dass der Entschluss, eine jüdische Brigade von gerade 5000 Mann in Europa kämpfen zu lassen, militärisch bedeutungslos sei. Der Krieg, so die allgemeine Einschätzung, würde ohnehin bis Weihnachten oder spätestens bis Neujahr vorüber sein. Die Brigade würde also nur eine Fußnote größerer Ereignisse sein und weder den Verlauf des Krieges noch die Gestaltung des Friedens beeinflussen. Und am Lauf der Geschichte würde sie schon gar nichts ändern.

TEIL I

Auf See

November 1944

Eins

———— ✺ ————

D ie Soldaten sangen. Sie hatten spontan hebräische Lieder angestimmt, als die Lastwagen sich den Docks von
Alexandria näherten. Dort lagen die Frachtschiffe, die sie über
das Mittelmeer nach Italien bringen würden. Es war ein strah-
lender Dienstagmorgen, der letzte Oktobertag 1944, und endlich zogen die Juden aus Palästina in den Krieg.

In den zurückliegenden drei Jahren hatten die Freiwilligen
der drei britisch-palästinensischen Infanterieregimenter die
Tage mit eintönigem Wacheschieben in Nordafrika verbracht,
hatten versucht, dreisten arabischen Jugendlichen gestohlene
Ziegen wieder abzujagen und in den Hügeln im Norden von
Tel Aviv den Umgang mit veralteten Waffen geübt. Der Krieg,
der in Europa wütete, schien Lichtjahre entfernt. Doch vor
fünf Wochen hatte man die drei Bataillone nach Burg-el-Arab
beordert, einem flachen Wüstenstreifen ohne jede Vegetation
zwischen El Alamein und Alexandria, sie dort in aller Eile
ausgerüstet und zur einsatzbereiten Jüdischen Brigade umge-
formt. Die historische Bedeutung dieser Soldaten, die nun mit
dem goldenen Davidstern auf ihren blauen Schulterklappen
nach Europa zogen, war dem neuen britischen Kommandeur
der Brigade durchaus bewusst. Brigadegeneral Ernest Frank
Benjamin hatte seinen Offizieren verkündet, dass »dies die
ersten offiziellen jüdischen Kampftruppen sind, seit Judäa den
römischen Legionen anheimfiel«. Die Männer, die nun von
den Achterdecks der auslaufenden Schiffe zusahen, wie die

ägyptische Küste allmählich verschwand, bewegten andere Gedanken: Jüdische Einheiten waren endlich unterwegs, um einen Feind zu stellen, der ihr Volk auslöschen wollte.

Feldwebel Israel Carmi war nicht mit den anderen an Deck, als die »SS Stafford« auslief. Er hielt Wache bei den Kojen. Die Hagana hatte ihn beauftragt, zwei Männer mit dem Truppentransport nach Europa zu schmuggeln. Vor einigen Tagen hatte er zwei Uniformen gestohlen, die seine Frau im Kibbuz umgenäht hatte, sodass die beiden unbemerkt mit den übrigen Soldaten über die Gangway marschieren konnten. Carmi war klar, dass die beiden einen britischen Offizier nicht so leicht täuschen konnten. Also blieb er bei ihnen. Bevor jemand Verdacht schöpfen könnte, würde er vermittelnd einspringen. Und wenn das nicht half ..., nun, er war darauf vorbereitet, alles Nötige zu tun, damit die beiden blinden Passagiere Europa sicher erreichten. Carmi war zwar Feldwebel der britischen Armee, aber sein Herz schlug für die Hagana und für *eretz* – das Land, das er zurückließ.

Hauptmann Johanan Peltz fand in dieser Nacht keinen Schlaf. Er stieg an Deck und lehnte sich an die Reling. Der Mond stand hoch am Himmel und ließ das Meer silbern schimmern. Von der Küste war nichts mehr zu sehen, und er war froh darüber. Sieben Jahre hatte er in dieser primitiven, unerträglich heißen Gegend verbracht – jetzt endlich konnte er sie verlassen.

Es hatte in diesen bösen Zeiten etwas Blasphemisches, aber er konnte die Vorfreude nicht unterdrücken, wenn er sich ausmalte, wie er nach Kriegsende nach Zabiec zurückkehren würde, dem Wohnsitz seiner Familie in Polen. Er sah alles ganz deutlich vor sich. In einem Pferdewagen würde er sich durch die Kastanienallee bis vor die Haustür des großen Ziegelhauses fahren lassen. Es wäre Essenszeit; alle würden zu Hause sein. Er würde die breiten Steinstufen hinaufgehen, und wenn das Hausmädchen die Tür öffnete, würde er sie anweisen, ihn nicht anzukündigen. Dann würde er in seiner britischen Offiziersuniform über die schwarzweißen Fliesen der Vorhalle zum Speisezimmer schreiten, und seine Eltern und Großeltern würden stolz und überglücklich vom Tisch aufspringen, um ihren heimkehrenden Helden zu begrüßen.

Leutnant Ari Pinschuk spielte im Funkraum Bridge. Sein Magen grummelte unruhig. Es fiel ihm schwer, sich auf die Karten und die Gespräche seiner Mitspieler zu konzentrieren. Er war als Offizier der Jüdischen Brigade an Bord, doch seine Fahrt nach Europa hatte auch sehr private Gründe. Pinschuk dachte an all die Dinge, die er womöglich tun musste, dachte an all die Hindernisse, denen er vielleicht gegenüberstehen würde. Und immer wieder tauchte die quälende Frage auf: *Mama, Papa, Lea, was ist aus euch geworden?*

Es war fast drei Uhr morgens, als Pinschuk endlich seine Koje aufsuchte. Ein Sturm war aufgekommen, die »SS Stafford« rollte heftig hin und her. Brecher krachten gegen den Bug, Seewasser schoss über das Deck. Pinschuk spürte seinen Magen und hoffte inständig, dass sich das Wetter bald bessern würde.

Zwei

———∽———

Den ganzen Vormittag über schüttete es, der Wind peitschte unvermindert über die See. Die »Stafford« tanzte auf den hohen, dunklen Wogen hin und her; ihr Heck ragte steil aus dem Wasser, wenn der Bug abwärts stürzte. Ein Stapel festgezurrter Holzkisten auf dem Vorderdeck wurde immer wieder von schäumendem Wasser überspült, sodass die Halteseile irgendwann nachgaben. Die Kisten schlitterten quer über das Deck, krachten ineinander und schossen schließlich über Bord in die brodelnde See.

Die Männer unter Deck wurden hin- und hergeworfen, kaum jemand konnte sich auf den Beinen halten. Trotzdem drängte es Carmi, als er von anderen Hagana-Mitgliedern von der Wache bei den zwei blinden Passagieren abgelöst wurde, ein bisschen herumzulaufen. Er wollte aus dem stickigen, beengten Laderaum mit den Doppelstockkojen heraus, unter dem die Maschinen bedrohlich dröhnten, während sich das Schiff vorankämpfte. Schwankend hangelte er sich einen schmalen Korridor entlang bis zu einem Schott, hinter dem es nach oben ging. Doch dort hatte man einen Posten aufgestellt, der leichtsinnige Soldaten daran hindern sollte, an Deck zu gehen. Carmi wurde zur Messe umgeleitet.

Der Raum war fast leer – kein Wunder, dass bei diesem Wetter niemandem nach einer Mahlzeit zumute war. Carmi wollte sich gerade wieder zum Gehen wenden, als er am anderen Ende des Raumes einen Offizier bemerkte. Der Mann saß

24

mit durchgedrücktem Rücken allein auf einer der Bänke, die an den langen, grauen Tischen festgeschraubt waren. Seine strahlend blauen Augen schienen einen entfernten Gegenstand zu fixieren, mit den Händen klammerte er sich fest an die Tischplatte.

Fast sechs Jahre war es her, dass die beiden zusammen bei der palästinensischen Polizei gearbeitet hatten, aber Carmi erkannte den anderen sofort. Natürlich hatte auch er die Geschichten über ihn gehört. Der Mann war von der Hagana für *porshim*, für unzuverlässig, erklärt worden. Die Führer der Untergrundbewegung hatten sogar seine Ernennung zum Offizier in der britischen Armee zu hintertreiben versucht. Doch für Carmi waren diese Dinge bedeutungslos. Als er Johanan Peltz am anderen Ende des Raums sitzen sah, empfand er nichts als Zuneigung für einen alten Freund.

Die beiden Männer waren sich im Winter 1937 auf dem Reitgelände der Polizeischule von Jerusalem in der Nähe des Skopus-Bergs begegnet, wo die neuen Rekruten ihre Pferde aussuchten. Peltz begutachtete gerade eine stämmige kastanienbraune Stute, die gut 1.70 Meter maß. Auf der Stirn trug sie einen weißen Stern, zu dem ein weißer Strumpf an der rechten Vorderfessel passte. Das Tier war in schlechter Stimmung und schnaubte drohend, als Peltz ihm die Flanke tätschelte. Carmi, der sich auf Anordnung der Hagana ohne besonderen Enthusiasmus als Reiter für den Dienst in den Kolonialtruppen gemeldet hatte, sprach den Neuen an: »Ist 'ne Menge Pferd«, meinte er hilfreich. Peltz nahm die Bemerkung als Herausforderung. »Und ich bin 'ne Menge Reiter«, erwiderte er und schwang sich behände auf das Tier. Auf dem Reitplatz gab er eine meisterliche Vorstellung, die damit endete, dass er in vollem Galopp eine der blauen *Kolpaks* vom Boden fischte, die die palästinensische Polizei als Kopfbedeckung verwendete.

»Die tut's«, sagte er und sprang zu Boden. Nun musste er nur noch einen passenden Namen für die Stute finden. Darauf hatte der britische Kavalleriefeldwebel bestanden. Peltz besah sich die Stute von oben bis unten, aber ihm fiel nichts Passendes ein. Der Feldwebel wurde langsam ungeduldig: »Fehlt dir was, mein Sohn? Gehirn zu Hause gelassen?«

Peltz schnaubte verärgert. »Wenn dir nichts einfällt«, kam Carmi zu Hilfe, »dann nenn sie doch ›die Namenlose‹.« Peltz stimmte sofort begeistert zu.

Die beiden Männer aßen an jenem Tag gemeinsam zu Abend und redeten bis spät in die Nacht hinein – eine Freundschaft nahm ihren Anfang. Carmi mochte Peltz' selbstbewusste Art, seine Bereitschaft, sich Herausforderungen zu stellen. Peltz wiederum hatte Hochachtung vor der kompromisslosen Entschlossenheit des altgedienten Hagana-Kämpfers, sich für die Dinge einzusetzen, an die er glaubte. In jenem kalten Jerusalemer Winter verbrachten sie viel Zeit miteinander. Als Carmi im Frühjahr jedoch in den Norden versetzt wurde und Peltz das Kommando über eine abgelegene Polizeistation am Südzipfel des Toten Meeres bekam, riss der Kontakt ab.

Carmi zögerte. Sollte er den alten Freund stören? Peltz wirkte wie in Trance. Ob es besser war, das Wiedersehen um einen Tag zu verschieben? Worüber er wohl nachdachte? Carmi gab sich einen Ruck. Es gab nur einen Weg, dies herauszufinden.

»Wie geht's der Namenlosen?«

Überrascht blickte Peltz auf.

»Verkauft«, sagte er. »Hat gutes Geld gebracht. Ansonsten ist's nichts mehr mit Reiten. Hab 'ne Kugel ins Knie gekriegt, und jetzt tut's das Bein nicht mehr richtig. Bekomme Pferde nicht mehr in den Griff.«

»Ich hab die Geschichte gehört«, entgegnete Carmi und ließ durchblicken, dass er die *ganze* Geschichte gehört hatte: über den Überfall von Sdom, aber auch über die anschließende Auseinandersetzung mit den Führern der Untergrundorganisation. Carmi versicherte seinem alten Freund, dass seine eigene Zugehörigkeit zur Hagana nichts an ihrer Freundschaft ändern würde.

»Setz dich, Israelik«, sagte Peltz dankbar.

Carmi ließ sich gegenüber auf die Bank fallen und berichtete Peltz, dass er ihn schon eine Weile beobachtet hatte. »Ich wäre beinahe wieder gegangen. Du sahst völlig in Gedanken versunken aus.«

»War ich auch.«

»Und?«

Peltz besann sich einen Moment, dann erzählte er, was ihm durch den Kopf gegangen war. Als er sechs Jahre alt war, war ein neuer Reitlehrer auf das Gut seiner Eltern nach Zabiec gekommen. Er hieß Tony Power und war ein in Oxford ausgebildeter englischer Armee-Hauptmann, der eigentlich als Kavallerie-Verbindungsoffizier nach Polen geschickt worden war. Power hatte den Jungen unterrichtet, bis der auf die höhere Schule kam, und Johanan hatte ihn vergöttert. Während ihrer gemeinsamen Jahre hatte Peltz nicht nur gehobenes King's English gelernt, sondern auch versucht, die scheinbar beiläufige Überlegenheit der Briten zu imitieren. Haltung, Selbstdisziplin und Willenskraft hätten für ihn den Kern der »Britishness« seines Lehrers ausgemacht, so Peltz. Eine Geschichte, die Power einmal erzählte, hatte den jungen Peltz besonders beeindruckt. Der englische König, so hatte der Lehrer seinen jungen, unsteten Schüler belehrt, sei in der Lage, stundenlang aufrecht im Sattel zu sitzen, während Truppen in endlosem Aufmarsch an ihm vorüberdefilierten. »›Und weißt du auch, wie der König den Drang zum Pinkeln bekämpft?‹, zitierte Peltz den Briten. »›Er beschließt, einfach nicht zu müssen.‹«

»Du hast vermutlich nicht grundlos an diese Geschichte gedacht, Johanan«, meinte Carmi fragend.

»Die Seekrankheit. Jedem hier ist speiübel, nur mir nicht. Ich habe beschlossen, dass ich nicht seekrank werde, also bin ich nicht seekrank.«

Carmi dachte kurz über diesen Trick nach, dann stichelte er: »Wetten, ich schaffe das genauso lange wie du?«

»Warten wir's ab«, brummte Peltz.

Es war nur ein harmloser Wettstreit, aber beide waren entschlossen, ihn zu gewinnen.

★ ★ ★

Tief unten im Bauch des Schiffes quälte sich Ari Pinschuk. Er war seekrank und hatte einen Großteil des Nachmittags damit verbracht, zwischen seiner Koje und den Latrinen hin und her zu eilen. Jetzt erhob er sich und zwang sich, das schlingernde Schiff zu erkunden. Er hoffte, dass diese Maßnahme sich besänftigend auf seinen Magen auswirken würde. Auf jeden Fall war es besser, als elend auf seinem schaukelnden Bett zu liegen, eingehüllt in stickigen Dunst aus Maschinenöl und Schweiß.

Schon nach wenigen Metern merkte er, dass er sich irgendwo hinsetzen musste, und begab sich wacklig in Richtung Messe. An der Tür prallte er entsetzt zurück.

Als frisch gebackener Leutnant hatte Pinschuk das Kommando über einen Zug bekommen, der Peltz zur Ausbildung unterstellt war. Peltz hatte sich als ausgesprochen unbarmherzig erwiesen. Selbst den Briten im Sarafand-Camp am Rand von Tel Aviv war dies nicht entgangen; ein schottischer Unteroffizier hatte für Peltz den Beinamen »The Skinner« in Umlauf gebracht, weil er seinen Leuten das Äußerste abverlangte. Endloses Training mit dem Bajonett, Schießübungen, bis die Männer Schwielen am Abzugsfinger bekamen, und strapaziöse Geländemärsche, bei denen die Gruppe in voller Montur und mit atemberaubendem Tempo bei praller Sonne durch die Dünenlandschaft von Rischon Letzion hetzte – Peltz hielt seine Leute unnachgiebig und mit beinah grausamem Eifer auf Trab. Wenn Pinschuk abends auf seine harte Pritsche fiel, war er vollkommen erschöpft, alles tat ihm weh. Mit der Zeit begann er den autokratischen Peltz zu verabscheuen.

Und nun traf er seinen ehemaligen Schinder ausgerechnet auf der »SS Stafford« wieder. Als er sich zum Gehen wandte, entdeckte er den stämmigen Mann, der Peltz gegenübersaß. Er zögerte. Er war Israel Carmi nie persönlich begegnet, aber er hatte schon viel von ihm gehört, vor allem über seine Aktivitäten in der Hagana. Wie viele Soldaten, war Pinschuk überzeugt davon, dass die Brigade niemals nach Europa geschickt worden wäre, wenn Carmi bei der Stationierung des 2. Bataillons in Benghasi keine Meuterei angezettelt hätte. Wären die Briten nicht gezwungen worden, sich mit der Wut und Entschlossenheit der jüdischen Soldaten auseinander zu setzen, dann hätten sie die Brigade womöglich völlig aus dem Krieg herausgehalten. Für Pinschuk war Israel Carmi ein echter jüdischer Held. Die Gelegenheit, ihn kennen zu lernen, wollte er sich trotz seiner Aversion gegen Peltz auf keinen Fall entgehen lassen. Er hangelte sich zum Tisch der beiden hinüber. Zu seiner großen Freude lud Carmi ihn spontan ein, Platz zu nehmen. Es dauerte nicht lange, bis Peltz ihm das »Spiel« erläuterte, mit dem er und Carmi sich gerade beschäftigten. »Na, wie steht's Ari? Machst du mit?«

Drei

———cℵϽ———

Es war ein eigentümlicher Wettbewerb ohne sichtbare Folgen. Jeder der drei Männer stemmte sich gegen eine Niederlage. Während die Schwächeren stöhnend und würgend unten im Bauch der »Stafford« lagen, die sich schlingernd durch die See kämpfte, wagten sie allein, sich dem Sturm zu stellen. Dieses Gefühl verband das ungleiche Trio – auch wenn Pinschuk sich nach wie vor elend fühlte. Er hatte Peltz' Herausforderung nicht annehmen wollen, aber eine Ablehnung wäre ihm wie ein Kneifen erschienen. Und nachdem er sich nun einmal darauf eingelassen hatte, wollte er Peltz, dem man den Siegeswillen deutlich anmerkte, nicht die Genugtuung eines einfachen Erfolges geben. Außerdem wollte er sich nicht vor dem großen Israel Carmi blamieren. Doch das war einfacher gesagt als getan. Pinschuk musste seine ganze Selbstdisziplin und Konzentration aufwenden, um gegen die Auswirkungen des Sturms anzukämpfen. Hinzu kam, dass er sich schwer tat, etwas zur Unterhaltung beizutragen. Ari war kein geselliger Typ, der aus einem Repertoire von Anekdoten schöpfen konnte. Er tat sich mit Smalltalk eher schwer und sprach lieber von ernsthaften Dingen. So kam es, dass er eine Geschichte wiedergab, die sein Vater ihm früher immer wieder erzählt hatte. Gerade jetzt, auf dem Weg nach Europa, waren ihm die Worte seines Vaters besonders intensiv in Erinnerung.

Als sich die Front im Verlauf des Ersten Weltkriegs unvermittelt zum Südlichen Bug hin verschoben hatte, waren Kosaken in Aris Geburtsort eingefallen, ein Dorf in der West-Ukraine namens Reflowka. »Der ganze Ort«, beschrieb Pinschuk mit einer jiddischen Metapher, »war nicht größer als ein Gähnen.« Nichtsdestotrotz fanden die Kosaken großen Gefallen daran, die Häuser und Läden der Juden zu plündern. In alldem Aufruhr entdeckte Pinschuks Vater plötzlich auch Iwan, einen Ukrainer, der der Familie nahe stand. »Er machte am Sabbat immer Feuer in den Öfen und löschte in der Synagoge die Lichter«, erzählte Pinschuk. »Er konnte davon ganz gut leben, und wir betrachteten ihn eigentlich als Freund. Aber jetzt sah mein Vater ihn mit einem Sack Mehl davonlaufen, den er einem jüdischen Händler gestohlen hatte. Ein Nachbar von uns, der die Szene beobachtet hatte, rief: ›Iwan, was soll denn das?‹ Er warf dem Nachbarn lediglich einen verächtlichen Blick zu und rannte weiter. Es war bloß ein Sack Mehl, also wirklich nichts Kostbares. Aber mein Vater beschwor mich, ich solle mir diese Szene einprägen, denn sie zeige, was uns von Seiten all der ›Iwans‹, all unserer so genannten Freunde und Nachbarn, drohe, wenn sie nur die geeignete Gelegenheit fänden. Und ich fürchte«, schloss Pinschuk, »dass sie nun genau diese Gelegenheit bekommen haben.«

Niemand sprach. Pinschuks Offenheit war bedrückend. Nach einer Weile ergriff Peltz das Wort. Nach seiner Auffassung gab es Juden, die zu Opfern wurden, und Juden, die sich wehrten. Man musste nur den Mut haben, zu kämpfen – wie sein Großvater. Dieser hatte, als eine Horde marodierender russischer Soldaten über ihren Wohnsitz in Polen hergefallen war, zwei der Eindringlinge mit einer Eisenstange getötet. Der erst 19 Jahre alte Hüne musste noch in derselben Nacht aus Polen fliehen. Er schlug sich bis in die Türkei durch, wo er auf einen Wanderzirkus stieß, der jedem einen Geldpreis zusagte, der »Gregor den Unbezwingbaren« im Zweikampf besiegte. Peltz' Großvater gewann den Kampf, und der Zirkus bot ihm an, sich den Schaustellern anzuschließen. Zwei Jahre lang zog sein »großer Großvater«, wie Peltz ihn bewundernd nannte, als Muskelmann mit dem Zirkus durch die Lande. Eisenstangen krumm und Hufeisen mit seinen mächtigen Händen gerade biegend bereiste er den Nahen Osten. Als er schließlich nach Polen zurückkehrte, heiratete er die Tochter eines begüterten Mannes. Zabiec mit seinen 24 000 Hektar Wäldern, Weizenfeldern und Obstgärten brachte die Braut als Mitgift in die Ehe.

»Du siehst, Ari«, fügte Peltz an, »nicht jeder von uns hat Angst vor den Iwans. Vielleicht sollten all die Iwans da draußen eher Angst vor den Juden haben.«

Pinschuk war da weniger optimistisch. »Gregor der Unbezwingbare« war *ein* Gegner, die deutsche Wehrmacht war etwas ganz anderes. Noch ehe er seine Bedenken mitteilen konnte, überkam ihn ein drängendes Gefühl der Übelkeit. Er musste aus diesem Raum hinaus, und zwar sofort.

Carmi kam ihm zuvor: »Ganz schön spät schon. Ich gehe mal besser.« Und verließ gemessenen Schrittes die Messe. Wenige Augenblicke später flüchtete Pinschuk. Nur Peltz blieb mit eisern durchgedrücktem Rücken sitzen. Er genoss seinen Sieg. Tony Power hätte es nicht besser machen können.

Als Peltz schließlich seine Koje aufsuchte, konnte er nicht einschlafen. Er fischte einen Brief aus der Brusttasche seiner Uniform, den er vor über zwei Jahren von seinem »großen Großvater« erhalten hatte. Er hatte ihn so oft gelesen, dass er ihn auswendig konnte, aber die Worte zu betrachten, tat ihm immer wieder gut. »… und seitdem, mein geliebter Enkel, gehört der Hof wieder uns. Er ist jetzt völlig schuldenfrei, und ich denke, ich kann alles in seiner alten Pracht wieder auferstehen lassen. … Wir hoffen, dass Du in einem oder spätestens in zwei Jahren wieder in Zabiec bist. Ein gesatteltes Pferd steht dann für Dich bereit …«

Ari Pinschuk kauerte sich auf seine Pritsche. Jeden Abend, wenn er einzuschlafen versuchte, drängten sich die gleichen

Sätze in sein Bewusstsein. »Unsere Kuh lebt noch und gibt auch noch Milch«, hatte sein Vater ihm vor drei Jahren in diesem letzten Brief versichert, den Pinschuk von zu Hause bekommen hatte. Er erinnerte sich an die alte, kranke Rotgefleckte und daran, wie er an einem verschneiten Abend während seines letzten Winters in Reflowka seinem Vater geholfen hatte, das Tier die drei Stufen zum Haus hochzuschieben. Seine Mutter und Lea, seine kleine Schwester, hatten sich wegen des Gestanks beschwert, aber sie hatten keine Wahl gehabt: In ihrem zugigen Stall wäre die Kuh erfroren. Als er sich an das Gezerre und Geschiebe auf der kurzen Treppe erinnerte, musste er beinah laut loslachen. Doch wie immer verflog der kurze Moment der Heiterkeit schnell und seine Gedanken wanderten zu seinen Eltern und seiner Schwester. Er war aus Reflowka geflohen, er hatte sie verraten.

Er schloss die Augen und erneuerte seinen stillen, erlösenden Schwur: *Mama, Papa, Lea – ich werde euch retten. Was immer ich dafür tun muss, ich werde euch retten.*

Carmi interessierte sich nicht für die Vergangenheit. Seine Sorge galt der Gegenwart. Es war keine plötzliche Übelkeit gewesen, die ihn zu seinem plötzlichen Aufbruch aus der Messe veranlasst hatte, auch wenn es für die anderen so ausgesehen haben mochte. Es war reine Pflichterfüllung, denn er war wieder an der Reihe, bei Israel Sapir und Mischa Notkin, den beiden blinden Passagieren, zu wachen. Aber das konnte er weder Peltz noch Pinschuk sagen. Er hatte der Hagana absolute Verschwiegenheit geschworen. Die Jewish Agency in Palästina schickte sie nach Europa, um herauszufinden, ob an den Gerüchten über die Arbeitslager etwas Wahres war. Es hieß, die Juden würden dort vergast. Carmi war kein religiöser Mensch, aber er glaubte an Gott. Und dieser Glaube sagte ihm, dass das Böse nicht derart mächtig, derart perfekt sein konnte, wie die Nachrichten, die nach Palästina gelangt waren, dies vermittelten.

»Mischa«, sagte er, »diese Lager. Glaubst du, dass es wirklich so schlimm sein kann? Ich meine, was da erzählt wird?«

» Wir werden es bald wissen. Bald werden wir uns mit eigenen Augen überzeugen. «

★ ★ ★

Am nächsten Tag ließ der Sturm endlich nach, das Meer wurde ruhiger. Drei Tage würden die Einheiten der zwei Bataillone, insgesamt über tausend Mann, noch auf See sein.

Wir hoffen, dass du bald wieder in Zabiec bist.
Unsere Kuh lebt noch und gibt auch noch Milch.
Bald werden wir uns mit eigenen Augen überzeugen.

TEIL II

Fiuggi

Herbst – Winter 1944/45

Vier

———— ✼ ————

Kaltes, deprimierendes Regenwetter lag über dem italienischen Kurort Fiuggi. Die Maulbeerbäume, die die Straßen säumten, waren kahl, die gepflasterten Plätze menschenleer. Die Kurhotels waren längst geschlossen. Doch in der zweiten Novemberwoche 1944 kam im strömenden Regen wieder Leben in das Städtchen.

Nachdem sie in Tarent von Bord gegangen war, hatte sich die Jüdische Brigade, nun Teil der britischen 8. Armee, in einem langen Konvoi nach Norden bewegt. In Fiuggi bekam sie den Befehl anzuhalten und ein Basislager einzurichten. Innerhalb weniger Tage wurde der kleine Kurort – rund achtzig Kilometer östlich vom befreiten Rom gelegen – zu einem Militärlager. Die Soldaten wurden in den beiden betagten Grand Hotels einquartiert. In den großen, mit reichlich Gold verzierten Suiten wurden reihenweise Feldbetten aufgestellt. Die Mahlzeiten wurden unter einem riesigen Lüster in einem der Bankettsäle eingenommen, dessen Wände mit herumtollenden Putten geschmückt waren. Die morgendlichen Sportübungen absolvierten die Soldaten in einem Ballsaal mit Parkettboden.

In einer Abfüllfabrik für das berühmte Quellwasser der Stadt richtete die Brigade ihr Hauptquartier ein. Auf dem Weg zu ihren Schreibtischen liefen die Stabsoffiziere jeden Tag durch Korridore, in denen tausende blassgrüne, leere Flaschen standen. Abends kehrten sie in ihr Hotel zurück und vertrieben sich die Zeit in einem Salon voller üppig dekorierter Sofas und Sessel, nippten an Marsala und spielten Bridge.

★ ★ ★

In diesem Winter war die Lage an der italienischen Front ruhig. Der Feind hatte sich in Richtung Po-Ebene zurückgezogen und dort verschanzt. Die 23 deutschen Divisionen bildeten eine mäanderförmige Abwehrlinie, die sich über die Hügel, Höhenzüge und Flussufer südlich von Bologna hinzog. Wenn sich die Wehrmacht nicht mit dem Wetterumschwung am Ende des Winters ergeben würde, müsste die letzte große Offensive des Italienfeldzugs der Alliierten die Entscheidung bringen. Zunächst aber stand der lange Winter vor der Tür, und die Jüdische Brigade wartete in Fiuggi ungeduldig auf ihren ersten Einsatz.

Das Übungsgelände der Brigade lag einen Zwei-Stunden-Marsch von der Ortschaft entfernt hoch oben in den Abruzzen. Als Carmi seinen Zug zum ersten Mal auf einem steilen, gewundenen Pfad die Berge hinaufführte, fing es an zu schneien. Für viele der Männer – für die in Palästina geborenen *Sabras* ebenso wie für die Afrikaner und Jemeniten – war das Gewirbel aus weißen Flocken fast so ein Wunder wie vom Himmel fallendes Manna. Carmi erinnerte der Schnee an sein früheres Leben, an die trostlose Welt, die er hinter sich gelassen hatte. Zehn Jahre waren vergangen, seit er als schüchterner, Deutsch sprechender 17-Jähriger aus dem winterlichen Danzig nach Palästina gekommen war. In seiner neuen Heimat hatte er seinen europäischen Namen – Weinberg – schnell abgelegt. Er wollte nur noch hebräisch sprechen, die Prägungen der Vergangenheit auslöschen und als Pionier ein neuer Mensch werden. Er wählte den Namen Carmi und wurde bald in den ländlichen Kibbuz Giv'at Haschloscha aufgenommen. Dort arbeitete er von morgens bis abends auf Obstplantagen, die von wunderbar duftenden, gelb blühenden Akazien gesäumt waren. Hier in Palästina fühlte er sich wie neugeboren und empfand tiefe Dankbarkeit für die

Jischuw. Die Zugehörigkeit zur jüdischen Gemeinschaft gab ihm neues Selbstvertrauen. Zum ersten Mal in seinem Leben empfand er Stolz – zu Hause in Danzig hatte er oft genug ein Gefühl der Minderwertigkeit empfunden, weil er als Jude geboren war. Seine Zukunft sah er in einem erfüllten, arbeitsamen Landleben, in der Verwandlung von Wüste in fruchtbares Land, in dem Milch und Honig flossen – bis die Hagana, die ein gutes Auge für unentdeckte Begabungen hatte, Carmi kurz vor seinem 21. Geburtstag für sich entdeckte. Ohne zu zögern trat Carmi der illegalen Untergrundarmee bei. Seine Vereidigung fand tief in der Nacht in einem schwach erleuchteten Keller einer höheren Schule in Tel Aviv statt. Die eine Hand auf einem Revolver, die andere auf eine Bibel gepresst, schwor Carmi, die Jischuw notfalls mit seinem Leben zu verteidigen. Sein ruhiges Landleben war vorüber.

Auf Befehl der Hagana trat er der von den Briten kontrollierten palästinensischen Polizei bei. Sein Dienst dort verlief relativ ruhig, bis 1936 eine Revolte der Araber ausbrach. Sie protestierten dagegen, dass sich die jüdische Bevölkerung in der Region während der vergangenen zehn Jahre bereits verdoppelt hatte, und die Briten immer noch nichts unternahmen, um diesen Zuwandererstrom zu bremsen. Carmi gehörte damals zu einer Abteilung, die gegen die zahlenmäßig überlegenen Araber um den Zitronenhain von Kfar Jekhezkel kämpfte. Bei späteren Einsätzen an der Nordgrenze focht er im Nahkampf gegen Beduinen. In seinen jungen Jahren bereits ein erprobter Kämpfer, wurde er für den Dienst in den berühmten Nachtkampfeinheiten ausgewählt. Unter dem exzentrischen Aristokraten Orde Wingate, einem britischen Kolonialoffizier, der den Trompeter häufig ein Widderhorn blasen ließ, während er seine Stoßtrupps auf Araber hetzte, lernte Carmi, wie man den Kampf in die Häuser der Feinde trägt und wie man kommandiert. Für seine Einsätze unter dem schneidigen Wingate erhielt Carmi in einer feierlichen Zeremonie im Palast des Hochkommissars in Jerusalem die Tapferkeitsmedaille der Kolonialpolizei verliehen.

Nach drei langen Jahren kehrte Carmi nach Giv'at Haschloscha zurück, heiratete Tonka, eine kesse, blauäugige Frau aus dem Kibbuz und versprach ihr am Abend ihres Hochzeitstages, dass er von nun an als Landmann Apfelsinen und Melonen anbauen würde. Doch als das Weißbuch veröffentlicht wurde, gab es einen neuen Feind. Und nicht lange, da streckte die Hagana wieder die Hand nach ihm aus.

Carmi wurde einer Gruppe namens PUSH zugeteilt, einer Sondereinheit der Hagana, gebildet aus kampferprobten Soldaten von unerschütterlicher Loyalität. Ihre Aufgabe bestand darin, die führenden Köpfe der Untergrundbewegung und deren versteckte Ausbildungsstätten vor dem Zugriff der britischen Sicherheitskräfte zu schützen. Carmi fand sich an vorderster Front wieder.

Als in Europa schließlich der Krieg ausbrach, befahl die Hagana Carmi, den »Buffs« beizutreten. Die Briten wollten ihn aufgrund seiner Erfahrung zum Offizier befördern, aber die Hagana war der Ansicht, er könne der Jischuw effektiver dienen, wenn er unauffällig bei den Mannschaftsdienstgraden bliebe. So wurde er Feldwebel. Als Soldat bei den »Buffs« hatte sich Carmi nie richtig wohl gefühlt. Für ihn lag der einzige Sinn in seiner Zeit bei der britischen Armee darin, dass er eine angemessene militärische Ausbildung bekam, die für die Verteidigung der Jischuw von großem Nutzen war. Und – er würde gegen die Nazis kämpfen können. Doch vier frustrierende Jahre lang war nichts passiert. Nach der Ankunft der Brigade in Italien hatte die Aussicht auf baldige Kämpfe Carmi mehr und mehr elektrisiert. Stattdessen würde er nun den ganzen Winter – vielleicht noch länger – in Fiuggi im Feldlager festsitzen.

Nun stapfte er mit seinem Zug durch den italienischen Schnee und stellte sich immer wieder die quälende Frage: Würde dieser Krieg vorbei sein, ehe eine jüdische Armee die Gelegenheit bekäme, die Nazis im Kampf zu stellen?

Fünf

———◦✧◦———

Während der Marschbefehl an die Front auf sich warten ließ, begannen die Briten mit der Ausbildung der Jüdischen Brigade. Die Soldaten lernten, wie Stoßtrupps angreifen und sich verteidigen, wie Flüsse überquert werden, sie wurden im Häuser- und Straßenkampf geschult, wurden im Einsatz von Minen unterwiesen sowie in der Nachrichtenübermittlung und -verschlüsselung. Am wichtigsten erschienen Carmi jedoch die Kenntnisse, die die Briten seinem Zug auf dem Schießplatz vermittelten. Altgediente Stabsfeldwebel zeigten seinen Männern, wie man mit leichten Maschinengewehren umgeht, wie man Mörser bedient und wie man den Feind mit Artilleriefeuer belegt. Was Carmi besonders faszinierte, war, dass bei allen Übungen scharf geschossen wurde – auf dem ganzen Übungsplatz waren Munitionskisten frei zugänglich. In den Ausbildungslagern in Nordafrika waren viele Männer noch mit Besenstielen auf dem Exerzierplatz herummarschiert. Und Carmi erinnerte sich auch noch gut an nicht allzu lang zurückliegende Zeiten, als man britische Waffen und Munition nur bekam, wenn man sie stahl.

Die Waffendiebstähle hatten während des Sommers 1942 begonnen. Rommels Panzer jagten durch Nordafrika, das Kriegsgeschehen rückte plötzlich bedenklich nah an Palästina heran. Nachdem die Briten entschieden hatten, sich aus dem Nahen Osten zurückzuziehen und eine neue Verteidigungslinie in Indien zu errichten, schlug die Stimmung in

Palästina um. Von den Briten im Stich gelassen, sahen die Führer der Jewish Agency und der Hagana den Zeitpunkt für gekommen, sich auf den Tag einzustellen, an dem die Nazis vor der Tür stehen würden. Unter dem Codenamen *Maoz Haifa*, Festung Haifa, würden die Jischuw sich auf den Hügeln und in den Schluchten von Haifa sammeln und bis zum letzten Mann kämpfen. Es würde ein zweites Masada werden – am Ende würden die Nazis triumphieren. Die Niederlage würde aber auch eine gute Seite haben: Das Klischee von den Juden, die sich hilflos ergeben, würde zerstört werden. Um kämpfen zu können, mussten sie jedoch Waffen haben. Die Anführer der Hagana erkannten nüchtern, dass es für das Ansehen der Juden zwar sehr nützlich sein könnte, den Schwur der Jischuw zum Mythos zu erheben und sich als »hebräische Davids« zu betrachten, die sich den arischen Goliaths entgegenstellten. Aber wenn sie diesen höchst realen und unnachgiebigen Feind lediglich mit Steinen bewerfen würden, dann wäre ihr ganzer Mut auf tragische Weise verschwendet.

Während Rommels Truppen vorrückten, führte Carmi kleine *Rechesch*-Kommandos zu den ersten Waffenraubzügen. Anfangs stahlen sie sich heimlich mit Armen voller Gewehre und mit Munitionskisten aus den britischen Militärlagern davon. Dann wurden sie wagemutiger und überfielen einen Munitionszug, der auf dem Weg nach 'Atlit war. Die Diebstähle wurden selbst dann noch fortgesetzt, als Montgomery und seine 8. Armee die Deutschen quer durch Nordafrika zurückgedrängt hatten. Den Hagana-Führern erschien die Gelegenheit allzu günstig, sich für eine ungewisse Zukunft zu wappnen.

Carmi, der auf dem Übungsplatz bei Fiuggi bäuchlings im frisch gefallenen italienischen Schnee lag, schweifte in Gedanken ein Jahr zurück. Auch damals hatte er eine britische Uniform getragen. Es war Heiligabend gewesen, und er hatte versteckt im ausgetrockneten Bett eines Wadis außerhalb der weitläufigen Militärbasis von Kabrit in Ägypten gelegen und auf ein Signal gewartet. Er konnte die britischen Soldaten singen hören. Ihre kräftigen Stimmen trugen die Lieder über die Zeltreihen hinaus in die offene Wüste. »God rest ye merry gentlemen. Let nothing you dismay ... Remember Christ Our Savior ...« Ärger stieg plötzlich in ihm auf: *Euer Heiland, nicht meiner. Unser einziges Heil besteht darin, dass wir uns selbst helfen.* »... was born on Christmas Day.« *Und uns nicht erwischen lassen.*

Carmi versuchte ruhig zu bleiben. Langsam schob er den Kopf über die Kante. Jenseits einer Sandpiste sah er das Wachhäuschen am Haupttor. Die Hagana hatte ihm mitgeteilt, Weihnachten würde die Disziplin gelockert – und tatsächlich entdeckte er nur einen Posten. Mit seinem Feldstecher folgte er der Straße durch das Tor, am Küchenzelt vorbei, bis zum Munitionsdepot, zwei dicht nebeneinander stehenden unbeleuchteten Zelten. Dankbar stellte er fest, dass sich dort, am anderen Ende des Lagers, keine Posten befanden. Es sei denn, sie hielten sich im Innern der Zelte auf ... Den Körper in den kühlen Sand gedrückt lauschte er den Strophen der Weihnachtslieder, die in die stille Wüstennacht hinauszogen. Immer wieder blickte er sich um, doch er sah nichts als den sternklaren Nachthimmel. Nervosität keimte in ihm auf. Er hatte schon mehrfach Waffen gestohlen, aber etwas so Riskantes wie jetzt hatte er noch nie gewagt. Er hatte vor, mit einer Hand voll Männer ein ganzes Waffenlager voller Maschinengewehre zu plündern, das sich mitten in einem britischen Militärlager mit tausenden von Soldaten befand. Selbst wenn ihm dieses Kunststück gelang, mussten die Waffen immer noch hunderte von Kilometern durch die ägyptische Wüste nach Palästina geschafft werden, vorbei an bewaffneten Grenzposten, die sich inzwischen natürlich in höchster Alarmbereitschaft befinden würden.

Da! Endlich blinkte ein Licht im Lager auf, und Carmi spannte die Muskeln an. Ein weiteres Blinken, und er sprang aus dem trockenen Flussbett und rannte so schnell er konnte durch den tiefen Sand. Ein Blick über die Schulter zeigte ihm, dass drei seiner Männer – fächerförmig verteilt – ebenfalls losgerannt waren. Sobald sie die Lagergrenze erreicht hatten, fielen sie in schlenderndes Gehen. Sie durften unter keinen Umständen auffallen, auch wenn sie britische Uniformen trugen. Als Quartett lautstarker, vermeintlich beschwipster Soldaten, die nach einer Feier zu ihrem Zelt zurückkehrten, erreichten sie unentdeckt das Waffendepot.

Carmi ging, den Revolver im Anschlag, als Erster in das Zelt. Sollte ihn die Stimme eines Postens anbellen, würde er schießen, ehe dieser zum Nachdenken käme. Doch außer seinen eigenen vorsichtigen Schritten war nichts zu hören. Er ließ die Lampe kreisen, bis er auf eine große Pyramide aus Holzkisten stieß. Carmi musste mehrere der Kisten öffnen, bis er schließlich die zerlegten MGs fand. Die Männer bildeten eine Kette, Carmi wuchtete die erste schwere Kiste mit Maschinengewehrläufen hoch und gab sie an den nächsten Mann weiter. Hinter dem Waffendepot, am Rand einer Fläche, die als Exerzierplatz genutzt wurde, stand ein Lastwagen, den ein jüdischer Unteroffizier, der im technischen Bereich arbeitete, dort abgestellt hatte. Er hatte auch die Leuchtzeichen gegeben. Jetzt bildete er mit drei anderen Männern das letzte Stück der Kette zwischen Depot und Laster. Nach knapp drei Stunden war die Ladefläche bis hinauf zur Segeltuchplane voller Kisten. Nicht ein britischer Posten hatte sich blicken lassen. Alles schien wie geplant zu laufen – bis Carmi um den Wagen herum zur Fahrerkabine ging. Auf der Wagentür prangte ein Hakenkreuz und die Motorhaube trug das Emblem von Rommels Afrika-Korps.

Carmi explodierte. Was er eigentlich glaube, wie groß die Chance sei, einen feindlichen Laster an den britischen Grenzposten vorbeizubekommen, ohne kontrolliert zu werden? Der Unteroffizier geriet ins Stammeln: Dies sei der einzige Wagen gewesen, den er ohne Aufsehen habe nehmen können. Er sei nicht einmal in den Inventarlisten aufgeführt.

Nun war es zu spät – in nicht einmal einer Stunde war Wecken. Zum Umladen der Kisten auf ein anderes Fahrzeug reichte die Zeit nicht mehr aus. Sie würden diesen Wagen nehmen müssen.

Ehe sie abfuhren, band Carmi sechs Handgranaten mit einem Strick zusammen und legte sie hinter den Fahrersitz. Wenn der Lastwagen in der Wüste stecken bleiben sollte oder angegriffen würde, wollte er ihn lieber in die Luft jagen, als die Waffen Arabern in die Hände fallen zu lassen. Dann setzte er sich ans Steuer, zwei seiner Männer kletterten auf die vordere Sitzbank, die anderen kauerten sich auf die Ladefläche und langsam rollten sie aus dem Lager hinaus.

Bei Anbruch des Tages erreichten sie die Brücke an der Straße von Ismâ'ilîya nach Nizzana nahe dem Suezkanal. Ein verschlafener Soldat taumelte aus dem Wachhaus, wurde aber schlagartig wach, als er den feindlichen Lastwagen erblickte. Um ihn zu beruhigen, rief Carmi ihn auf Englisch an und zeigte seine britische Uniform mit den Feldwebelstreifen auf dem Ärmel.

»Wir müssen nach Norden, zum Stützpunkt in Haifa!« Er hoffte, dass der Soldat am Morgen des ersten Weihnachtstages mehr daran interessiert war, wieder ins Bett zu gehen, als Papiere zu überprüfen. Doch der Soldat fragte nach der Ladung.

»Erbeutete Feindwaffen«, entgegnete Carmi, was nach seiner Sicht der Dinge auch der Wahrheit entsprach.

Der Soldat nickte und bedeutete ihm zu warten. Dann ging er in das Wachhaus zurück, ohne die Schranke zu öffnen. Carmi blickte seine Männer an. Je länger sie auf die Rückkehr des Postens warten mussten, desto wahrscheinlicher war es, dass dieser Verstärkung holte. »Haltet euch bereit«, sagte er. Unter dem Armaturenbrett tauchten zwei entsicherte Revolver auf.

Endlich kam der Wachposten zurück – allein und mit einem Sack über der Schulter. »Gestern ist die erste Post seit Monaten gekommen«, erklärte er. »Wenn ihr den Jungs oben in Abu'agila ein echtes Weihnachtsgeschenk machen wollt, dann nehmt diesen Sack hier mit. Ihr fahrt doch sowieso in die Richtung.«

Carmi schob seinen Revolver verstohlen ins Halfter zurück und nahm den Postsack entgegen. »Machen wir gerne.«

Der Soldat öffnete die Schranke. »Fröhliche Weihnachten!«
Am Kontrollpunkt von Abu'agila wurden sie jedoch wenig weihnachtlich empfangen. Die Wachen sahen die Hakenkreuze auf dem Wagen, und legten ihre Gewehre an. Zwei der Posten machten sich an der Plane auf der Rückseite zu schaffen. Carmi konnte hören, wie sie die Metallriegel der Heckklappe öffneten. Wenn sie die Kisten aufmachten und die Waffen fänden, wären sie verloren; zumal sie auch keinen Marschbefehl hatten.

Was immer er tat, er würde es schnell tun müssen. Er könnte den Rückwärtsgang einlegen und die Soldaten hinter dem Wagen über den Haufen fahren; seine Mitstreiter müssten die Wachen, die sich vor dem Wagen postiert hatten, mit gezielten Schüssen außer Gefecht setzen. Wenn sie *jetzt* handelten, hätten sie vielleicht noch eine Chance. Sein Entschluss stand fest. Er führte seine Hand zum Ganghebel. Der Postsack! Carmi bückte sich, zog eine Hand voll Umschläge heraus und rief laut den Namen des ersten Adressaten in die Runde, dann den zweiten und den dritten.

»Hier, das bin ich!« Der erste Soldat ließ irritiert das Gewehr sinken.

»Eben, das war meiner«, rief ein anderer.

Keiner der Posten interessierte sich mehr dafür, Kisten auf einem Lkw mit Hakenkreuzen zu überprüfen. Es war Weihnachten in der ägyptischen Wüste, und sie hatten Post aus der Heimat. Die Schranke wurde geöffnet.

»Ich wünsche euch gute Nachrichten von euren Lieben«, rief Carmi, legte den Gang ein und fuhr los, bevor ein weiteres Weihnachtswunder nötig würde.

Auf der Höhe von Nizzana Ujada kam ein Sturm auf. Der Motor arbeitete schwer, die Sicht wurde immer schlechter, doch Carmi wollte nicht anhalten. Er hatte Angst, er würde die versandete Maschine nicht mehr in Gang bekommen. Bei Be'er Sheva ließ der Sturm allmählich nach, und als sie endlich Gaza erreichten, war das Schlimmste überstanden. Carmi nahm die asphaltierte Straße, die zur arabischen Stadt Lod führte. Auf der Hauptstraße von Lod kamen ihnen zwei britische Militärpolizisten auf Motorrädern entgegen. Als sie das Hakenkreuz auf der Wagentür sahen, drehte einer der Polizisten um und nahm die Verfolgung auf.

Carmis Begleiter zückten ihre Waffen. Einer der Männer lehnte sich aus dem Wagen und visierte sein Ziel an. Das Motorrad kam immer näher. Carmi zögerte. Wenn jetzt geschossen würde, hätten sie die ganzen Araber von Lod am Hals. So einen Kampf konnten sie nicht gewinnen. Die Araber würden mit den MGs auf und davon sein, ehe britische Soldaten da wären, um ihn und seine Männer zu verhaften.

»Nicht schießen!«, rief er.

Das Motorrad war jetzt auf Höhe des Führerhauses. Der Militärpolizist brüllte, sie sollten anhalten. Carmi ließ seinen Fuß auf dem Gas.

»Das ist ein Befehl!«, schrie der MP. »Anhalten!«

Carmi ignorierte ihn. Der Soldat setzte zum Überholen an, doch als er gerade vorbeiziehen wollte, riss Carmi das Lenkrad nach links. Die Stoßstange des Lasters erwischte das Hinterrad des Motorrads, der Fahrer flog aus dem Sattel. Im Rückspiegel sah Carmi, wie der MP sich aufrappelte und dem Laster entsetzt nachblickte, der mit vollem Tempo die Stadt hinter sich ließ.

Sie hatten es tatsächlich geschafft. Am Abend wurden die Kisten in Giv'at Haschloscha abgeladen und mit Strohballen getarnt. Von dort würden sie am nächsten Morgen mit landwirtschaftlichen Fahrzeugen in eine Höhle bei Scharon gebracht werden. Dort sollten die Waffen bleiben, bis die Jischuw ihre nächste Schlacht schlagen würden.

★ ★ ★

Tag für Tag erscholl das Knattern der Gewehrsalven in den schneebedeckten Bergen bei Fiuggi. Der britische Ausbilder hatte die Zielobjekte mit Hakenkreuzen bemalt und den Soldaten eingeschärft: »Schön ruhig durchziehen, Jungs, nicht reißen. Ihr müsst die Krauts genau ins Herz treffen.« Carmi war stolz auf seine Zielsicherheit. Er konnte es kaum erwarten, an die Front zu kommen. Dort würde er seine Fähigkeiten endlich unter Beweis stellen können. Und wer weiß, was die Zukunft bringen würde – vielleicht würde sein Können auch noch gegen ganz andere Gegner zum Einsatz kommen. Und dann müssten sie die Kisten, die in einer Höhle bei Scharon versteckt lagen, wieder herausholen.

Sechs

———— ✿ ————

Johanan Peltz wollte seine Männer für den Kampf fit machen. Die dünne Schneedecke, die Fiuggi einhüllte, brachte ihn dabei auf eine ungewöhnliche Idee. Nach dem Wecken befahl er seiner Kompanie, die Sommeruniformen anzuziehen. Dann gab er die Order zum Abmarsch in die Berge. Die Männer trauten ihren Ohren kaum – dieses Wetter waren sie nicht gewohnt, die leichten Uniformen ließen die Kälte unerträglich werden. Immer wieder gerieten sie in heftige Schneeschauer. Die Männer beschwerten sich, wollten umkehren, doch Peltz war unerbittlich. »Los, los! Weiterlaufen!«, drängte er. Die Soldaten gehorchten widerwillig.

Als sie am nächsten Tag wieder zum Übungsplatz aufbrachen, entdeckte Peltz, dass einer der Soldaten einen Pullover unter seinem Khakihemd trug. Abends ließ er die gesamte Kompanie antreten. Der Mann, der sich über die Kleiderordnung hinweggesetzt hatte, musste vortreten: »Sie sind eine Schande für die ganze Brigade«, donnerte er und bestrafte ihn mit einem Monat Wachdienst. Nach diesem Vorfall gab es keine weiteren Versuche mehr, die Anordnungen des Kompaniechefs zu unterlaufen.

Eine Woche lang absolvierten Peltz' Leute ihre Ausbildung in Sommeruniformen. Peltz war überzeugt davon, seine Einheit auf diese Weise abzuhärten – die Männer aus dem sonnigen Palästina sollten in der Lage sein, dem Feind notfalls bis in die winterlichen Alpen nachzusetzen. Er wollte den

49

Juden das Gefühl vermitteln, den Soldaten der Wehrmacht ebenbürtig zu sein. Und er wollte den Briten zeigen, dass er sich genauso kompromisslos an seine Überzeugung hielt wie jeder englische Offizier.

Johanan Peltz war nie Zionist gewesen. Wie sein Vater, ein Arzt, der im Ersten Weltkrieg für seine Tapferkeit ausgezeichnet worden war, war er im Herzen vor allem ein polnischer Patriot. Als man Juden vom Besuch der Universität in Warschau ausschloss, schrieb er sich widerwillig am Technion in Haifa ein. Die Reise nach Palästina hatte er in der Überzeugung angetreten, dass sich die politischen Verhältnisse in seiner Heimat bald wieder ändern würden und er nach Abschluss seiner Ausbildung würde heimkehren können.

Während seine Kommilitonen am Technion voller Überzeugung von ihrem Einsatz für die Jischuw sprachen, konnte Peltz an diesem platten, staubigen Land nichts Begeisterndes finden. Und als einige Andeutungen über ihre Mitgliedschaft in wichtigen Geheimorganisationen machten, äußerte er deutlich, dass ihn diese Welt nicht besonders interessierte. Er konnte mit Leuten, für die bei sämtlichen Angelegenheiten allein die Frage »Jüdisch oder nicht-jüdisch?« im Vordergrund stand, nichts anfangen. So kam er sich in Palästina oft genauso als Fremdling vor, wie all die Briten, die ein feindseliges Territorium zu verwalten hatten, das von unversöhnlichen Juden und Arabern bewohnt wurde.

Trotz seiner distanzierten Haltung sollte es nicht lange dauern, bis auch Peltz ins Visier der Talentsucher von der Hagana geriet. Mit einigen Kommilitonen war er über das Wochenende auf einen Bauernhof gefahren. Zur Verblüffung seiner Freunde rannte er in vollem Tempo von hinten auf ein Pferd in der Koppel zu, war mit einem Sprung im Sattel und sofort im Galopp. Das war *gonczy stok*, der Kurier-Sprung, wie er beim Abendessen beiläufig erklärte.

Bei der Hagana erfuhr man schnell von dem jungen Polen, der wie ein Kavallerist reiten konnte und lud ihn vor. Die Jischuw brauchten Männer, die zu abgelegenen Siedlungen reiten und die Bewohner vor den Angriffen der Araber und der Gleichgültigkeit der Briten schützen konnten. Man schlug Peltz vor, der berittenen palästinensischen Polizei beizutreten. Der emotionale Appell über die Verantwortung der Juden gegenüber ihrem Heimatland Palästina machte wenig Eindruck auf ihn. Das Einzige, was ihn reizte, war die Aussicht, der Eintönigkeit seines Studiums zu entkommen. Für ein Jahr wollte er der berittenen Polizei beitreten. Drei Jahre später war Peltz immer noch dabei. Er war mittlerweile im ganzen Mandatsgebiet als der »Held von Sodom« bekannt – ein junger Polizeioffizier, der trotz einer Verwundung zahlenmäßg überlegene Araber nach ihrem Überfall auf die Arbeiter einer Pottaschefabrik am Toten Meer zurückgeschlagen hatte.

Sein Streit mit der Hagana hatte begonnen, als er nach seiner Genesung aus dem Hadassa-Krankenhaus in Jerusalem in die Berge von Sodom zurückgekehrt war. Nun wollte er jene Araber ausfindig machen, die sich an dem Überfall beteiligt hatten. Der dortige Repräsentant der Hagana untersagte ihm die Suche. Die offizielle Reaktion auf den Überfall bestand in *havlaga*, Zurückhaltung. Wenn sich Araber und Juden eines Tages in einem Staat zusammenfinden sollten, dann müsse man aufhören, sich gegenseitig umzubringen. Mit derlei Zukunftsmusik hatte Peltz nichts zu tun, überhaupt würde er dieses Land bis dahin längst verlassen haben. Ihm ging es allein um Gerechtigkeit für seine Männer, die bei dem Überfall getötet worden waren. Peltz wiederholte vor den Hagana-Kommandeuren sein Versprechen: Er würde diese Mörder zur Strecke bringen.

Yakov Platt von der Hagana verkündete daraufhin: »Du bist nicht mehr vertrauenswürdig.« In der jüdischen Gemeinschaft verbreitete sich die Meldung rasch; Johanan Peltz war *poresch*, ein Mann, auf den sich die Jischuw nicht mehr verlassen konnten.

Als Peltz ein Jahr später freiwillig als Offiziersanwärter in die britische Armee einrücken wollte, verbot die Hagana diesen Schritt. Peltz ignorierte ihren Befehl. Und als jüdische Kadetten Peltz aus dem Kasernengebäude aussperrten, zertrümmerte er die Tür mit seinem Gewehrkolben und schlug jeden nieder, der sich ihm in den Weg zu stellen wagte. Danach ließ man ihn in Ruhe. Er schloss die Ausbildung als Zweitbester seiner Klasse ab und wurde Leutnant im Palästinensischen Regiment.

Auch jetzt, als Kompaniechef in Fiuggi, interessierte Peltz nicht, was die Hagana oder seine Untergebenen dachten. Er war entschlossen, alles seiner Ansicht nach Notwendige zu tun, um seine Soldaten zum Kampf zu rüsten.

Im Hauptquartier fand er überraschend einen Bundesgenossen. Brigadegeneral Benjamin, der von Peltz' ungewöhnlicher Kleiderordnung gehört hatte, erteilte den Befehl, dass sämtliche Soldaten der Brigade ab sofort Sommeruniform zu tragen hatten.

Nachdem Churchill die Aufstellung der Jüdischen Brigade angekündigt hatte, hatte das Kriegsministerium beschlossen, dass die Männer aus Palästina einen jüdischen Kommandeur bekommen sollten. Als Begründung war angeführt worden, die Soldaten würden allein einem Angehörigen ihrer eigenen Religion Folge leisten. Und – ebenfalls von Bedeutung – es würde gewährleisten, dass der neue Befehlshaber den Soldaten gegenüber nicht voreingenommen war. Das Problem dabei war, dass es in der britischen Armee keine jüdischen Generäle gab, sondern lediglich drei Obersten. Nach eingehender Diskussion hatte man sich auf Ernest Frank Benjamin geeinigt, einen Obersten der Pioniere, der für die Koordination der Operationen in Italien zuständig war.

Benjamin hatte Fronterfahrung; er hatte die britischen Truppen auf Madagaskar bei ihrer Operation gegen das Vichy-Regime befehligt. Doch was ihm letztlich die Ernennung eingebracht hatte, war, dass er, wie es ein Kollege ausdrückte, »der richtige Typ« war. Obwohl in Kanada geboren und hinter den roten Ziegelmauern des Clifton College in Bristol ausgebildet, war Benjamin das Musterbild eines britischen Offiziers – bis hin zu seinem Monokel, seinem Offiziersstöckchen und seiner tadellos sitzenden Uniform. Von seiner langjährigen Zugehörigkeit zur britischen Armee erhofften sich die Seilschaften des Kriegsministeriums zuverlässiges und steuerbares Handeln, ganz in ihrem Sinne.

Was das Oberkommando dabei nicht bedachte: Es war für einen Juden schier unmöglich, der britischen Armee zu dienen, ohne beständig an seine Herkunft erinnert zu werden. Denn auch wenn es Benjamin selbst gelang, sein Judentum zu ignorieren, fanden sich genug andere, die ihn immer wieder leidenschaftlich darauf hinwiesen. So war es kaum verwunderlich, dass Brigadegeneral Benjamin nicht nur, wie erwartet, mit der Gewissenhaftigkeit eines Berufssoldaten an seine neue Führungsaufgabe heranging, sondern auch beweisen wollte, dass Juden sich auch auf dem Schlachtfeld hervortun konnten. Ein Mitglied der alten Garde im Kriegsministerium bemerkte dazu säuerlich, Benjamin habe wohl noch eine Rechnung zu begleichen.

Als nun die ersten Berichte über die intensive und ungewöhnliche Ausbildung in Fiuggi das britische Oberkommando erreichten, bekam Benjamin Besuch von einem Stabsoffizier. Bei einem Essen übermittelte der Gast den Eindruck des Hauptquartiers, Benjamin gehe ein bisschen übereifrig zu Werke. »Sie sind schließlich Brite«, bekam er zu hören, »und keiner von denen.« Benjamin lauschte den Ausführungen höflich und ohne zu widersprechen. Am folgenden Tag rief er Rabbi Bernard Casper in sein Büro, den obersten Seelsorger der Brigade. Er erklärte dem überraschten Casper, dass er von nun an täglichen Hebräisch-Unterricht wünsche.

Sieben

————— ✧ —————

In Fiuggi verging Woche um Woche. Und während die Männer auf den Marschbefehl an die Front warteten, verwandelte sich der italienische Bergkurort allmählich in eine jüdische Gemeinde. Jeden Morgen wurde auf dem Stadtplatz die blauweiße Fahne der Brigade mit dem Davidstern gehisst. An den Straßenkreuzungen brachte man hebräische Verkehrszeichen an. Mit einem kleinen Zeremoniell wurde das Firmenschild der Abfüllfabrik gegen eine Tafel ausgetauscht, auf der in großen hebräischen Buchstaben »Hauptquartier der Jüdischen Brigade« zu lesen war. Die großen Dodge-Laster mit dem Davidstern auf den Kotflügeln, die ständig über das Kopfsteinpflaster der Stadt ratterten, wurden mit liebevollen Bezeichnungen verziert: Einer hieß etwa »Der gefillte Fisch«, als wolle er stolz darauf hinweisen, dass die jüdische Kampftruppe sich koscher ernährte. Und mit einer Selbstverständlichkeit, die sogar die Soldaten selbst verwunderte, eroberte Hebräisch auch Fiuggis Straßen. Es dauerte nicht lange, und viele Einheimische grüßten vorbeigehende Soldaten mit einem lächelnden *schalom*.

In den kalten Dezemberwochen vor Chanukka begannen einige Soldaten mit der Errichtung einer zwei Meter hohen Menora auf einem Hügel am Ortsrand. Als Ari Pinschuk gefragt wurde, ob er sich daran beteiligen wolle, lehnte er brüsk ab. Religiöse Symbole interessierten ihn nicht, und die Aufstellung eines riesigen siebenarmigen Leuchters kam ihm ganz besonders unsinnig vor. Er wollte seine wenige freie Zeit anders nutzen. Das ständige Training machte ihm genug zu schaffen, und er war überzeugter denn je, dass Peltz ein Tyrann war. Und was noch schlimmer war: Der Kommandeur der Brigade schien genauso unerbittlich zu sein. Nach Dienstschluss wollte Pinschuk nichts weiter tun, als auf seinem Bett zu lesen. Er arbeitete sich gewissenhaft durch Shakespeares Tragödien – sie waren sein einziger Trost.

Sieben Jahre lag seine Flucht aus Reflowka nun schon zurück. Ein Polizist hatte damals seinem Onkel verraten, dass Ari beim nächsten Schlag gegen die »Sympathisanten der Kommunisten« verhaftet werden sollte. Eine lange Gefängnisstrafe war ihm sicher. Mit fünf im Mantelfutter versteckten Pfund Sterling verließ der hagere, 17-jährige Bücherwurm Reflowka. Seine Eltern und seine Schwester wurden von Weinkrämpfen geschüttelt, als der Zug den Bahnhof verließ. Im Oktober 1937 kam Pinschuk in Haifa an. Die Hitze war unerträglich, das Land fremd. Aber seine neue Heimat bot ihm auch viele Chancen. Er schrieb sich an der Universität von Jerusalem ein und stürzte sich voller Begeisterung in sein Studium; endlich konnte er sich in einem richtigen Hörsaal mit Philosophie auseinander setzen – anstatt bei nachmittäglichen Gesprächen in Reflowkas Friseurladen.

Er war sich sicher, dass sein Heimweh nicht lange anhalten würde. Seine Eltern hatten ihm versprochen, dass die Familie sich bald in Palästina wieder vereinen würde. In einem Jahr – längstens in zweien – würde das Geld für die Visa zusammengespart sein.

Dann brach der Krieg aus, und die sowjetische Armee marschierte in die Ukraine ein. Sein Vater schrieb ihm Briefe über die letzten Neuigkeiten und versicherte ihm, dass das Leben in ihrem kleinen Dorf ungeachtet des Krieges seinen geruhsamen Gang gehe. Im Juni 1941 fielen die Deutschen in die Sowjetunion ein, und die Rote Armee zog sich aus den Grenzgebieten zurück. Es kamen keine Briefe mehr.

Anfangs verdrängte Ari seine Ängste. Es kam ihm vor, als

würde ein Eingeständnis aus seinen dunklen Ahnungen bittere Realität werden lassen. Als sich Gerüchte über die Ereignisse in der deutsch besetzten Ukraine in Palästina verbreiteten, kam Pinschuk zu einer schmerzlichen Erkenntnis: Er war ein Deserteur. Er hatte seine Familie allein zurückgelassen. Seine einzige Hoffnung bestand darin, zurück nach Europa, nach Reflowka, zu gelangen. Der einzige gangbare Weg dafür schien ihm der Eintritt in die britische Armee zu sein. Pinschuk meldete sich freiwillig und erkämpfte sich seinen Weg in die Offiziersschule.

Und nun war er endlich in Europa: Ari Pinschuk ein Leutnant des 3. Bataillons der Brigade. Der erste Teil seines kühnen Plans war vollbracht. Nun konnte er nur noch warten und hoffen, dass er nicht zu spät kam.

★ ★ ★

Am ersten Abend des Chanukka-Festes wurde die erste Kerze der riesigen Menora angezündet. Pinschuk war abendessen gewesen, und freute sich nun darauf, es sich mit einem Buch gemütlich zu machen. Es war reiner Zufall, dass er die feierliche Zeremonie sah. Die Intensität seiner Reaktion brachte ihn aus dem Gleichgewicht. Er starrte zu dem uralten jüdischen Symbol hinauf, das hell von einem italienischen Hügel leuchtete, und er spürte, wie zwischen seiner persönlichen und seiner politischen Mission plötzlich eine Verbindung entstand. Es war, als sei ein Leuchtfeuer über dem vom Krieg zerrissenen Europa entzündet worden, ein Signal mit der Botschaft: *Jüdische Soldaten sind eingetroffen. Hilfe ist nah.*

Acht

Die winterliche Kampfpause verschaffte den Männern die Gelegenheit, Italien ein wenig genauer kennen zu lernen. Eines Vormittags im Dezember fragte Johanan Peltz Leutnant Pinschuk, ob er ihn und Carmi zu einem Abstecher nach Rom begleiten wolle. Ari war verblüfft. Seit Beginn der Ausbildung hatte Peltz ihn weitgehend ignoriert – außer, um ihm Befehle zu erteilen. Doch jetzt die Einladung abzuschlagen, wäre Pinschuk kleinlich vorgekommen. Die Gelegenheit, Rom zu sehen und Zeit auch noch in Carmis Gesellschaft zu verbringen, war zu verführerisch. Er bat bei seinem Bataillonskommandeur um einen 36-stündigen Urlaub.

Die drei Männer konnten in einem der Lastwagen mitfahren, die für die Sicherung des Nachschubs zuständig waren. Sie redeten über dies und das, und bald hörte Pinschuk von einer Geschichte, die gerade hinter vorgehaltener Hand im Bataillon die Runde machte. Einer der britischen Offiziere, ein gewisser Major Forge, hatte sich geweigert, die Mütze der Brigade mit dem goldenen Davidstern aufzusetzen. Stattdessen trug er beim Antreten die Mütze seines früheren schottischen Regiments. »Ich will verdammt sein, wenn ich dieses beschissene jüdische Ding aufsetze!«, hatte er gesagt. Am folgenden Tag war besagte schottische Mütze aus dem Zimmer des Majors verschwunden. Zwei Tage später fand man die verkohlten Überreste verstreut auf dem Bett des Majors. Die Militärpolizei suchte den Täter, hatte bislang aber den Kreis

der Verdächtigen lediglich auf einige tausend jüdische Soldaten eingrenzen können.

»Hoffentlich finden sie ihn nicht«, sagte Pinschuk. »So was
geschieht diesem Antisemiten nur recht.«

»Was ist das wohl für ein Mensch, der eine Mütze stiehlt?«,
überlegte Peltz. »So was ist doch lächerlich. Wenn man einem
Antisemiten eine Lektion erteilen will, dann so, dass er sie in
Erinnerung behält.« Peltz erzählte den anderen eine Geschichte, die er während seiner Zeit bei der palästinensischen Polizei in dem abgelegenen Dörfchen Hartuv erlebt hatte. »Zu
dem Posten dort gehörte auch ein Waliser namens Goult, ein
grober unangenehmer Typ, randvoll mit britischer Kolonial-
überheblichkeit. Eines Tages saß ich auf der vorderen Veranda der Polizeistation und las, als Goult die Stufen heraufkam.
Die Station war in einem alten Steinhaus untergebracht, das
einem wohlhabenden Mann namens Levi gehört hatte, der
nach Jerusalem umgezogen war. Also, an jenem Tag ging ein
leichter Wind, der ein paar Weinranken zur Seite wehte, die
einen steinernen Davidstern über der Eingangstür verdeck-
ten. Goult hielt inne, sah zu dem Davidstern hinauf, sah dann
mich an und sagte: ›Ich wusste gar nicht, dass ich in einem
verdammten Judenhaus wohne. Dieser verdammte Stern über
der Tür muss weg!‹

Ich stand von meinem Klappstuhl auf, legte ihn zusammen
und schlug ihn Goult kommentarlos über den Kopf. Er fiel
auf die Knie, rollte die Stufen hinunter und blieb zusammen-
gekrümmt liegen. Ich trat ihn noch einmal, beugte mich dann
über ihn und brüllte: ›Wenn du dieses Symbol auch nur an-
rührst, zerlege ich dich in deine Einzelteile!‹ Ich bekam einen
offiziellen Tadel und musste einen Fünf-Tages-Sold Strafe zah-
len, aber das war es mir wert. So geht man mit Antisemiten
um. Ein paar Tage nach diesem Vorfall«, fuhr Peltz fort, »trat
einer der britischen Polizisten des Postens an mich heran. Es
war Harvey »Bindestrich« Gordon, auch einer von den besseren britischen Herrschaften, die sich aus irgendwelchen
Gründen in Palästina wiederfanden.

›Ich behaupte nicht, dass Sie im Unrecht waren, Peltz‹, sagte er, ›aber wie Sie Goult behandelt haben, das war in keiner Weise gentlemanlike. Sie hätten ihn zu einem fairen Kampf herausfordern müssen.‹

›Heißt das, dass Sie mich hiermit zu einem fairen Kampf herausfordern, Mr. Harvey-Gordon?‹, fragte ich ihn.

›Genau‹, sagte er. ›Ich habe die Absicht, Ihnen eine Lektion zu erteilen.‹

Der Kampf, der im Hof in einem improvisierten Boxring stattfand, wurde für mich zu einer absoluten Katastrophe. Ich konnte nicht einen einzigen Treffer landen; Harvey-Gordon machte mich mit wissenschaftlicher Präzision fertig, wobei er noch gnädig war. Er schlug mir nicht einmal ins Gesicht, sondern verpasste mir nur kurze harte Schläge auf die Rippen. Nach zwei Runden wurde der Kampf abgebrochen. Ich musste vor Schmerzen einen Tag im Bett verbringen. Meine Rippen taten dermaßen weh, dass ich wochenlang nicht tief einatmen konnte. Am nächsten Tag kam er mich besuchen. ›Ich hoffe, Sie sind nicht nachtragend, John‹, sagte er, ›aber Sie mussten eine Lektion bekommen. Ich mache Ihnen wegen der Sache mit Goult keine Vorwürfe, aber dass Sie ihn traten, als er bereits am Boden war, das ging wirklich zu weit.‹

Als ich dann darüber nachdachte, wurde mir klar, dass Harvey-Gordon Recht hatte.«

»Weißt du, was ich mit deinem Mr. Harvey Bindestrich Gordon gemacht hätte?«, platzte Carmi heraus. »Ich hätte ihm ganz genauso einen Stuhl über den Kopf gezogen! Weißt du, Johanan, was dein Problem ist? Du magst die Engländer zu sehr. Du hast noch nicht kapiert, dass Juden nirgendwo Freunde haben.«

Während die Auseinandersetzung zwischen Peltz und Carmi immer heftiger wurde, schweiften Pinschuks Gedanken ab. Wie sehr er sich doch von diesen beiden Männern unterschied. Seine Schwäche war ihm peinlich. Er fragte sich, ob er wohl jemals so viel Mut hätte, wenigstens eine Mütze zu stehlen.

In Rom kehrte Pinschuks Selbstvertrauen langsam zurück. Als er in seiner britischen Offiziersuniform durch die Straßen der

Stadt wanderte, ließen sich alle Sorgen rasch beiseite schieben. Er selbst hatte zwar noch keinen einzigen Schuss abgefeuert, aber er fühlte sich wie der Soldat einer siegreichen Armee.

Es war ein kurzer, viel zu hastiger Besuch. In gebrochenem Italienisch unterhielt er sich mit lächelnden dunkelhaarigen Mädchen. Er aß tellerweise Spaghetti in einer öligen roten Soße und wischte die Reste begierig mit frischem Brot auf. Er leerte mit den anderen einige Flaschen Rotwein, sodass alle Erinnerungen an die Stadtbesichtigung sich in einem wohligen Durcheinander verloren. Nur eine Erinnerung blieb – in aller Deutlichkeit und Eindringlichkeit.

Die drei Männer waren bei ihrem Stadtbummel einem Priester in schwarzer Soutane begegnet. Er hatte einen wortlosen Gruß genickt und dann die Davidsterne auf ihren Schulterklappen bemerkt.

»Sie sind Juden?«, fragte er aufgeregt. »Soldaten?«

»Ja«, antwortete Peltz vorsichtig.

»Kommen Sie!« Der Priester deutete auf eine alte Kirche. »Bitte, kommen Sie mit!«

»Er will uns bekehren«, warnte Pinschuk.

»Das soll er versuchen«, sagte Carmi.

In der Kirche führte der Priester die Soldaten eine steinerne Treppe hinunter in die dunkle Krypta. »Diese Kirche«, erläuterte er in langsamem, aber korrektem Englisch, »heißt San Pietro in Vincoli – St. Peter in Ketten. Sagt Ihnen das etwas?«

Sie zuckten die Schultern. Den Priester schien ihre Unkenntnis zu überraschen. Er brachte sie in eine Ecke des Raums und deutete auf einen Haufen polierter Ketten. »Bitte«, drängte er, »heben Sie sie auf!« Die Ketten klimperten metallisch. Pinschuk war von ihrem Gewicht überrascht. »Wie alt sind sie?«, fragte er aus reiner Höflichkeit.

Der Priester begann zu erzahlen: Als die Römer im Jahre 71 v. Chr. Judäa eroberten, legten sie die jüdischen Kriegsgefangenen in Ketten und brachten sie nach Rom. Sie sollten als Sklaven verkauft werden. Und dies waren die Ketten.

Ari Pinschuk würde nie vergessen, was er in dieser Kirche

gesehen hatte. Es waren seine Vorfahren gewesen, die man mit diesen Ketten gefesselt hatte. Die grausame Unterdrückung, unter der sein Volk durch alle Zeiten gelitten hatte, sollte mit der Ankunft der Jüdischen Brigade in Europa ein Ende finden – das war sein sehnlichster Wunsch.

Während Peltz und Carmi auf der Rückfahrt schliefen, dachte Pinschuk über das Erlebnis in der Kirche nach. Es schien ihm, als könne er das Gewicht der schweren, kalten Ketten in den Händen spüren. Das Shakespeare-Stück, in dem er vor ihrer Abfahrt gelesen hatte, fiel ihm ein: *Heinrich V.*, eins seiner Lieblingsdramen. Als Jugendlichem hatten es ihm vor allem die säbelrasselnden Abenteuerszenen angetan. Doch erst jetzt verstand er die Bedeutung der Worte richtig. In seinem Kopf hallten die Verse wider, die er damals auswendig gelernt hatte:

> *... uns wen'ge, uns beglücktes Häuflein Brüder:*
> *Denn welcher heut sein Blut mit mir vergießt,*
> *Der wird mein Bruder; sei er noch so niedrig,*
> *Der heut'ge Tag wird adeln seinen Stand.*
> *Und Edelleut' in England, jetzt im Bett',*
> *Verfluchen einst, dass sie nicht hier gewesen,*
> *Und werden kleinlaut, wenn nur jemand spricht,*
> *Der mit uns focht am Sankt-Crispinus-Tag.*

Ari Pinschuk wiederholte diese Worte immer wieder. Er spürte, wie sehr ihn die Gemeinschaft mit seinem »Häuflein Brüder« bewegte. Es war eine Ehre, zusammen mit anderen Juden in den Kampf gegen die Nazis zu ziehen.

Zurück in Fiuggi wich das Gefühl der Zugehörigkeit zu einer großartigen Gemeinschaft der Angst um seine Familie. Was zählte schon Ehre, angesichts der bitteren Realität? Er gab sich nichts als Illusionen hin, der Illusion, dass sie alle – Mama, Papa, Lea – noch lebten. Er wusste, er würde zu spät kommen.

Neun

———◆———

L ea Pinschuk hatte Angst, im Dunkeln einzuschlafen. Sie war zwar schon dreizehn, aber sie bestand darauf, dass ihre Mutter eine Kerze am Bett brennen ließ. Als die Deutschen im Sommer 1941 Reflowka unter ihre Kontrolle brachten, war Leas größte Sorge, sie könnten anordnen, dass nachts alle Kerzen gelöscht werden müssten. Aber zunächst schien sich nichts wirklich zu ändern. Ihr Vater Meïr und ihre Mutter Reitze arbeiteten nach wie vor in einer Behörde, die die Russen zur Verteilung von Lebensmitteln eingerichtet hatten. Lea ging weiterhin zur Schule. Und nachts leuchtete beruhigend eine Kerze an ihrem Bett.

Nach den Hohen Feiertagen im Herbst 1941 gab der deutsche Gebietsleiter in Sernie einen Erlass bekannt: Alle Juden der Gegend sollten in ein Ghetto umsiedeln. Es sollte mitten in Reflowka entstehen.

Die Reihe der Pferdewagen, in denen die Familien aus Zlotchk, aus Olizerka, aus Bielskovolia und all den anderen Orten kamen, zog sich weit die ungepflasterte Straße entlang, die nach Reflowka hineinführte. Über 2500 Menschen – so die Zählung der deutschen Behörden – wurden in die wenigen Häuser gequetscht, die die Synagoge an der Pilsudski-Straße umgaben. Die Pinschuks mussten die drei Zimmer ihres Hauses fortan mit den drei Generationen einer vierzehnköpfigen Familie teilen.

Das Ghetto war offen; es gab keine Absperrungen. Dennoch war es unmöglich, das Ghetto ohne Erlaubnis zu verlassen – die ukrainische Polizei stand Wache. Die Juden mussten einen gelben Stern von genau neun Zentimetern Durchmesser auf dem Mantel tragen, einen weiteren auf der Kleidung darunter. Lea weinte, als ihre Mutter den gelben Stern auf ihre schwarze Schuluniform nähte. Sie hatte sich darin viel reifer gefühlt, so wie all die älteren Mädchen, die schon Freunde hatten. Jetzt war die Uniform hässlich und Lea fühlte sich entstellt. Mit ihren dreizehn Jahren wollte sie vor allem hübsch sein.

Schon bald wurde Leas Schulzeit jäh unterbrochen. Alle Ghettokinder von der dritten Klasse an aufwärts mussten sich Arbeitstrupps anschließen. Lea wurde zunächst einer Gruppe Frauen zugeteilt, die Wollmützen, Socken und Handschuhe für die deutsche Wehrmacht strickten. Doch als die Arbeiten an der hölzernen Ersatzbrücke über den Styr' – die alte Brücke war von den zurückweichenden russischen Truppen zerstört worden – nicht planmäßig vorankamen, wurden die Mädchen aus Reflowka zur Unterstützung herangezogen.

Lea, die schon mehrere Wochen mit an der Brücke gearbeitet hatte, wartete eines Tages vergeblich auf den Abmarsch des Arbeitstrupps. Niemand kam. Sechzig Männer und Jungen waren an diesem Morgen von den ukrainischen Wachen hingerichtet worden. Eine Begründung für diese grausame Tat wurde nie gegeben.

Der Judenrat, die offizielle Ghetto-Vertretung, erläuterte dem deutschen Befehlshaber vor Ort, dass solche Exekutionen die Fertigstellung der Brücke nur verzögerten. Der Kommandeur versicherte, die Arbeitstrupps würden von den Wachen nicht mehr belästigt werden. Konnte man dieser Zusicherung glauben? Leas Mutter wollte am folgenden Morgen den Platz ihrer Tochter im Arbeitstrupp einnehmen, sie bettelte, weinte, bot Geld – der Posten bestand darauf, das Mädchen müsse sich wie gewohnt der Gruppe anschließen.

Reitze sah schluchzend zu, wie ihre Tochter mit den anderen fortging. Auch Lea weinte. Als sie an diesem Abend heimkehrte, wartete ihre Mutter schon an der Straßenecke. Die beiden drückten sich und weinten und begannen dann befreit zu lachen. An diesem Abend gab es Leas Lieblingsnachtisch: die letzten Erdbeeren aus dem Garten – mit Sahne.

Die Tage waren geprägt von Leid und Demütigungen. Das Elend ließ sich nur ertragen, wenn man sich immer wieder sagte, dass es nicht ewig so bleiben würde. Eines Tages würde der Krieg zu Ende sein – dem Allmächtigen, gelobt sei Sein Name, sei Dank –, und all dies wäre vorüber. Es waren winzige Funken der Hoffnung, die die Menschen am Leben hielten. Bis zu jenen Tagen Ende August 1942. Ein Gerücht verbreitete sich wie ein Lauffeuer im Ghetto: Vor dem Dorf Sachowola, gerade mal drei Kilometer von Reflowka entfernt, würden zwei große Gruben ausgehoben; die Arbeit sei fast fertig.

Anfangs geisterten alle möglichen Erklärungen herum, wofür die Deutschen zwei große Gruben brauchen könnten. Dann wurde eines Mittwochmorgens der Arbeitstrupp, der gerade zum Brückenbau aufbrechen wollte, zurückbeordert und nach Hause geschickt. Im Verlauf des Tages wurde der Judenrat davon in Kenntnis gesetzt, dass man eine Volkszählung durchführen werde. Alle Juden sollten sich am Sonntagmorgen auf dem Stadtplatz versammeln; niemand dürfe das Ghetto verlassen. Jetzt gab es keine Zweifel mehr am Verwendungszweck der Gruben.

Leas Onkel hatte einen Plan. Er hatte seit längerem schon Kontakt mit einem der ukrainischen Polizisten, die seinem Arbeitstrupp zugeteilt waren. Monatelang hatte er ihm gegenüber angedeutet, dass er trotz all der *contributzias*, die man ihm abverlangt hatte, noch etwas Besonderes versteckt hielt. Jetzt war die Zeit gekommen, seinem »Freund« die Details dieses Geheimnisses anzuvertrauen. »Ich besitze einen ganzen Kasten voller Gold«, erzählte er dem Polizisten. »Ich habe ihn unter einem Baum vergraben, da findet ihn nie jemand.

Aber wenn du meiner Nichte bei der Flucht hilfst, verrate ich dir die Stelle.«

Der Polizist schlug ein. Er würde um Mitternacht an der Grenze zum Ghetto warten, das Mädchen in Empfang nehmen und es bis in den Wald bringen. Für alles weitere wäre es aber selbst zuständig.

Die Pinschuks waren überglücklich, als sie davon hörten. Nur Lea wollte nicht. Sie hatte von einem Mädchen gehört, das bei einem ähnlichen Fluchtversuch von seinem ukrainischen Retter erst vergewaltigt und dann getötet wurde. Mutter und Onkel versuchten sie mit Engelszungen zu überreden: »Es ist deine einzige Chance!« Doch Lea blieb stur. Sie wolle das Schicksal ihrer Eltern teilen, was immer auch geschehen würde.

Leas Vater suchte verzweifelt nach einem Ausweg. In der Nacht zum Samstag, als seine Frau und seine Tochter schon schliefen, schlich er sich in den Hof hinter dem Haus seines Schwagers. In einer dunklen Ecke befand sich hinter einer Reihe von Mülltonnen eine große Kiste voller Tiermist. Er zog die übel riechende Kiste zur Seite und fing an zu graben.

Beim ersten Morgenlicht führte er Reitze und Lea in den Hof. »Hört zu«, sagte er. »Tut, was ich euch sage! Was auch immer passiert, ihr kommt nicht vor Einbruch der Dunkelheit aus diesem Versteck. Frühestens nach Mitternacht. Ist das klar?«

Seine Frau und seine Tochter versuchten die Tränen zu unterdrücken.

»Was immer ihr auch hört, ihr rührt euch nicht. Habt ihr mich verstanden?«

Sie brachten ein zitterndes »Ja« zustande. Meïr drückte die beiden an sich.

»Und vergiss nicht«, sagte er zu seiner Frau, »wenn das hier alles vorbei ist, geht ihr zu Ari nach Palästina. Er wird für euch sorgen.«

Er wandte sich an seine Tochter. »Wie lautet die Adresse deines Bruders?«

»Tel Aviv, Betzalel-Straße 16.«

»Mein kluges Mädchen!« Er gab Lea einen letzten Kuss und half den beiden in das Loch. Anschließend schob er die Kiste mit dem Tiermist über die Öffnung. Er vergewisserte sich, dass zwischen der Kiste und dem Boden ein Schlitz war, durch den die beiden genug Luft zum Atmen bekamen. Durch diese schmale Öffnung beobachtete Lea, wie ihr Vater die Mülltonnen um die Kiste herumstellte. Sie sah ihn noch einen letzten Blick auf ihr Versteck werfen – dann eilte er ohne ein weiteres Wort davon.

»So muss es sein, wenn der Sargdeckel zugemacht wird«, schoss es Lea durch den Kopf. Dicht an ihre Mutter gedrückt kauerte sie Stunde um Stunde in dem stinkenden Loch. Nichts rührte sich draußen. Irgendwann hörte sie Frau Cholder rufen, die Leute sollten aus ihren Verstecken kommen. »Es nützt nichts, ihr könnt euch nicht verstecken«, schrie sie mit schriller Stimme ein ums andere Mal. Dann klapperten die Mülltonnen. Lea hörte die panische Stimme ihrer Tante. Dann fielen Schüsse. Und dann das Geräusch, wie ein Körper weggeschleift wurde.

Vom Stadtplatz hörte man laute Befehle. »Vortreten!«, brüllte eine Megafon-verstärkte Stimme. »Ihr werdet umgesiedelt.«

Später hörte man Glas splittern, begeisterte Rufe, Gelächter. Die Plünderungen hatten begonnen.

Dann eine unermessliche, leere Stille – bis Leas Mutter flüsterte: »Komm. Wir sollten jetzt los.«

Zehn

———◦\⌀◦———

JÜDISCHE INF BRG NACHR.DIENSTL. ZUS.FASSUNG
1. März 45
FEINDLAGE

Die derzeitige russische Offensive gibt Anlass zu Spekulationen
über die Zukunft der deutschen Verbände in Italien. Die Grund-
strategie des Oberkommandos scheint sich jedoch nicht verändert zu haben – das heißt, die deutschen Auffangstellungen so
weit wie möglich zu halten. Umfangreiche Aktivitäten deuten
auf eine außergewöhnlich hartnäckige Verteidigung der norditalienischen Stellungen hin. In der Tat scheint es, als ziehe sich
Feldmarschall Kesselring nirgendwohin zurück, solange er nicht
dazu gezwungen wird, und zwar nachdrücklich.

Peltz unterbrach die Lektüre des nachrichtendienstlichen
Berichts und unterstrich den letzten Satz des Textab-
schnitts. Dann ging er Pinschuk suchen. Er fand ihn beim
Bridgespielen mit ein paar Offizieren im schwach erleuchteten Salon des Hotels.

»Ich muss dir was zeigen. Leg die Karten weg, Ari.«

»Was gibt's denn so Wichtiges?«

»Mach einfach Schluss.«

Seit sie vor einem Monat aus Rom zurückgekommen

waren, hatte Pinschuk genügend Zeit mit Peltz verbracht, um sich an dessen selbstherrliches Verhalten zu gewöhnen. Er war noch nie einem Menschen mit einem derartigen Selbstvertrauen begegnet, und noch nie jemandem, der den Gefühlen anderer gegenüber so unempfänglich war. Peltz' Verhalten war so anders als seine eigene vorsichtig-zurückhaltende Art; je länger Pinschuk sich mit ihm verglich, desto mehr Vorbildliches, ja Befreiendes entdeckte er in Peltz' Art.

Pinschuk spielte den Robber zu Ende, legte die Karten auf den Tisch und ging zu Peltz hinüber, der ungeduldig am anderen Ende des Raums auf und ab lief.

Er reichte Pinschuk das Blatt. »Lies das mal!«

Pinschuk blickte Peltz fragend an.

»Hier, hast du das gesehen?«, fragte Peltz, »›gezwungen, und zwar nachdrücklich‹?«

Pinschuk konnte ihm immer noch nicht folgen.

»Ich war vorhin im Hauptquartier, da habe ich auch diesen Bericht her. Weißt du, worüber sie dort geredet haben? Über Transportfahrzeuge! Transporter, Ari. Ich sag dir eins: Es geht los! Bald wird die Brigade unterwegs sein. ›Gezwungen, und zwar nachdrücklich‹, Ari. Endlich kommen wir zum Zug.«

★ ★ ★

Den ganzen Winter über war es an der Front ruhig gewesen. Im Süden von Bologna standen sich die gegnerischen Armeen – fast eine halbe Million Männer – zu beiden Seiten der Frontlinie gegenüber.

Der kurvige Verlauf der Front, der eher von den geografischen Gegebenheiten bestimmt wurde als von der Taktik der Generäle, begann weit oben zwischen den schneebedeckten Spitzen des Apennin, streifte die Ufer mehrerer Flüsse in der Romagna, stieg dann wieder einen Höhenzug hinauf, nur um mit dramatischer Abruptheit erneut hinabzustürzen und sich große, vereiste Ebenen entlangzuziehen; darauf folgte sie dem langen, ausgebuchteten Südufer des Lagunensees Valli di Comacchio und schnitt schließlich scheinbar willkürlich durch die Sümpfe, die zur Adria führten. Im Norden dieser Linie standen die 23 Divisionen der deutschen Armeegruppe C; im Süden standen, in etwa gleicher Stärke, die 5. und 8. Armee der Alliierten.

Feldmarschall Albert Kesselring, Oberbefehlshaber der deutschen Streitkräfte im Mittelmeerraum und in Südosteuropa, gab sich keinen Illusionen über den Kriegsverlauf hin, genauso wenig wie über die Hartnäckigkeit der gegen ihn stehenden Kräfte. Die Alliierten hatten bereits seine »undurchdringliche« Gustav-Linie südlich von Rom durchbrochen und waren zwei Tage vor dem D-Day, der Invasion in der Normandie, am 4. Juni in Rom einmarschiert. Systematisch hatten sie seine Armee immer weiter bedrängt, bis die Wehrmacht sich schließlich nach Norditalien zurückgezogen hatte. Dann kam der Winter, und die Kämpfe hörten auf.

Kesselring war klar, dass die Alliierten wieder vorwärtsdrängen würden, sobald das Wetter sich besserte. Die Frühjahrsoffensive würde andauern, bis er sich entweder ergeben oder seine Armee vernichtet würde. Aber er hatte seine Befehle. Hitler, der immer noch um jeden Preis weiterkämpfen wollte, hatte ihn nach seinem kurzen Besuch in Berlin mit dem unmissverständlichen Auftrag nach Italien zurückgeschickt, »jeden Zentimeter des norditalienischen Gebiets zu verteidigen«. Der Feldmarschall begab sich wieder auf seinen Posten, entschlossen, zu gehorchen.

Während er einen ruhigen Winter lang die Lage analysierte, kam er zu der Überzeugung, dass er vielleicht nicht mehr gewinnen, so doch aber zumindest noch wirkungsvolle Gefechte liefern konnte. Er war sich sicher, dass er die Niederlage der Wehrmacht in Italien hinauszögern konnte. Vielleicht konnte er ja sogar so lange durchhalten, bis der nächste Winter die Kämpfe erneut unterbrechen würde.

Die Chance auf ein ehrenvolles Patt wurde von zwei Fakten gestützt. Zum einen: Er hatte die nötigen Truppen. Die Armeegruppe C war auf ihrem Sollstand und nach der Winterpause ausgeruht. Voll einsatzbereit waren auch die 1. und 4. Fallschirmjägerdivision, die bereits in Russland und in

Mittelitalien Kampferfahrung gesammelt hatten. Die Infanteriedivisionen waren zwar mit österreichischen und italienischen Einheiten aufgefüllt worden, deren Loyalität dem Reich gegenüber sich als brüchig erweisen mochte, doch ihre Kerntruppen bestanden aus zuverlässigen deutschen Veteranen. Zudem besaßen diese Divisionen tatsächlich ihre nominelle Stärke – im Gegensatz zu den ausgedünnten Kampfverbänden an anderen deutschen Fronten, die absurderweise immer noch als »Divisionen« geführt wurden. Weiterhin verfügte er über hunderte einsatzfähiger Panzer, was in dieser Phase des kräfteverschleißenden Kriegs erstaunlich war, sowie über zwei gut ausgebildete Panzergrenadierdivisionen zu deren Unterstützung. Der Treibstoff war zwar knapp, wie an allen deutschen Frontabschnitten, aber er hatte reichlich Lebensmittel, Munition und Männer. Kesselring war überzeugt, dass die Armeegruppe C imstande war, sich ihrer Haut zu wehren.

Der zweite Grund für seinen Optimismus war: Er hatte einen Plan. Kesselring wollte zunächst die flussnahen Stellungen südlich von Bologna so lange wie möglich halten. Dann würde er sich unverzagt auf eine neue, gut befestigte Linie zurückziehen, die nördlich von Bologna dem gewundenen Verlauf des Flusses Reno folgte. Von diesen höher gelegenen Stellungen aus konnten seine Spandaus und Panzer mit vernichtender Genauigkeit zuschlagen. Sollte der alliierte Druck zu stark werden, würde er auch diese Stellung aufgeben und auf eine dritte Verteidigungslinie zurückweichen, die entlang der breiten Ufer des Po verlief. Die Alliierten würden einen hohen Blutzoll zu entrichten haben, um ihn von dort zu vertreiben – ihre ersten Versuche, den breiten Fluss zu überqueren, würden in einer Katastrophe enden. Dennoch bezweifelte Kesselring nicht, dass sie dieses Ziel mit Nachdruck verfolgen würden. Tapfer würden sie der weichenden Wehrmacht nachstellen und in die tödliche Falle laufen, die er raffiniert aufgestellt hatte.

Den ganzen Winter über hatten 5000 deutsche Festungspioniere und tausende italienischer Arbeiter unter der Leitung von General Bülow, dem Reichsinspekteur für Landbefestigungen, rund um die Uhr geschuftet, um die Stellungen auszubauen, in denen die Armeegruppe C ihre endgültigen Positionen beziehen würde. Die Befestigungslinie begann östlich des Gardasees, zog sich dann durch die steilen Ausläufer der Alpen bis in die Ebenen nördlich von Venedig. Ihre hohen, besonders verstärkten Betonwände waren mit rasiermesserscharfem Stacheldraht besetzt. Das Vorfeld war mit 1000-Pfund-Minen durchsetzt. Die Anlage bildete ein verwirrendes Labyrinth aus Maschinengewehrnestern und Stellungen für mobile Artilleriegeschütze. An den höchsten Punkten hatte man riesige, langläufige Kanonen mit gewaltiger Feuerkraft installiert, die von der Ligurischen Küste aus ihre Befehle bekamen. Das Oberkommando in Berlin hatte die gesamte Anlage »Alpenfestung« getauft. Für Kesselring war es *das* Spiel seiner militärischen Laufbahn. Gewann er, würde seine Armee weiterexistieren und könnte sich einen Winter lang erholen. Und ein weiteres Frühjahr kämpfen. Kesselring wusste aber auch, dass es in jeder Hinsicht ein hässliches, verzweifeltes Spiel war. Denn er setzte seine eigenen Leute dabei als Köder ein, so wie man eine Ziege als Köder an einen Pflock bindet. Trost hoffte er in der Vergeltung zu finden, die er an seinem Gegner üben würde, der trotz zunehmender Verluste immer weiter vorwärtsstürmen würde. Direkt in die Hölle.

General Sir Harold Alexander, Befehlshaber der Alliierten Armeegruppe in Italien, hatte keine ausgefeilte Strategie für die Frühjahrsoffensive. Sein Plan war schlicht und direkt. Er würde den Feind an die Ufer des Po zurückdrängen und ihn dort, so versprach er kurz und bündig, »auslöschen«. Mit einem einzigen konzentrierten Vorstoß würden die Verbündeten die »Alpenfestung« bedeutungslos werden lassen. Die Deutschen würden gar nicht erst dazu kommen, sich in ihren Schrecken erregenden Befestigungen auf die große Endschlacht einzurichten.

Um mit dieser Strategie Erfolg zu haben, mussten die Alliierten das Geflecht der Verteidigungsstellungen am Reno mit seinen tödlichen Hindernissen schnell und präzise überwinden. Sie mussten die Wehrmacht so druckvoll aus diesen Positionen vertreiben, dass ihre demoralisierten Truppenteile gar nicht mehr in der Lage wären, sich erneut zu gruppieren und den Po zu überqueren. Stattdessen würde die angeschlagene deutsche Armee in der Ebene zwischen den beiden Flüssen in der Falle sitzen. Und hier, auf diesem perfekten Schlachtfeld, würde der Feldzug in einem explosionsartigen Ausbruch alliierter Stärke sein Ende finden.

Zumindest auf dem Papier war das ein bestechend einfacher Plan. Die 5. Armee sollte in einem klassischen Umfassungsangriff westlich des Reno angreifen und die Rückraumverteidigung des Gegners in Schach halten. Gleichzeitig würde die 8. Armee mitten ins Herz des Verteidigungssystems an den Flüssen der Romagna vorstoßen.

Entscheidend dabei war, dass die 8. Armee die feindlichen Linien tatsächlich schnell überwinden konnte und dass die Überquerung der Flüsse ohne größere Probleme vonstatten ging. Im Frühjahr würden viele der Flüsse Hochwasser führen. Und durch deren tiefe, wirbelnde Wassermassen würde man die Truppen schicken müssen, während der Feind gleichzeitig von erhöhten und gut befestigten Stellungen aus feuern würde. Wenn die 8. Armee tatsächlich zurückgeworfen wurde, könnten die Deutschen sich über den Po absetzen, und die zahlenmäßig unterlegene 5. Armee läge dann plötzlich wie auf einem Präsentierteller vor ihnen.

Angesichts der zu erwartenden hohen Verluste mussten alternative Pläne geprüft werden. Eine Zeit lang schien die perfekte Lösung ein massiver Absprung von Fallschirmjägern *hinter* die Stellungen an den Flüssen zu sein. Als sich das Wetter besserte, zeigten Fotos von Aufklärern jedoch, dass dort die Luftabwehr der Deutschen zu stark war. Zwar beharrte die alliierte Luftwaffe darauf, dass ihre Bomber die deutschen Geschütze ausschalten könnten, aber nach quälendem Hin und Her verwarf Alexander diesen Plan. Er enthielt zu viele Risiken, zu viele Möglichkeiten des Misserfolgs. Wenn die

Flugzeuge mit den Fallschirmjägern abgeschossen würden, wäre die gesamte Operation zum Scheitern verurteilt.

Ein anderer Vorschlag sah einen Angriff vor, bei dem die Flüsse mit einer Armada von »Fantails« bezwungen wurden. Das waren auf Ketten fahrende Landungsfahrzeuge, die man mit großem Erfolg bei der Invasion in der Normandie eingesetzt hatte. Allerdings gab es in Italien nur vierhundert solcher »Fantails«; die rechtzeitige Bereitstellung weiterer Fahrzeuge war sehr problematisch.

Schließlich entschied sich Alexander für eine Variante seines ursprünglichen Plans: Anstatt mit der 8. Armee einen geballten Angriff durch die so genannte Argenta-Lücke in Richtung Reno zu unternehmen, würde es eine ganze Reihe vorbereitender Attacken geben. Sie dienten zwei taktischen Zielen. Zum einen würden die Deutschen sie vielleicht für den Hauptangriff halten, und Kesselring würde schleunigst damit beginnen, Verteidigungskräfte in die entsprechenden Stellungen zu verlegen – und das Gebiet des eigentlichen Hauptangriffs damit entblößen. Zum anderen: Sollte die Überquerung der Flüsse gelingen, dann könnten diese Truppen nach Osten hinter die deutschen Stellungen gelangen und die Hauptmacht der 8. Armee damit entlasten. Natürlich wären die Einheiten, die diese Vorstöße über die Flüsse versuchen würden, größter Gefahr ausgesetzt. Denn wenn die Täuschung gelang, würden die aufgeschreckten Deutschen eine überwältigende Streitmacht auf die viel kleineren Einheiten loslassen, die die Flüsse durchquerten.

Der entscheidende Fluss, den es bei diesen Vorab-Angriffen zu überqueren galt, war der Senio. Es war ein schmaler, schlammiger Fluss, der selbst im Frühjahr meist ziemlich wasserarm war. Sein südliches Ufer war flach, während es auf der anderen Seite steil zu den Bergen hin anstieg. Auf diesem nördlichen, hoch gelegenen Ufer hatten die Deutschen während des Winters Maschinengewehrnester eingerichtet, Kanonen und Mörser in Stellung gebracht und das Gebiet dicht vermint. Doch Alexander sah keine Alternative. Wenn seine Gesamtstrategie aufgehen und die Deutschen zum Po zurück-

gedrängt werden sollten, dann mussten die Verteidigungsstellungen am Senio unbedingt überrannt werden. Er beschloss, der Jüdischen Brigade den Befehl zur Überschreitung
des Senio zu erteilen.

★ ★ ★

Zwei Tage nachdem Peltz die vertrauliche Meldung des
Hauptquartiers Pinschuk mitgeteilt hatte, verließ die Brigade
Fiuggi und zog in einem langen Lkw-Konvoi nach Norden.
Die Landschaft, in trübes Braun gehüllt, hielt Winterschlaf.
Die Straßen hatten sich in schlammige Pisten verwandelt.
Doch die Soldaten kümmerte das alles nicht. Wie lange hat-
ten sie gewartet! Jetzt ging es endlich los.

Carmi hockte mit den Männern seines Zugs in einem der
großen Dodge-Transporter. Die Soldaten sangen, genau wie
an jenem Tag, an dem sie Alexandria hinter sich gelassen hatten. In der Nähe der Front kam der aufgekratzten Truppe ein
Fahrzeug mit britischen Soldaten entgegen. Carmi bemerkte,
dass die Briten seine Leute erstaunt ansahen. Sie konnten
nicht begreifen, wie man voller Freude in den Kampf ziehen
konnte. Woher sollten sie auch wissen, was in einem jüdischen Soldaten vor sich ging, der endlich auf seinen Todfeind
traf?

TEIL III

An der Front

Frühjahr 1945

Elf

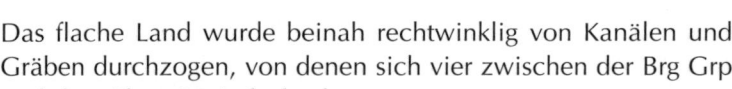

Das flache Land wurde beinah rechtwinklig von Kanälen und Gräben durchzogen, von denen sich vier zwischen der Brg Grp und dem Fluss Senio befanden.
Zu den größeren Wasserwegen kamen außerdem viele kleine Bäche und Bewässerungskanäle, die das gesamte Vorfeld der Brg in unregelmäßigen Abständen durchzogen. Die Bedeutung dieser Kanäle bestand nicht so sehr in ihrer Breite, sondern in ihren steilen Ufern. ...
Die JÜDISCHE INF BRG GRP hatte den Auftrag, aktiv Patrouillen durchzuführen und bei passenden Gelegenheiten ihre Stellung zu verbessern, doch ein umfassender Angriff war zu diesem Zeitpunkt nicht beabsichtigt.

Aus dem offiziellen Kriegstagebuch der Jüdischen Infanterie-Brigadegruppe

Hauptmann Johanan Peltz wagte es nicht, den Kopf zu heben. Er presste sein Kinn auf den weichen, feuchten Boden und lauschte. Der Lärm des deutschen Sperrfeuers war annähernd konstant. Er konnte die Flugbahn der Granaten an jenem jaulenden Röhren verfolgen, das ihn immer wieder auf den Einschlag warten ließ. Dann bebte der Boden, und die Erschütterungen zogen wie Stromschläge durch seinen Körper. Dieses Gefühl hatte immer etwas Tröstliches für ihn: Die Granate hatte ihn verfehlt.

Fast zwei Stunden schon – eine Ewigkeit, wenn man auf den Moment wartet, in dem man umkommt – waren Peltz und seine Männer von dem Sperrfeuer aus Kanonen, Mörsern und MGs festgenagelt worden. »Wir brauchen Rauch! Gebt uns verdammt noch mal Deckung!«, hatte er in sein Funkgerät gebrüllt, als die Spandaus zu schießen begannen – aber niemand hatte geantwortet. Sein Funker versuchte immer noch, endlich eine Reaktion der Bataillonsführung zu bekommen.

Es war Peltz' dritter Patrouillentag an den Ufern der schmalen Kanäle im Vorfeld des Senio. In diesem Abschnitt der Front, in der Nähe des Bauerndorfs Alfonsine, standen die Deutschen nördlich der Kanäle, die Briten südlich. Ein System aus breiten, grasbewachsenen, oben abgeflachten Deichen zog sich durch das Netzwerk aus Wasserstraßen – dies war Niemandsland. Zunächst war alles still gewesen. Beide Seiten schienen auf den Beginn der Offensive zu warten.

Nachdem er seine Karte studiert hatte, hatte Peltz sich auf den Fosso Vetro zubewegt, einen langen Bewässerungsgraben, der nur wenig brackiges Wasser enthielt. Seine Leute hatten sich in breiter Linie entlang des Deichs aufgefächert. Und plötzlich hatte der Beschuss angefangen.

»In Deckung!«, hatte er geschrien. Bevor er selbst auf dem Boden aufschlug, sah er noch die grauen, Unheil verkündenden Rauchwölkchen der Artillerie auf einer Anhöhe auf der alliierten Seite des Kanals. Wie war das möglich? Im ersten Augenblick hatte er befürchtet, dass er von seinen eigenen Leuten beschossen wurde und sein Leben aufgrund eines tragischen Irrtums enden würde. Dann hatte er sich gefasst, versucht Rauch anzufordern, seine Karte befragt und rekonstruiert, was geschehen war.

Irgendwann während der letzten Nacht mussten sich die Deutschen klammheimlich auf dem höher gelegenen Ufer der alliierten Seite des Deichs festgesetzt haben. Auf der Karte identifizierte Peltz ihre neue Stellung als La Giorgetta. Er musste einräumen, dass dies ein cleverer Schachzug gewesen war. Von dieser erhöhten Position aus konnten die deutschen

Kanonen – er tippte auf die gefürchteten 88er – die gesamte östliche Flanke des Abschnitts kontrollieren. Peltz' saß mit seiner Patrouille in der Falle. Vorwärts konnte er nicht. Und selbst ein Rückzug würde Opfer fordern, wenn er nicht im Schutz einer Rauchwolke stattfand, die dick genug war, um die deutschen Schützen zu irritieren. Peltz konnte lediglich warten – und hoffen, dass sein Funker endlich zum Stützpunkt durchkam. Nach einer unendlich quälend langen Zeit reagierte das Bataillon und schoss Rauchgranaten herüber. Jetzt konnte er es riskieren, auf Händen und Knien an eine geschützte Stelle zu kriechen.

Sobald er außer Gefahr war, packte ihn rasende Wut. Wieso hatte die Aufklärung der Kommandantur derart danebenliegen können? Wie konnte man zulassen, dass er seine Männer ahnungslos in solche Gefahr brachte? Die größte Wucht seiner Wut und Enttäuschung richtete Peltz gegen sich selbst. Er hatte sich gefürchtet. Als die deutschen Granaten den Boden um ihn herum aufpflügten, war er vollkommen hilflos gewesen. In Palästina hatte er gegen Menschen gekämpft und Menschen getötet. In seinen Augen waren dies heldenhafte Kämpfe gewesen, beinahe so etwas wie Duelle. Doch hier erwartete ihn eine ganz andere Art von Kampf: unpersönlich, technisch, brutal. Dieser Krieg würde anders sein als alles, was er bisher erlebt hatte.

Auf seinem Weg zurück zu seiner Kompanie, die ihr Lager in einem höher gelegenen Bereich oberhalb des Flusses hatte, kam Peltz nicht über das erniedrigende Gefühl hinweg, davongelaufen zu sein. Vor den Arabern war er nie geflüchtet. Und nun, bei seiner ersten Begegnung mit den Deutschen, war er buchstäblich auf allen vieren davongekrochen. Er hatte nicht einmal das Feuer erwidert. Er durfte es nicht zulassen, dass die Nazis einen so leichten, einen so beschämenden Sieg einfuhren. Außerdem musste er sich beweisen, dass er keine Angst hatte.

Als er sein Zelt betrat, stand sein Entschluss fest. Er würde La Giorgetta zurückerobern.

»Du bist übergeschnappt«, entfuhr es Pinschuk, als er beim Essen von diesem Plan hörte. »Du führst hier doch keinen Privatkrieg gegen die Nazis.«

Die Haltung des britischen Majors, der die Kompanie befehligte, war auch nicht gerade ermutigend. Er nippte an einem mit Gin gefüllten Flachmann, während er Peltz belehrte: »Das ist nicht unser Bier, alter Junge. Die Strategie ist Sache der großen Denker im Hauptquartier. Wir sind bloß Kanonenfutter. Wir harren so lange aus, bis man uns den Marschbefehl erteilt.«

Peltz wandte sich an den nächsten in der Befehlshierarchie, Oberst Geoffrey Gofton-Salmond, den Bataillonskommandeur. Ihm war klar, dass dies einer Insubordination nahe kam, doch aufgebracht wie er war, war Peltz überzeugt davon, dass er richtig handelte. Er wollte sich auf keinen Fall abweisen lassen.

»Goofy«, wie Oberst Gofton-Salmond hinter seinem Rücken genannt wurde, war ein altgedienter Soldat. Bevor er in Fiuggi zu der Brigade gestoßen war, hatte er ein britisches Fallschirmjägerbataillon bei harten Kämpfen in Salerno befehligt. Peltz war überzeugt, dass ein Mann mit dieser Erfahrung anders über seinen Plan dachte.

Und tatsächlich schnitt ihm der Oberst nicht sofort das Wort ab, als Peltz vorschlug, die deutsche Stellung auf dem Berg anzugreifen, sondern hörte schweigend zu. Nach einer Weile stellte der Oberst eine einzige Frage: »Was hat der Major dazu gesagt?«

Peltz erzählte ihm von der negativen Reaktion. Der Oberst dachte nach. Schließlich sagte er: »Keine Sorge, mein Junge, ich werde Sie nicht vor die Tür setzen. Was ich tun werde, ist, uns Tee und Kekse kommen zu lassen. Wir werden das Ganze in aller Ruhe besprechen, und dann sehen wir weiter.«

Sie redeten über eine Stunde lang. »Die Gefahr liegt darin«, hatte Gofton-Salmond geduldig erläutert, »dass man so etwas überstürzt anfängt.« Er befahl Peltz, einen ausgefeilten Angriffsplan zu entwickeln. Und dazu musste auch Aufklärung betrieben werden. Peltz hatte nicht nur herauszufinden, wie die Deutschen La Giorgetta befestigt hatten, sondern auch, ob die Anhöhe vermint war.

»Machen Sie einen Plan, der Hand und Fuß hat«, schloss Gofton-Salmond. »Und wenn Sie dann noch kämpfen wollen, dann sollen Sie Ihren Kampf haben.«

Zwölf

Peltz bewegte sich durch die Dunkelheit und lauschte angestrengt in die Stille. Sein Gesicht war mit Holzkohle geschwärzt, und es schien, als habe sich auch der Himmel auf diese Weise getarnt. Mond und Sterne waren von dichten, dunklen Wolken verhüllt. Die Sicht reichte kaum weiter als eine Gewehrlänge. Als Peltz auf einen Ast trat, klang das Knacken wie eine Explosion. Er war sicher, dass ein deutscher Posten das gehört haben musste, blieb mit erhobener Waffe stehen und wartete auf einen Angriff. Doch nichts rührte sich. Es existierte nur die undurchdringliche Dunkelheit und das schreckliche Gefühl, auf feindlichem Gebiet die Orientierung verloren zu haben. Er suchte nach einem vertrauten Anhaltspunkt, aber es war hoffnungslos. Die völlige Fremdheit der Umgebung, das Gewirr aus dunklen Schatten – nichts war zu erkennen.

Die einzige Gewissheit bestand in seiner prekären Lage. Er musste vor Sonnenaufgang, bevor er für die deutschen Scharfschützen sichtbar wurde, zurück ins Lager gefunden haben. Oder bevor eine Patrouille über ihn stolperte. Oder bevor er auf eine Mine trat.

Peltz lehnte sich mit dem Rücken an einen Baum und holte seine Karte aus der Brusttasche. Mit zusammengekniffenen Augen versuchte er die Linien zu erkennen. Kurz nach elf hatte er in dieser Nacht das flache Gebiet in der Nähe des Fosso Vetro verlassen; danach hatte er ein breites, schlammbraunes Feld voller britischer Minen überquert. Auf der Karte war dieses Stück eine einfache Bewegung mit dem Finger, in der Praxis war es schwieriger gewesen.

Bevor er aus dem Lager aufgebrochen war, hatte ihn ein aufreizend lässiger Aufklärungsfeldwebel instruiert. Es wäre klug, hatte dieser ihm geraten, die X-Markierungen auf der Karte nicht zu beachten.»Ehrlich, die sind alle nur geraten. Am besten geht man davon aus, dass die netten kleinen Dinger wie eine Hand voll Saatkörner überall verstreut liegen«, hatte er gesagt, als handle es sich um einen Scherz. Peltz fand das gar nicht komisch.

Er hatte das breite Feld in dieser Nacht mit nervöser Vorsicht überquert, wachsam, die Augen immer auf den Boden gerichtet. In der Dunkelheit war jeder Schritt zur Tortur geworden, eine Alles-oder-Nichts-Entscheidung. Irgendwo auf diesem Teil seines Weges musste er einen Fehler begangen haben.

Der Karte zufolge ging sein Weg nach dem Feld bergauf und geradeaus. Ein dichter Wald würde folgen, dann müsste er auf ein kleines Bauernhaus samt Scheune treffen, umgeben von einem großen Feld, das zweifellos ebenfalls vermint sein würde – diesmal aber mit deutschen Minen. Danach würde die Strecke steiler werden und zu einer Gruppe von Stein- und Holzhäusern führen: La Giorgetta.

Es schien alles ganz einfach; er musste nur dem Kompass nach Norden folgen. Doch nach seinem Schlängelkurs durch das britische Minenfeld war er offenbar in einem schiefen Winkel in den Wald gekommen. Er war sich sicher, dass er bergauf gelaufen war. Und der Kompass hatte bestätigt, dass er nach Norden ging. Aber wo war das Bauernhaus? Wo das Feld? Die Minen? Vielleicht hatte er den Hof irgendwie verpasst und steckte bereits mitten in dem deutschen Minenfeld. Ihm wurde übel. Vielleicht verbarg sich direkt unter seiner Karte, die er neben sich auf den Boden gelegt hatte, eine deutsche Tellermine? Gegen die Panik ankämpfend wischte er das dünne Blatt beiseite und tastete vorsichtig und nur mit den Fingerspitzen über den weichen Boden. Er wartete auf das

Geräusch, wenn seine Fingernägel auf Metall stoßen würden, doch außer der lockeren, kühlen Erde war nichts zu spüren.

Ein Blick auf die Armbanduhr ließ Peltz erschauern. Es war drei Uhr, und die Dämmerung in der Romagna kam früh und schnell. Ohne den Schutz der Dunkelheit würde er es nie bis zurück ins Lager schaffen. Die Scharfschützen der Deutschen waren wegen ihrer Treffsicherheit gefürchtet. Ein 1.90 Meter großes Ziel würde ihnen nicht einmal etwas abverlangen. Er fasste einen Entschluss: Lieber weiterleben und es noch mal versuchen. Peltz holte das Funkgerät aus seinem Rucksack. Minuten später erleuchtete eine Phosphorgranate die Nacht mit ihrem unnatürlichen, flackernden Glühen. La Giorgetta war nirgends zu entdecken. Aber Peltz konnte wenigstens einen Weg durch den Wald ausmachen, der ihn auf die Ebene zurückbringen würde. Und von dort aus würde er den Kanal problemlos wiederfinden.

Im Morgengrauen erstattete ein verlegener Peltz dem Oberst Bericht.

»Nur die Ruhe, Peltz, nur die Ruhe«, besänftigte ihn Gofton-Salmond mit einem unbeschwerten Lachen. »Gehen Sie erst mal schlafen. Heute Abend beginnt wieder eine Nacht.«

★ ★ ★

Peltz stand an dem flachen Bewässerungsgraben und blickte in den italienischen Himmel hinauf. Über ihm die blasse Sichel des Mondes, vor ihm eine bukolische Landschaft, in der jeder Feldrain erkennbar war: ein Flickenteppich aus unterschiedlich dunklen Schatten, der sich einen sanft vom Mond beleuchteten Hügel hinaufzog. Über dieses stille Bild schob sich langsam ein anderes. Ob dieser Mond jetzt wohl auch auf Polen herabschien? Auf die Felder von Zabiec? Er durfte sich nicht von solchen Gedanken davontragen lassen, musste einen kühlen Kopf bewahren. Er ging weiter – hinein ins erste Minenfeld.

Wenn eine größere Einheit hier durchziehen sollte, musste

eine minenfreie Schneise durch das Feld gezogen werden. Die Minen zu entschärfen würde die knifflige Aufgabe der Pioniere sein – sie waren die »Spezialisten mit den Uhrmacherfingern«, wie Peltz sie voller Hochachtung nannte. Seine Aufgabe war es, diese Strecke zu markieren. Vor seinem Aufbruch hatte er im Lager etliche Bettlaken in lange, schmale Streifen gerissen. Jetzt band er diese »Fahnen« an die freigelegten Metallgriffe der britischen Minen, die entschärft werden mussten. Als er das erste Teilstück geschafft und den Waldrand ohne Zwischenfall erreicht hatte, atmete er tief durch. Jetzt zählte es.

Im fahlen Mondlicht bahnte er sich vorsichtig den Weg zwischen den Bäumen hindurch. Er erreichte den ärmlichen Hof mit der Scheune; das Feld hinter den Gebäuden bildete den einzigen Zugang nach La Giorgetta. Wie der Nachrichtendienst vermutet hatte, war es von den Deutschen vermint worden. Die Aufgabe, einen geeigneten Weg für die Panzer zu finden, hatte es in sich. Und die ganze Zeit über war er in Sichtweite des deutschen Lagers in La Giorgetta – er konnte die dunklen, eckigen Formen der Gebäude erkennen. Er hoffte, die Soldaten dort drüben würden schlafen.

Ein Blick auf die Uhr sagte ihm, dass es zu spät war, um noch weiter in Richtung der Ortschaft zu laufen. Er würde morgen Nacht wiederkommen müssen, um die Stellungen der Kanonen und MGs auszukundschaften. Erschöpft machte Peltz sich auf den Rückweg. Als er ans Ende des Feldes kam, hörte er Stimmen. Er warf sich sofort flach auf den Boden und kroch in einen kleinen Graben. Hier blieb er reglos liegen, während die Stimmen lauter wurden.

Es waren zwei Männer, und sie sprachen Deutsch. Der eine war laut und redete in einer irritierenden, fast weiblichhohen Tonlage. Der andere ließ nur gelegentlich ein gemurmeltes »Ja« hören. Die beiden Soldaten kamen direkt auf Peltz zu. Er konnte die runden Konturen ihrer Stahlhelme sehen.

Peltz, der seine Maschinenpistole umklammert hielt, wusste, dass er die beiden töten konnte. Ein schneller Feuerstoß, und zwei Nazis würden tot am Boden liegen. Doch eine andere deutsche Patrouille würde die Schüsse womöglich hören. Und was sollte er mit den Leichen machen? Spätestens am Morgen würde man nach der fehlenden Patrouille suchen. Und wie lange würde es dann noch dauern, bis der Pfad durch das Minenfeld, den er so sorgfältig markiert hatte, entdeckt würde? Zwar hatte er ein bisschen Erde auf die Stoffstreifen gestreut, doch wenn die Deutschen das Gebiet absuchten, würde diese eher klägliche Tarnung nicht ausreichen. Der Feind würde einen markierten Korridor finden, der breit genug für Panzer war, und würde erkennen, dass ein Angriff bevorstand. Dann brauchten die Deutschen in ihren hoch gelegenen Stellungen nur noch abzuwarten. Seine Leute hätten nicht den Hauch einer Chance.

Sein Zeigefinger schloss sich um den glatten Metallhahn. In seiner Vorstellung hörte er das Krachen der Schüsse. Es bedurfte nur einer einzigen kleinen Bewegung. Doch er schoss nicht. Er hielt sich zurück, und die beiden Soldaten gingen an ihm vorbei.

Der Oberst im Lager tobte. »Wenn Sie die Gelegenheit haben, einen Feind zu töten«, belehrte er den bestürzten Peltz, »dann tun Sie es! Denken Sie nicht so viel. Es ist immer dasselbe mit euch, ihr denkt alle zu viel.«

Peltz ging in sein Zelt, um sich für die Aufgaben der kommenden Nacht auszuruhen. Aber er konnte nicht schlafen. Immer wieder sah er die Szene vor Augen, in der er die beiden Deutschen hätte erschießen können, und immer wieder fragte er sich, warum er es nicht getan hatte. War es wirklich die Sorge gewesen, den Überfall auf La Giorgetta zu gefährden? Oder gab es tiefer liegende, grundsätzlichere Gründe? Hatte der Oberst, wie grob auch immer, möglicherweise intuitiv ein grundlegenderes Problem angesprochen? Konnte ein jüdischer Soldat vielleicht gar nicht den Mut aufbringen, sich den arischen Supermännern zu stellen? Vielleicht war das ihr Schicksal. Und vielleicht waren die Juden den Nazis einfach nicht gewachsen.

In der dritten Nacht schaffte es Peltz unbemerkt bis zum Lager der Deutschen. Er bewegte sich lautlos, lauschte auf Patrouillen und huschte, als er nichts hörte, zu einer Baumgruppe. Nicht weit von ihm entfernt erhob sich in der Dunkelheit ein Betonbunker. Er betrachtete ihn eingehend: Vom flachen Dach des Bunkers aus würde er die ganze Anlage überblicken können. Auf dieses Dach zu klettern würde leicht sein – ein einziger Satz würde reichen, doch nur, wenn der Bunker leer stand. Dort hinaufzukommen, ohne die Soldaten im Innern zu alarmieren, war dagegen schier unmöglich.

Peltz musste an die vorangegangene Nacht denken, an sein Zögern, an die Reaktion des Obersten. Das gab den Ausschlag. Er rannte aus seiner Deckung und sprang auf das flache Dach. Er landete – so erschien es ihm – mit der Wucht einer Granate, und machte sich bereit, auf den ersten Soldaten zu schießen, der nachsehen käme. Doch niemand tauchte auf.

Er verbrachte eine Ewigkeit auf dem Bunker, hochkonzentriert und gewillt, sich alle Einzelheiten einzuprägen. Die Standorte der langrohrigen 50- und 88-mm-Geschütze. Die immer gleichen Wege, auf denen die Wachen patrouillierten. Die steinernen Bauernhäuser, aus denen eine Mischung aus nächtlichem Husten, Schnarchen und Ächzen drang, was sie eindeutig als Truppenunterkünfte identifizierte. Er war der perfekte Spion. Er merkte sich alles.

Musik riss ihn unvermittelt aus seiner Konzentration. Ein Grammophon – er hörte das leiernde Geräusch, als das Gerät aufgezogen wurde, dann das Kratzen, als sich die Nadel in die Rillen einer Schallplatte senkte. Und dann immer und immer wieder dieses Lied:

... so wolln wir uns da wiedersehn,
bei der Laterne wolln wir stehn,
wie einst Lili Marleen.

Soldaten stimmten in den getragenen, melancholischen Refrain ein.

... wenn sich die späten Nebel drehn,
werd ich bei der Laterne stehn,
wie einst Lili Marleen.

Die traurigen Worte zerschnitten die Nacht. Während Peltz die Männer singen hörte, bekam er zum ersten Mal eine andere Vorstellung von seinen Feinden. Wenn sie eine so romantische Ader an den Tag legen konnten, derart melancholisch waren – was waren sie dann, wenn nicht Menschen? Das hier waren keine Supermänner. Es waren einsame, unglückliche Soldaten, die bluteten, wenn sie verwundet wurden.

Als Peltz kurz vor Anbruch der Dämmerung in sein Lager zurückkehrte, klang die traurige Melodie immer noch in seinen Ohren.

Dreizehn

———ↄﬞↄ———

Lea Pinschuk hatte Hunger. Langsam trottete sie auf der Suche nach etwas Essbarem hinter ihrer Mutter her durch den Wald. Es waren fast drei Tage vergangen, seit sie sich aus ihrem Versteck befreit hatten und in den großen Fichtenwald geflohen waren, der an Reflowka grenzte.

Gestern früh hatten sie Blaubeersträucher entdeckt. Lea, die Blaubeeren nie gemocht hatte, wühlte durch die Blätter, in der Hoffnung, wenigstens eine Beere zu finden. Im Sommer hatte ihre Mutter immer Blaubeertorte gebacken und mit Schlagsahne serviert, aber sie hatte sich geweigert, auch nur einen Happen davon zu essen. Nun wären die Beeren ein Festmahl für sie gewesen. Aber sie konnte keine einzige finden.

»Was sollen wir nur machen, Mama?«

Sie waren den ganzen Tag umhergeirrt, und Lea war erschöpft. Sie war gerade vierzehn geworden, und sie wollte, dass ihre Mutter eine Antwort hatte. Sie wollte, dass alles wie immer war. Reitze blickte zögernd umher. Schließlich sagte sie: »Wir haben uns verlaufen.« Lea wusste, dass sie sich nicht verlaufen hatten. Verlaufen, das hieß, dass man den Weg zum Ziel nicht finden konnte. Aber sie hatten kein Ziel. Es gab keinen Ort, zu dem sie gehen konnten. Und wenn es keinen Platz für sie gab, hatte es auch keinen Sinn zu leben. Am Ende des Waldes *musste* es einfach einen Ort für sie geben.

»Lea«, hörte sie ihren Vater fragen, »wie lautet die Adresse deines Bruders?«

»Tel Aviv, Betzalel-Straße 16, Papa.«

»Mein kluges Mädchen!«

Jetzt konnte sie weiterlaufen.

Am Nachmittag fing es an zu regnen. Der feuchte Boden unter ihren Füßen gab bei jedem Schritt nach. Es war mühsam. In der Nähe einer Baumgruppe stießen sie auf einen Weg – immerhin ein Anhaltspunkt. Nach einer Weile begegneten sie einem Bauern mit zwei Kühen. Er war alt und hager wie eine Vogelscheuche. Lea griff nach der Hand ihrer Mutter. Der Bauer musterte die beiden Frauen aufmerksam. Ihr Haar war vom Regen durchnässt und ihre Kleidung ziemlich mitgenommen. Seine Augen blieben an Leas Kleid haften, auf der Stelle, von der sie den gelben Stern entfernt hatte. Lea wusste, was er gesehen hatte. Sie fragte sich, ob sie noch die Kraft für eine Flucht aufbringen würde.

»Wisst ihr was?«, hörte sie den Bauern sagen, »ihr könnt mitkommen. Ich gebe euch was zu essen, und ich habe auch einen Schlafplatz für euch.«

Der Mann sprach Ukrainisch. Lea wusste, dass viele Bauern die Juden hassten. Doch die Art, wie er sprach, wirkte beruhigend – so, als würde er Nachbarn zum Essen einladen. Sie folgten ihm. Seit Tagen empfand Lea zum ersten Mal so etwas wie Erleichterung, und sie schöpfte einen Funken Hoffnung.

Der Bauer führte sie zu einer Scheune gegenüber dem Wohnhaus und sagte ihnen, er würde etwas zu essen holen. Als er ging, hörten sie, wie er einen Holzriegel vorschob.

»Mama!«, schrie Lea auf.

»Schscht! Er will nur sichergehen, dass uns nicht zufällig jemand entdeckt.«

Lea wusste nicht, ob ihre Mutter das selbst glaubte, oder ob sie sie einfach nur beruhigen wollte. Sie ließ sich in das trockene, warme Heu fallen. Der Regen hatte aufgehört; bald würde es dunkel werden. Sie fühlte sich schwach. Ihre Kehle war trocken. Was hatten sie schon für eine Möglichkeit, außer dem Bauern zu trauen? Er kam mit Milch, Brot und frisch gekochtem Hühnerfleisch zurück. Lea stürzte sich auf die Sachen, bis ihr der Magen schmerzte. Aber sie konnte nicht aufhören. Sie schlief mit einem tiefen Gefühl der Dankbarkeit für ihren Helfer ein. Er kannte sie nicht, aber er hatte Mitgefühl gezeigt. Vielleicht gab es doch eine Zukunft.

Ein stechender Schmerz riss Lea aus dem Schlaf. Ein ukrainischer Polizist stand über ihr und bohrte ihr einen Gewehrkolben in den Rücken.

»Mama! Hilf mir doch!«

Ihre Mutter, die von zwei weiteren Polizisten festgehalten wurde, wehrte sich und schrie verzweifelt:»Was habt ihr mit uns vor?« Sie bekam keine Antwort. Der Polizist riss Lea auf die Füße.

An der Scheunentür stand der Bauer. Als Lea ihn ansah, grinste er. Die Ukrainer sagten ihm, sie würden Lea und ihre Mutter zur Polizeistation von Vladimirets bringen.

Es war noch dunkel, aber Lea konnte genug von der Straße erkennen, um zu wissen, dass sie nicht Richtung Stadt gingen. Man brachte sie in den Wald. Sie wusste, was mit jüdischen Frauen im Wald geschah und begann zu weinen. Einer der Polizisten schlug ihr den Gewehrkolben in den Nacken. Sie ergriff die Hand ihrer Mutter und stolperte weiter. Die Vorstellung, dass diese Männer ihr wehtun, ihr etwas antun würden, war unerträglich. Sie wollte nicht sterben. Dies waren vielleicht ihre letzten Minuten, und sie spürte, wie verzweifelt sie leben wollte.

»Mama«, flüsterte sie auf Jiddisch,»ich laufe weg.«

»Bitte, Lea, nein. Ich könnte es nicht ertragen, wenn sie dich erschießen.«

»Mama, sie werden mich auch umbringen, wenn ich hier bleibe.« Sie küsste ihre Mutter flüchtig auf die Wange und riss sich los.

Die Polizisten schossen. Lea hörte die Kugeln durch die Nacht pfeifen. Sie rannte und rannte, bis ihr ein Zaun den

Weg versperrte. Mit letzter Kraft zog sie sich hinüber. Die Schüsse kamen näher, sie hörte die Polizisten schreien, aber sie sah nicht zurück. Sie verlor einen Schuh, stolperte, fiel, rappelte sich wieder auf und hastete auf den Wald zu.

Vierzehn

————⌒⌒————

Als Carmi und Peltz zusammen bei der palästinensischen Polizei gearbeitet hatten, hatten sie einmal erlebt, wie ein Mann in die Luft gesprengt wurde. Ein britischer Offizier hatte die Gruppe zu einem arabischen Haus im Dorf Daburiya geführt. Er öffnete die Tür, dann zerriss eine Explosion die Stille. Carmi und Peltz hatten so nah dabeigestanden, dass sie sich das Blut aus dem Gesicht wischen mussten.

Dieses Bild hatte Peltz vor Augen, als er seinen Angriff auf La Giorgetta plante. In seinen Erkundungsnächten hatte er festgestellt, dass die Deutschen die matschige Zufahrt zu ihrer Gipfelstellung mit drei verschiedenen Arten von Minen versehen hatten.

Schützenspringminen, deren dreifache Auslöser über der Erde lagen, und die von den Alliierten »Bouncing Betties« genannt wurden. Unter der Erdoberfläche lag ein Metallbehälter, kaum größer als eine Konservenbüchse, der 360 Stahlkugeln enthielt. Trat man auf einen der Auslöser, erfolgten unmittelbar nacheinander zwei Explosionen: Die erste schleuderte die Mine etwa hüfthoch in die Luft, und einen Sekundenbruchteil später spuckte die zweite die Stahlkugeln aus. Diese Mine sollte nicht unbedingt töten, sie sollte verletzen. Die Kugeln dieser Folterwaffe konnten ohne weiteres ein Bein oberhalb des Knies abtrennen.

Die so genannten Tretminen waren weniger raffiniert, aber häufiger tödlich. Sie bestanden aus einem Holzkästchen, das kaum größer war als ein Stück Seife und ein Viertelpfund TNT enthielt. Der Druck eines Fußes trieb einen Nagel in den Zünder; die anschließende Explosion konnte einen Menschen in Stücke reißen.

Die größten Minen, mit denen die Deutschen das Terrain gespickt hatten, waren Tellerminen. Sie besaßen lange Fünf-Sekunden-Zünder und enthielten pfundweise Sprengstoff, mit dem eigentlich langsame Panzerfahrzeuge außer Gefecht gesetzt werden sollten. Peltz wusste, dass sie sich aber auch gegen dicht gestaffelte Infanterie als erfolgreich erwiesen hatten. Eine einzige Detonation konnte einen ganzen Zug Soldaten in blutende, schreiende Leiber verwandeln.

Diese Minen mussten unbedingt vor dem Angriff neutralisiert werden. Aber wie? Peltz grübelte. Die einfachste und ungefährlichste Methode wäre, das Areal mit längerem, konzentriertem Artilleriefeuer zu belegen. Das würde den Deutschen jedoch verraten, dass die Briten einen Angriff planten. Und ohne Überraschungseffekt war das ganze Unternehmen zum Scheitern verurteilt. Also würde man Pioniere vorschicken müssen. Vielleicht konnten sie die Minen ausgraben und so einen Korridor herstellen, der für Panzer und Infanterie breit genug wäre. Doch noch ehe er diesen Gedanken zu Ende gedacht hatte, wurde Peltz klar, dass die Deutschen diesen breiten Korridor bemerken würden. Sie würden den Angriff erwarten.

Es blieb nur eine Möglichkeit, und zwar genau die, die er hatte vermeiden wollen: Die Minen mussten von Hand entschärft werden. Dabei mussten die Zünder, die oben in der Metallhülle steckten, entfernt werden. Das war im Prinzip eigentlich so einfach wie das Herausschrauben einer Glühbirne. Wenn man sich aber beim Drehen ungeschickt anstellte oder aus Versehen zu sehr drückte oder auch nur einen falschen Winkel erwischte, dann zerrissen hunderte messerscharfer Stahlstücke das Gesicht des Soldaten. Hinzu kam, dass das Entschärfen bei Nacht stattfinden musste. Mitten im Feindgebiet, keine 500 Meter entfernt würde eine Kompanie der Wehrmacht schlafen.

Zurück im Lager erläuterte er Chaim Brot die Sachlage. Brot war Stabsunteroffizier der Pioniere – er müsste den Minensuchtrupp anführen. Peltz und er hatten zusammen am Toten Meer gedient. Sie waren seitdem befreundet und das machte Peltz die Entscheidung nicht leichter. Er wusste, dass man so einen Einsatz eigentlich niemandem guten Gewissens zumuten konnte.

Brot hörte sich den Plan schweigend an. Dann gab er zu bedenken, dass die Minensuchgeräte zu dieser Jahreszeit nicht zu gebrauchen waren. Seine Leute würden die feindlichen Minen in dem schlammigen Boden mit dem Bajonett aufspüren müssen.

»Dann muss das wohl so sein«, entgegnete Peltz matt.

Peltz verbrachte den Nachmittag in seinem Zelt. Er lag unruhig auf seinem Bett und wartete darauf, Brot und seinen Zug durch das nächtliche Gelände zu führen. Er konnte nicht schlafen; stattdessen fiel ihm eine Nacht ein, die er vor Jahren mit Brot in der Polizeistation in der Nähe des Toten Meeres verbracht hatte.

Bevor er Jerusalem nach seiner Verletzung wieder verlassen hatte, hatte ihm einer der Ärzte eine Schallplatte geschenkt, auf der ein Quartett ungarische, von Brahms bearbeitete Volkslieder sang. Peltz war ein sentimentaler Mensch, und dieses Geschenk rührte ihn. Eines Abends kam Chaim Brot zu Besuch. Es war ein angenehmer, fast kühler Abend, und das Grammophon stand an dem offenen Fenster des Schuppens, der als Polizeistation diente. Die beiden lauschten der Schallplatte stundenlang.

Peltz' Erinnerung an diesen Abend war noch ganz frisch. Er konnte die Musik deutlich hören: Die Melodien der Brahms-Lieder, die vom Wind hinaus in die Wüste getragen wurden.

Während er auf seinem Bett lag, vermischte sich Brahms mit dem wehmütig klagenden Refrain von »Lili Marleen«. Es war, als seien die beiden Lieder Sätze eines einzigen Werkes, als wollten sie sagen: Der Held von Sodom hat gegen die Araber gekämpft und gewonnen. Nun wird er das Gleiche mit den Deutschen tun.

Es wurde Zeit. Er stand auf und ging zu Chaim Brot.

Fünfzehn

———— ❧ ————

Zwei Stunden später lag Peltz neben einem konzentriert und systematisch arbeitenden Chaim Brot im Schlamm. Zusammen mit einem halben Dutzend anderer Männer befanden sie sich in dem Feld unterhalb von La Giorgetta. Peltz konnte nichts anderes tun als warten. Es kam jetzt allein auf Brot und sein Team an.

Für Peltz waren es immer die schlimmsten Momente, wenn die Spitze von Brots Bajonett in den Boden drang. Wenn an der Mine ein verborgener Stolperdraht befestigt war; wenn die Mine zufällig seitlich im Boden lag und ihre Druckplatte aus Versehen unter der Erde lag; wenn aus irgendeinem anderen von viel zu vielen Gründen – Übermüdung, schlechte Sichtverhältnisse, Unachtsamkeit – etwas nicht so lief, wie es laufen sollte, dann würde die Mine hochgehen. Und sie würden beide verstümmelt sein. Oder tot.

Wie konnte Brot, wenn er mit hoch erhobenem Bajonett dastand, wissen, was sich unter dem dicken, dunklen Schlamm verbarg? Die Anspannung war grauenhaft. Es kam Peltz vor, als müssten die Deutschen in ihren entfernten Bunkern seinen rasenden Herzschlag hören können.

Es war ihm ein Rätsel, wie ruhig und beherrscht Brot arbeitete. Als dieser schließlich verkündete, der Weg, gerade breit genug für einen Panzer, sei jetzt freigeräumt, führte Peltz die Gruppe zum Wald zurück. Sobald sie sich im Schutz der hohen Bäume befanden, ließ er den Trupp halten. Völlig aus-

97

getrocknet stürzte er das Wasser aus seiner Feldflasche hinunter, doch es gelang ihm nicht, den Geschmack der Angst aus der Kehle zu spülen.

»Also dann morgen Vormittag«, verkündete Oberst Gofton-Salmond, als Peltz, kaum eine Stunde nachdem er die Pioniere zurückgebracht hatte, mit seinem Bericht zu Ende war. »Um zehn.«

»*Vormittags*, Sir?« Peltz konnte seine Überraschung nicht verbergen. Man hatte ihm beigebracht, nie ein befestigtes Lager bei Tageslicht anzugreifen. Carmis Kompanie hatte eines Nachmittags versucht, eine Feindstellung, die jenseits eines schnell fließenden Flüsschens verschanzt war, zu stürmen. Die Attacke war zu einem Desaster geworden. Die Soldaten waren von 81-mm-Mörsern und einem Hagel von MG-Kugeln empfangen worden; es gab sechs Tote und noch mehr Verwundete. Dass ihnen überhaupt ein geordneter Rückzug ohne weitere Verluste gelang, grenzte an ein kleines Wunder. Der britische Kompaniechef, der den Angriff bei Tageslicht angeordnet hatte, war schon eine Woche später versetzt worden. Peltz' sah ein ähnliches Debakel für sein eigenes Unternehmen vor Augen.

»Ein Angriff am Tag ist das Letzte, was die Krauts erwarten. Wenn Sie sich geschickt anstellen, sind Sie schon an der Artillerie vorbei, ehe da drüben jemand begreift, was los ist.«

Vielleicht war die Strategie des Obersten tatsächlich richtig. Der Überfall auf La Giorgetta würde in jedem Fall eine kitzlige Sache werden, egal, ob er bei Tag oder bei Nacht durchgeführt würde. Wenn seine Einheit den Wald erreichen würde, bevor die deutschen 88er sie im offenen Gebiet am Fosso Vetro aufreiben konnten, wäre einer der großen Vorteile des Feindes dahin. Außerdem besaß seine Einheit eine Unterstützung, an der es Carmis Kompanie gemangelt hatte: Panzer. Ihm standen die riesigen »Churchills« zur Verfügung, die sich mit feuernden Geschützen ihren Weg durch die entminte Lücke mitten ins Herz der feindlichen Stellung bahnen würden.

»Jawohl, Sir, wir starten um zehn.«

»Fein«, sagte der Oberst. »Dann gehen Sie jetzt erstmal schlafen.«

Völlig ausgepumpt nach der Anspannung der Nacht, brauchte Peltz allein zum Salutieren seine ganze Kraft. Der Oberst grüßte zurück. Und während er Peltz aus dem Kommandeurszelt geleitete, legte er dem jungen Hauptmann einen Arm um die Schulter: »Sie gehen morgen da hoch, erledigen Ihren Job, und danach trinken wir eine schöne heiße Tasse Tee zusammen.«

Chaim Brot erwartete Peltz bereits ungeduldig vor dem Zelt; Peltz wusste sofort, dass irgendwas ganz und gar nicht in Ordnung war.

»Ich denke die ganze Zeit darüber nach«, sagte Brot, noch bevor Peltz sich setzen konnte. »Es kann sein, dass ich eine Mine übersehen habe. Vielleicht sogar zwei. Irgendwie bin ich durcheinander gekommen. Ich meine, diese Nacht …« Seine Stimme verlor sich.

Brot ging unruhig auf und ab. Seine Gelassenheit war wie weggeblasen.

»Was sollen wir machen, Johanan?«

»Ich weiß es nicht.« Peltz' Erschöpfung ging in Verzweiflung über.

»Ich könnte vor den Panzern laufen und den Weg freimachen«, schlug Chaim leise vor.

Peltz malte sich aus, wie sein Freund vorneweg ging und unter Feindbeschuss Minen entschärfte. Dann sagte er: »Ich rede mit dem Oberst. Wir verschieben das Ganze.«

Was würde der Komandeur wohl dazu sagen? »Typisch«, hörte er Gofton-Salmond schnauben. Wieder wäre eine Chance vertan. Ein Schandfleck mehr. Wieder würden Juden vor den Deutschen zurückzucken. Doch hatte er eine andere Wahl? Konnte er die Panzer – seine eigenen Leute – durch ein Minenfeld jagen?

»Was sollen wir tun?«, fragte Brot wieder.

Peltz war ratlos. Es stand so viel auf dem Spiel. Schließlich entschied er, dass er erst mal Schlaf brauchte. Wenn er sich erholt hatte, würde er die ganzen Emotionen beiseite schieben können und eine wohl überlegte militärische Entscheidung fällen können.

»Komm heute Abend noch mal«, antwortete er seinem Freund. »Um die Sache abzublasen, ist immer noch genug Zeit. Jetzt lass mich erst mal schlafen.«

Am Nachmittag hatte Peltz immer noch keine Entscheidung gefällt. Müde und ausgebrannt setzte er sich an einen der langen Holztische, um etwas zu essen. Nach einer Weile gesellte sich Ari Pinschuk zu ihm.

»Hast du schon gehört, was unser Funker aufgeschnappt hat?«, fragte Pinschuk.

Peltz reagierte nicht. Er war mit seinen eigenen Gedanken beschäftigt, wollte allein sein.

Doch Pinschuk war zu sehr in Fahrt, um sich abwimmeln zu lassen.

»Die Deutschen wissen, dass wir hier sind. In Italien, meine ich. Weißt du, wie sie uns nennen? Die jüdische Plattfuß-Brigade!«

»Plattfuß-Brigade?« Das Wort brannte sich in Peltz' Gedanken. »Was haben die Schweine sonst noch zu sagen, Ari?«

»Ach, nur Mist. Wer merkt sich so was schon?«

»Probier's«, forderte Peltz ihn auf.

Pinschuk überlegte einen Moment und wiederholte dann die Meldung mit, wie er fand, verblüffender Genauigkeit: »Es ist traurig mit anzusehen, dass das englische Volk so weit heruntergekommen ist, dass es eine jüdische Plattfuß-Brigade nach Italien schickt, um dort gegen eine arische Armee zu kämpfen. Das deutsche Volk kann allerdings davon ausgehen, dass diese Juden niemals kämpfen werden. Beim Anblick unserer Wehrmacht werden sie die Flucht ergreifen.«

Ruckartig stand Peltz auf.

»Was ist los, Johanan?«

Pinschuk bekam keine Antwort mehr. Peltz hastete aus dem Zelt – er hatte eine Entscheidung getroffen.

Sechzehn

———— ❦ ————

Es war kurz vor zehn an einem sonnigen Spätmärzmorgen, als sich 96 Mann – die Kompanie B des 3. Bataillons, verstärkt durch einen Zug der Kompanie D – unter dem Kommando von Hauptmann Johanan Peltz am Fosso Vetro sammelten. Peltz' Nervosität war verschwunden; er war bereit. Er hob seinen rechten Arm und blickte über die Schulter zurück. Er sah eine Formation aus kampfbereiten Soldaten mit dem Davidstern auf der Uniform. Zum ersten Mal seit 2000 Jahren hatte sich eine jüdische Truppe zum Kampf versammelt. In Palästina hatte Peltz die hochtrabenden Äußerungen der Zionisten meist als Geschwätz abgetan, doch in diesem Augenblick auf einem italienischen Acker erschien ihm die Vorstellung einer jüdischen Nation plötzlich ganz realistisch.

Er senkte den Arm. »Vorwärts!«

Die Deutschen wurden kalt erwischt. Erst als die jüdische Truppe schon fast an der Waldgrenze war, begann das deutsche Sperrfeuer. Doch da war es schon zu spät. Die schnell vorrückenden Soldaten konnten das offene Gelände ohne Verluste überqueren.

Drei Churchill-Panzer, die von Männern aus dem Royal Irish Horse Regiment gefahren wurden, warteten am verabredeten Treffpunkt im Wald. »Wir kleben an euren Fersen, Jungs«, rief einer von ihnen aus dem Turm herunter. Peltz grüßte und setzte sich an die Spitze des Zuges. Der Lärm der deutschen Mörser wurde lauter, aber zugleich hörte er hinter sich die brummenden Motoren der Panzer. Das Geräusch der mächtigen Maschinen, die sich mit ihren schussbereiten 75-mm-Kanonen unaufhaltsam ihren Weg durch den Wald bahnten, hatte etwas Beruhigendes. Peltz' Nerven waren zum Zerreißen gespannt; voller Wachsamkeit registrierte er jede Situation. Und je näher sie dem Minenfeld kamen, desto sicherer war er, dass alles genauso laufen würde wie geplant.

Das breite Vorfeld von La Giorgetta versank im Kriegslärm. Die Spandaus sprühten ihre Garben mit einem hohen Jaulen durch die Luft. Die dumpfen Schläge der Mörser kamen unregelmäßiger; sie bildeten einen eigentümlichen Gegenrhythmus. Und durch alles zog sich das Peitschen der Gewehrschüsse: kurz, bedrohlich, präzise.

Peltz ließ die Panzer und den größten Teil der Soldaten zurückbleiben; sie sollten so lange warten, bis Gewissheit bestand, dass wirklich alle Minen entschärft waren. Peltz, Chaim Brot und seine Männer rückten langsam in das Minenfeld vor.

Im hinteren Teil des Feldes, rund 300 Meter von den Steinhäusern entfernt, die die Deutschen besetzt hatten, verlief ein breiter Graben. Der improvisierte Plan sah vor, Brot Feuerschutz zu geben, während er alle verbliebenen Minen neutralisierte, und gleichzeitig zu dieser Schutz bietenden Stelle vorzurücken. Sobald Peltz seine Deckung verlassen und sich offen dem feindlichen Feuer gestellt hatte, liefen die Dinge vor ihm ab wie in einem Film. Er rannte, schoss, robbte auf dem Boden – immer auf den Graben zu. In seiner Wahrnehmung verschmolz alles zu einem einzigen Albtraum aus Farben und Geräuschen. Dazwischen tauchten immer wieder kurze, klare Bilder auf: Brot, der fünf Meter entfernt kniet und den Zünder einer Mine entfernt. Ein strahlendes Glühen aus einem der Bunker. Und mitten in all dem Chaos er selbst, auf dem Bauch liegend und schießend. Dann wieder Brot, der sich mit dem stochernden Bajonett in den Händen einer Mine nähert. Und ein triumphierender Schrei:»Die Letzte! Ich hab sie alle, Johanan!« Peltz, der sich aus seiner gebückten Haltung hoch aufrichtet, sich erst den Panzern zuwendet, um ihnen das Signal zum Losfahren zu geben. Brot, mit hoch gerissenem Bajonett, triumphierend. Und dann eine rote, diagonale Linie auf Brots Brust. Wie mit einem Lineal gezogen, von der Schulter bis zur Hüfte.

»Eine Trage!«, hörte Peltz sich brüllen. Schlagartig war die Wirklichkeit wieder da – bedrückend und unausweichlich. Vorsichtig hob er den Oberkörper seines Freundes vom Boden, hielt ihn fest, wollte ihm helfen. Peltz fühlte das warme Blut über seine Finger rinnen. Ein Sanitäter hob Brots Füße an, Peltz nahm Chaim bei den Schultern. Gemeinsam legten sie den Toten auf eine Segeltuchtrage. Mehr konnten sie nicht mehr tun.

★ ★ ★

Sie erreichten den Graben im ersten Anlauf. Peltz stellte nach kurzer Überprüfung fest, dass beide Einheiten noch einsatzfähig waren, obwohl es mehrere Tote und Verwundete gab. Die Männer, die sich jetzt an die Erdwände des Grabens drückten, waren bereit. Auf sein Kommando würden sie angreifen.

Peltz blickte über die Grabenkante. Dicke weiße Rauchschwaden hingen über den blassen Gebäuden von La Giorgetta.

»Bajonette auf! ... Auf ... und *vorwärts*!«

In einem babylonischen Sprachgetöse aus Hebräisch, Polnisch, Jiddisch und Englisch schreiend, jagten die Soldaten los. Es waren knapp 300 Meter bis zu den deutschen Stellungen. Die Luft war voller Blei; das Getöse der Mörser und Spandaus war ohrenbetäubend. Peltz kam es vor, als feuere das Deutsche Reich seine ganze verfügbare Munition auf dieses eine Feld, um diesen einen Angriff aufzuhalten.

Peltz umklammerte sein Gewehr und stürmte weiter. Er

kam näher, immer näher an die Häuser von La Giorgetta heran. Dann sah er die Mündung eines Maschinengewehrs wie die Schnauze eines bösartigen Tieres aus einem Schützengraben ragen.

»Uzi! Links von dir.« Ohne abzubremsen schleuderte Feldwebel Uzieli eine Handgranate in das MG-Nest. Die nachfolgenden Männer feuerten mit ihren Gewehren in die Rauchwolke.

Dann standen sie plötzlich mitten in der feindlichen Stellung. Während sich ihre Hauptstreitmacht auf den äußeren Kreis der Steinhäuser konzentrierte, lief Peltz weiter, rund ein Dutzend Soldaten im Schlepptau. Er führte sie zu dem großen Bauernhaus, das er als Kommandozentrale der Deutschen ausgemacht hatte.

»Die Tür, achtet auf die Tür!«, schrie er den anderen zu.

Das Bajonett wie eine Lanze vor sich hertragend, sprang Peltz mit einem Satz durch ein breites Doppelfenster. Glas splitterte und Peltz rutschte mit vollem Schwung quer durch den dahinter liegenden Raum. Ein deutscher Offizier – klein, dick und mit entsetzt aufgerissenen Augen – versuchte noch, seine Luger zu ziehen, aber Peltz war schneller. Durch die Wucht des Bajonettstoßes wurde der Mann an die Wand gedrückt: mit einem lauten Knirschen bohrte sich die Klinge in die Mauer. Peltz drehte sie hin und her, aber er bekam das Bajonett nicht mehr aus der Wand heraus. Der deutsche Offizier, den letzten Moment panischer Angst im starren Gesicht festgefroren, blieb an der Wand aufgespießt hängen, wie ein Käfer in einem Schaukasten.

Mit gezogenem Revolver betrat Peltz das andere Zimmer. Seine Männer hatten ganze Arbeit geleistet. Zwei deutsche Soldaten waren von Bajonetten erstochen, sechs weitere waren erschossen worden.

Als Peltz vor das Haus trat, waren nur noch vereinzelte Gewehrschüsse zu hören. Die gegnerische Einheit hatte sich über den Senio abgesetzt. In La Giorgetta waren nur die Toten zurückgeblieben – und diejenigen, die so schwer verwundet waren, dass sie nicht mehr fliehen konnten.

Peltz sah Feldwebel Mosche Magdid mit ein paar Leuten vor einem langen, schmalen Gebäude stehen. Während seiner Erkundung auf dem Dach des Bunkers hatte Peltz das Haus als Truppenunterkunft identifiziert.

»Haben Sie das überprüft?«

»Jawohl, Sir«, antwortete Magdid. »Leer.«

»Den Keller auch?«

Eine peinliche Stille entstand.

»Geben Sie mir Ihre MP!« Der Feldwebel reichte ihm die Waffe, und Peltz betrat das Haus. Vorsichtig stieg er die Kellertreppe hinunter und näherte sich einem dunklen Raum. Er warf eine Handgranate und tastete sich, noch ehe der Rauch sich verzogen hatte, weiter. Die Decke war so niedrig, dass er nicht aufrecht stehen konnte. In der Hocke jagte er Kugeln wahllos in den engen Raum. Nach einer Weile nahm Peltz den Finger vom Abzug und blickte sich um. Ein schmales rotes Rinnsal floss über seine Stiefel, ihm wurde schwindelig. War er verwundet worden? Hastig drehte er sich um und stolperte die Stufen hinauf.

Der Feldwebel erwartete ihn. Er warf einen belustigten Blick auf Peltz und fragte: »Sir, sind Sie betrunken?« Peltz blickte irritiert in die Runde. Das Blut auf seinem Stiefel war – Rotwein.

»Vermutlich«, sagte Peltz breit grinsend, »bin ich der einzige Kompaniechef, der je bei einem Bajonettangriff besoffen wurde.«

Eine Stunde später gab Peltz den Befehl zum Abzug. Eine kleine Truppe sollte La Giorgetta besetzt halten; die übrigen würde er zurück ins Lager führen.

Während die Männer sich sammelten, trat Hyman Zekowitz vor Peltz. »Wenn Sie erlauben, Sir?«

Peltz sah zu, wie der kleine Mann sein Hemd aufknöpfte. Darunter kam ein Stück Stoff zum Vorschein. Zekowitz entfaltete es langsam. Es war eine Flagge mit zwei blauen Streifen und dem Davidstern.

»Aber selbstverständlich«, erwiderte Peltz.

Zekowitz band das Tuch an einen Gewehrlauf und kletterte dann auf das Dach des deutschen Hauptquartiers. Dort befestigte er den Schaft fest an einem Schornstein. Der Davidstern flatterte im sanften Wind des italienischen Himmels. Die Soldaten, die auf den Befehl zum Abmarsch warteten, brachen in Jubel aus. Sie hatten gewonnen. Juden hatten Deutsche besiegt.

In der Abenddämmerung erreichte Peltz das provisorisch im Wald errichtete Feldlazarett. Neunzehn Männer waren bei dem Angriff umgekommen, zwölf verwundet. Peltz verlangte die Leichen zu sehen. Man wies ihm den Weg zur improvisierten Leichenhalle. Chaim Brot war nicht unter den Toten. »Dann liegt er noch irgendwo da draußen«, hieß es lapidar. »Wir finden ihn bestimmt morgen früh.« Peltz stellte sich mit Schaudern vor, wie sein Freund allein auf dem nächtlichen Feld lag. »Ich werde ihn holen – jetzt.«

Er musste lange suchen. Das Feld war von den vielen Granateinschlägen und den Panzern gründlich verwüstet worden. Erst nach einer guten Stunde hatte er die Leiche gefunden. Er schloss Brots Augen. Dann hob er seinen Freund hoch und schulterte ihn vorsichtig. Auf dem ganzen Weg zurück lauschte er in Gedanken den Melodien Brahms'.

Siebzehn

———— ⌇ ————

Hoch oben im Vorgebirge des Apennin stand Carmi gefährlich nah am Rand eines spitz zulaufenden Felsvorsprungs. Ein unbedachter Schritt, und er würde in die gähnende Tiefe fallen. Hinter ihm stand ein kleiner Mann mit kahl geschorenem Kopf, der ein breites, scharfes Schwert an der Hüfte trug. Seine Hautfarbe erinnerte an dünnen Tee, und er lächelte freundlich und gelassen. Er hatte Carmi auf diesen Vorsprung geführt, weil man von hier, wie er sagte, einen guten Ausblick über den gesamten Frontabschnitt bekam, den die Brigade morgen übernehmen sollte. Carmi musste einräumen, dass sich die lange, gewundene Frontlinie von hier aus tatsächlich wunderbar erkennen ließ. Die Aussicht war im klaren Licht des Frühlingstages spektakulär: Der Senio wand sich wie eine glänzende, dicke Schlange, die sich in einem Garten sonnt; hinter dem Fluss bildeten die Hügel und Felder ein malerisches Schachbrett in weichen Braun- und Grüntönen.

Genießen konnte Carmi die Aussicht allerdings kaum. Wie festgewachsen klebte er am Rand des Felsvorsprungs, hin und her gerissen zwischen Höhenangst und der Entschlossenheit zu demonstrieren, dass ein Jude aus Palästina schwindelnde Höhen mit derselben Gelassenheit ignorieren konnte wie ein Gurkha aus den Gebirgen Nepals.

Vielleicht, so argwöhnte er, hatte der Gurkha-Offizier ihn einer Mutprobe unterziehen wollen. Vielleicht hatte es ihn geärgert, dass er für den Rangniederen Carmi den Bergführer spielen musste. Carmi war schließlich nur Feldwebel. Bei den Stabsoffizieren, die den Frontverlauf inspizierten, hatte er eigentlich nichts verloren. Es waren jüdische Offiziere gewesen, die dafür gesorgt hatten, dass er an dieser Erkundung teilnahm. Sie wussten, dass Carmi eine große Verantwortung für die Zukunft Palästinas trug. Was immer er im Verlauf dieses Krieges an Kenntnissen sammelte, würde von den Jischuw weiterverwendet werden. Carmi speicherte alle Informationen über die logistischen Erfordernisse eines koordinierten Angriffs – von Artillerie, Panzern, Infanterie und vielleicht sogar Luftstreitkräften. Eines Tages würde dieses Wissen andernorts zur Anwendung kommen.

Zu Carmis großer Erleichterung wandte sich der Gurkha-Offizier schließlich von der Felskante ab. Er lächelte Carmi verschmitzt an: »Gut gemacht, Feldwebel.«

Während des ganzen langen Rückwegs den felsübersäten Hang hinab, kochte Carmi still vor sich hin. Es war also doch eine kindische Spielerei gewesen, auf die er sich auf dem Felsvorsprung eingelassen hatte. Die Aussicht wäre etwas weiter hinten auch nicht schlechter gewesen. Wieso war er ein solches Risiko eingegangen? Er diente immerhin in einer Einheit, die sehr viel von ihm verlangte. Er musste stärker sein als der Feind und tapferer als die Verbündeten. Er musste an einem Krieg in einem fremden Land teilnehmen und dann heimkehren, um einen weiteren, unausweichlichen Krieg zu führen. Würde es jemals aufhören? *Das auserwählte Volk?* Er hätte schreien mögen. *Auserwählt wofür?*

Vielleicht wäre er in einem Land wie Nepal besser dran. Er würde ein friedliches Leben als Bergbauer führen. Oder warum nicht gleich hier bleiben? Die italienische Landschaft zeigte sich gerade im ersten Frühlingskleid – wie sie voll erblüht im Sommer aussehen würde, konnte er nur erahnen. Doch im tiefsten Inneren wusste er, dass seine Zukunft in Palästina lag. Seine Lebensaufgabe bestand darin, den Juden eine Heimat aufzubauen.

Ehe er nach Italien aufgebrochen war, hatte er mit seiner

Frau Abschiedsgeschenke ausgetauscht. Zu ihrer beider Überraschung hatten sie beide dasselbe Buch ausgesucht: *With and without you,* eine schmales Lyrikbändchen von Semjonow. Eins der Gedichte hatte Carmi auswendig gelernt. »Wart' auf mich, dann kehr' ich wieder«, begann es, »doch warte sehr auf mich ...« Carmi würde wiederkehren. Und Tonka und ihre Tochter und *eretz,* das Land – alle würden auf ihn warten. Er wusste, wofür er ausgewählt worden war.

★ ★ ★

Am folgenden Tag zog die Brigade in das schmale, tiefe Tal, das vom Senio durchschnitten wurde. Der Befehl lautete, in dieser Stellung auf den Beginn der Offensive zu warten. Dazu galt es, die derzeitige Front um jeden Preis zu halten.

Achtzehn

———— ⌒⋎⌒ ————

JÜD INF BRG GRP NACHR.DIENSTL. ZUS.FASS. No. 2
22. März 45
FEINDLAGE

Der bedeutsamste Unterschied, was den neuen Frontabschnitt
der Brg im Verhältnis zum bisherigen angeht, besteht (wenn
man die völlig veränderten topografischen Bedingungen
außer Acht lässt) in der Qualität der feindlichen Truppen, die
uns gegenüberstehen. Anstelle der 42. Jäger Div mit ihrem
starken Anteil an Österreichern, deren Moral und Sympathie
für die Nazis zweifelhaft sind, haben wir es mit der 4. Fall-
schirmjg Div zu tun, die zu den besten deutschen Kampftruppen zählt. Diese Div hat nicht nur neuestes Material im
Überfluss, sondern besteht, was gleichermaßen bedeutsam
ist, komplett aus ausgesuchten Männern, deren Einstellung
als »gute« Deutsche nicht infrage steht. ...

Dieses Rundschreiben brachte Peltz auf eine Idee. Umgehend suchte er Oberst Gofton-Salmond auf. Immerhin
hatte dieser seine Initiativen bisher unterstützt. Grafton-Salmond hörte Peltz' Plan aufmerksam zu. »Wenn Sie ein paar
Krauts fangen wollen, dann nur zu«, meinte er schließlich. »Der
Nachrichtendienst wird sich begeistert auf die Gelegenheit stür-

zen, aus erster Hand zu hören, wie's bei der Wehrmacht aussieht. Wir nennen so etwas *tongue snatching*, wenn der Feind auspacken muss.« Peltz sagte dem Obersten nicht, wie *er* das nannte. Das hebräische Wort dafür hieß *Nekama*, Rache. Drei Nächte lang führte Peltz Patrouillen in feindliches Gebiet, ohne dass etwas Erwähnenswertes passierte. Sie bewegten sich im Dunkeln durch schwieriges, felsiges Gelände, trafen aber nirgends auf Deutsche. Es war enttäuschend. Nacht für Nacht kehrte er mit leeren Händen zurück. Und mit jedem neuen Fehlschlag wurde er besessener von seiner Aufgabe.

»Peltz' Menschenjagd« war bald auch Gesprächsthema unter den Offizieren. Als daher Major Storr von der Luftaufklärung die Information bekam, dass sich ein deutscher Trupp genau auf der anderen Flussseite im Rückzug befand, schickte er einen Läufer zu Peltz. Rückzugsbewegungen waren nach Ansicht des Majors der beste Zeitpunkt, um Gefangene zu machen. »Da erwischt man die Krauts mit runtergelassenen Hosen«, pflegte er zu sagen.

Peltz eilte Minuten später zum Hauptquartier. Dort angekommen, musste er feststellen, dass man bereits einen Trupp zusammengestellt hatte. Und schlimmer noch, er wurde von Leutnant Tony van Gelder befehligt, einem englischen Juden, den man in die Brigade versetzt hatte. Er war klein und besaß die clevere Lebhaftigkeit eines Cockney. Bei den Soldaten hieß er aufgrund seiner Ähnlichkeit mit einem amerikanischen Schauspieler »Mickey Rooney«.

»Dachte, Sie wollten trotzdem mitkommen«, wandte sich Major Storr an Peltz, »auch wenn wir auf Ihre Leute nicht mehr warten können. Denken Sie dran, Hauptmann: Das ist van Gelders Unternehmen!«

Eine halbe Stunde später begab sich ein Trupp aus acht Soldaten und zwei Offizieren bei strahlendem Wetter auf feindliches Gebiet. Wenn sich die Aufklärung vertan hatte, würden die Scharfschützen noch immer in ihren Stellungen lauern. Sie hätten ein leichtes Spiel. Geduckt bewegte sich Peltz vorwärts. Doch niemand schoss. Als ein Bunker in Sicht kam, befahl van Gelder den Männern, sich bei einer Baumgruppe zu postieren. Dann betrachtete er lange das niedrige Betongebäude und reichte seinen Feldstecher schließlich an Peltz weiter.

»Nichts«, sagte Peltz. Es stand nicht einmal eine Wache am Eingang.

»Sieht aus, als hätte die Aufklärung Recht«, brummte van Gelder. »Sie sind tatsächlich abgezogen.«

Peltz war enttäuscht. »Wir kommen zu spät.«

»Es gibt nur einen Weg, das rauszufinden.«

Van Gelder ließ die Männer vorsichtig zum Bunker vorrücken. Kaum ein Laut war zu hören. Dennoch war Peltz sicher: Wenn sich der Feind noch im Bunker befand, würde er sie hören können. Sie erreichten den Eingang. Van Gelder ließ die Männer zu beiden Seiten Position beziehen. Dann öffnete er langsam die Tür. Vierzehn deutsche Soldaten schliefen in Feldbetten. Die Männer der Jüdischen Brigade rührten sich nicht vom Fleck, niemand sprach ein Wort. Alle starrten nur auf den schlafenden Feind. Plötzlich brüllte Unteroffizier Joram Levi auf Deutsch: »Raus, ihr Schweine! Die Juden sind hier!« Die Soldaten schreckten hoch und blickten verstört in die Gewehrläufe, die auf sie gerichtet waren.

Van Gelder ließ die Deutschen in Reihe antreten und aus dem Bunker führen. Die jüdischen Soldaten mochten ihren Triumph kaum glauben; mit hoch erhobenen Händen stand der Feind vor ihnen.

»Wir sollten die Drecksbande umbringen, finde ich«, meinte Levi. Er war in der Ukraine geboren und in Deutschland aufgewachsen, dann war er nach Palästina ausgewandert. Er wusste nicht, was aus seinen Eltern geworden war, aber er hatte genug Zeit gehabt, sich mit den schrecklichen Gerüchten zu befassen, die über das Schicksal der Juden kursierten.

Ein paar Männer stimmten ihm zu. Sie bedrohten die Gefangenen mit ihren Waffen, andere verhöhnten sie auf Deutsch: »Herrenrasse, ja?« Einer der deutschen Soldaten begann zu weinen, als ihm ein Gewehrlauf an die Schläfe gedrückt wurde. Die Sache geriet allmählich immer mehr außer Kontrolle.

Zu seiner eigenen Überraschung fand Peltz das Verhalten der Männer gerechtfertigt. Während all seiner nächtlichen Streifzüge hatte er nie daran gedacht, hilflose Gefangene umzubringen. Es ging ihm darum, Nazis einzufangen. Er wollte beweisen, dass er besser war als der Gegner, stärker, tapferer. Darin hätte seine Rache gegenüber den Deutschen bestanden. Doch als er nun diese Wehrmachtsoldaten in ihren grauen Uniformen sah, befiel ihn eine fast unbezähmbare Wut. Das Bild des deutschen Offiziers, den er, vom Bajonett durchbohrt an der Wand des Bauernhauses hängend, zurückgelassen hatte, stieg in ihm auf. Blanker, unkontrollierbarer Hass. Irgendetwas in ihm war kaputt gegangen. Wenn die Männer diese Gefangenen umbringen wollten – er würde sie nicht daran hindern.

»Aufhören«, brüllte van Gelder plötzlich. »Es reicht.«

Levi zielte immer noch mit der Waffe auf einen der Gefangenen.

»Unteroffizier …«, warnte van Gelder.

Levi starrte seinen Vorgesetzten verärgert an und ließ langsam das Gewehr sinken.

»Wir brauchen sie noch! Wenn ihr sie umbringen wollt, dann macht das im Kampf.«

★ ★ ★

HQ JÜD INF BRG GRP
Betr.: Gefangene

1. Sämtlichen Dienstgraden wird hiermit nachdrücklich folgendes mitgeteilt: Es ist von höchster Wichtigkeit, lebende deutsche Gefangene zu machen und schnell zwecks Befragung durch die zuständigen Abteilungen hinter die Front zu schicken.
2. Mir ist durchaus bewusst, dass viele Männer der Jüdischen Brg ausreichende persönliche Gründe haben, um sich an den Deutschen zu rächen, und dass dies in manchen Fällen dazu führt, dass sie die Deutschen töten anstatt sie

gefangen zu nehmen. Diese Vorgehensweise ist kurzsichtig. Es ist unser Bestreben, alles in unserer Macht Stehende zu tun, um die Niederlage des Gegners zu beschleunigen, und es hat sich immer wieder gezeigt, dass wir mehr erreichen, wenn wir Gefangene machen, von denen wir im Verhör Informationen bekommen, als die Feinde kurzerhand umzubringen.

3. Ich lege noch auf einen weiteren Punkt Wert: Wie groß die Verbrechen auch sind, die die Deutschen nach internationalem Recht und Ethos begangen haben – die Jüdische Brg wird sich gewissenhaft an die anerkannten Konventionen halten.

E. F. Benjamin
BrgKdr

Einige Tage später, als sich Carmi mit seinem Zug auf Nachtstreife am Senio befand, versuchte eine deutsche Patrouille, sich hinter die Linien der Alliierten zu schleichen. Das Wasser war an dieser Stelle des Flusses flach, Carmi konnte die hindurchwatenden Männer deutlich hören.

»Sie kommen«, flüsterte jemand.

»Noch nicht schießen«, befahl Carmi. Sie warteten, bis sie schemenhaft eine Reihe Gestalten erkennen konnten. Carmi hob seine Maschinenpistole und begann zu feuern. Auf dieses Signal hatten seine Männer gewartet. Die Deutschen erwiderten das Feuer und rückten weiter vor. Am beständigen grellen Aufblitzen der Mündungsfeuer konnte Carmi erahnen, dass die deutsche Partrouille zu groß war; seine Leute waren deutlich in der Unterzahl.

Dicht neben ihm explodierte eine Granate. Ein furchtbarer Schrei folgte, dann weitere Granaten. Die beiden feindlichen Einheiten standen sich so dicht gegenüber, dass sich ein Nahkampf Mann gegen Mann abzeichnete. Carmi stürzte zum Funkgerät.

»Wir brauchen Artillerieunterstützung!«, schrie er.

Die Kompanieführung lehnte ab. Für die eigenen Leute

seien die Vickers-Geschütze mindestens ebenso eine große Bedrohung wie für die Deutschen.

Carmi sah die Deutschen immer näher rücken. Ohne Schützenhilfe würde sein kleiner Trupp überrannt werden. Er musste seinen Freund Chaim Laskow am anderen Ende der Leitung überzeugen – schnell.

Seine Männer könnten ihre Helme ja hoch in den Nachthimmel halten, sprudelte Carmi los, und wenn Laskow die Kugeln auf den Stahl treffen hörte, sollte er die Entfernung entsprechend korrigieren.

»Nun mach schon!«, brüllte Carmi durch die Leitung.

»Feuer!«

Laskow schien zu zögern.

»Feuer, verdammt!«

Endlich hörte man das harte Trommeln von Kugeln auf Stahl.

»Zu nah! Zu nah!«

»Israel, das geht so nicht …«

»Noch mal«, unterbrach Carmi. »Los, Feuer!«

Die Vickers spuckten hunderte von Kugeln direkt zwischen die vorrückenden Deutschen.

»Noch mal!«, schrie Carmi.

Das Sperrfeuer über die eigenen Reihen hinweg und aus kurzer Distanz zeigte Wirkung. Nicht lange, und Carmi konnte der Kompanieführung melden, dass die feindliche Einheit sich zurückzog.

Im Morgengrauen schickte er Mosche Silberberg, den Sanitäter und Friseur der Kompanie, los, um nach Verwundeten zu suchen. Mosche nahm eine Fahne mit einem Roten Kreuz mit.

Carmi lehnte mit dem Rücken zum Kampfgebiet im Schützengraben. Als er drei schnell aufeinander folgende Schüsse hörte, flog er herum. Silberbergs Leiche wurde später mit einem Einschuss direkt unter dem Herzen geborgen. Carmi würde dieses Erlebnis nicht vergessen. Man durfte dem Feind nicht trauen – niemals. Diese Erkenntnis würde er in ein Leben voller Krieg mitnehmen.

★ ★ ★

Ari Pinschuk wurde von der Front abgezogen, noch bevor er die Gelegenheit bekommen hatte, das Feuer auf den Feind zu eröffnen. Der für das Transportwesen des Bataillons zuständige Offizier war versetzt worden, und Oberst Gofton-Salmond beförderte Pinschuk zum Hauptmann und auf den frei gewordenen Posten im Transportwesen.

Pinschuk war verzweifelt: Der Krieg würde von anderen geführt werden. Von Männern wie Peltz und Carmi. Er kommandierte jetzt Lastwagen – ein Hauptmann der Bürokratie. Was nützte er damit den Jischuw? Was der Brigade? Und wenn er nicht an der Front kämpfen konnte, hatte er verloren, ganz egal, wie der Krieg ausging. Wie sollte er je wieder gutmachen können, dass er seine Familie im Stich gelassen hatte?

Neunzehn

———— ❦ ————

Wieder lief Lea Pinschuk durch den Wald. Doch diesmal war sie allein. Sie hatte ihre Mutter zurückgelassen, hatte sich losgerissen und war vor den Polizisten weggerannt. Nun stolperte sie ohne Schuhe durch die Dunkelheit. Den ersten hatte sie auf ihrer Flucht verloren, den zweiten hatte sie weggeworfen. Unter einer Fichte legte sie sich erschöpft auf den Boden. »Warum werde ich bestraft? Was habe ich getan?«, fragte sie sich. »Ich will auch immer den Sabbat und alle Mitzwas einhalten, aber bitte, bitte Gott, rette mich!« Lea ahnte, dass das so einfach nicht sein würde. Die Erinnerung an die Ereignisse in Reflowka machte es ihr nicht gerade leicht, viel Hoffnung auf Gottes Gnade zu setzen. Sie war allein und wusste nicht, was sie tun sollte.

Bei Tagesanbruch entdeckte sie, nicht weit von ihrem Nachtlager entfernt, einen ausgetretenen Pfad zwischen den Bäumen. Sie beschloss, ihm zu folgen. Es war eher ein Instinkt als eine bewusste Entscheidung, aber es gab ihr das Gefühl, etwas Sinnvolles zu tun.

Der Weg war ein Anfang, doch Lea wusste, sie brauchte ein Ziel, um zu überleben. Immer wieder verlor sie sich dabei in Wunschvorstellungen, die meist mit ihrer triumphalen Ankunft vor der Tür ihres Bruders in Palästina endeten. Es musste noch eine andere Lösung geben. Sie versuchte, all die aussichtslosen Träume aus ihren Gedanken zu verbannen. Boris! Sie würde zu Boris gehen.

Während der letzten traurigen Tage des Ghettos hatte Meïr Pinschuk beschlossen, seinen Besitz zu verschenken. Er wollte vermeiden, dass sich andere wie die Aasgeier auf sein Hab und Gut stürzten. Viel war es nicht – die Kuh, eine Lieblingslampe, ein geerbtes Porzellanservice –, das war sein ganzes Vermögen. In einer Mischung aus Großzügigkeit, Stolz und Trotz übereignete er alles Boris Sawtschok. Boris war ein ukrainischer Bauer, der den Pinschuks bei verschiedenen Angelegenheiten zur Hand ging. Er wohnte in dem Dörfchen Sofachow am Fluss Styr, rund zwanzig Kilometer von Reflowka entfernt. Wenn er in die Stadt kam, war er immer bei den Pinschuk geblieben. Er war, so glaubte Meïr, ein Freund der Familie – obwohl er Kommunist war. Als die Polen das Gebiet um Reflowka kontrolliert hatten, war er eingesperrt worden. Meïr fand Boris' Weltanschauung nicht gerade sympathisch, aber er hatte das Gefühl, dass die Unterdrückung durch andere sie verband.

Für Lea war Boris vor allem ein großer, breitschultriger Mann mit kräftigen Muskeln, sympathischen braunen Augen und dunklem, welligem Haar. Wenn sie sich einen Phantasie-Helden hätte ausdenken müssen, wäre er Boris ziemlich ähnlich gewesen. Ihr Entschluss stand fest. Irgendwie würde sie einen Weg durch diesen Wald finden. Und dann würde sie dem Fluss bis zu dem Dorf folgen, in dem Boris lebte.

Der Trampelpfad endete an einem Bach. Eine Holzbrücke, breit genug für einen Pferdewagen, führte ans andere Ufer. Dort standen, rechts und links von der Brücke, zwei große Holzhäuser mit hohen, spitzen Dächern und eine rote Scheune.

Lea musste sich entscheiden und in einem der Häuser um Hilfe bitten. Aber in welchem? Sie überquerte die Brücke und klopfte an der Tür des rechten Hauses. Fast augenblicklich öffnete sich die Tür.

»Schnell! Komm rein!« Ein ängstlich wirkender Mann zog sie über die Schwelle und schlug die Tür wieder zu.

»Wer hat dich hergeschickt?«, fragte er. »Warum bist du nicht in das andere Haus gegangen?«

»Ich hatte so ein Gefühl …« Lea war klar, dass das albern klang, aber es war die Wahrheit. Eine andere Erklärung, warum sie sich für dieses Haus entschieden hatte, konnte sie nicht geben.

»Na«, sagte der Mann, »dann hat dich dein Gefühl gerade gerettet.« Im anderen Haus lebte eine ukrainische Polizistenfamilie.

Der Mann führte Lea durch die Hintertür zur Scheune. Hinter sich schloss er das Tor. Lea hatte Angst. Als der Mann ihr bedeutete, sie solle die Leiter auf den Heuboden hinaufklettern, zögerte sie.

»Beeil dich«, drängte er.

Lea griff nach den Sprossen. Mitten auf der Leiter hörte Lea etwas im Heu rascheln. Dort oben war jemand! Der Mann versperrte ihr den Weg an der Scheunentür. Sie wollte nicht nach oben und sie konnte auch nicht wieder nach unten. Zitternd stieg sie nach oben.

Hinter den Heuballen kauerte ein Mädchen. Es war Feigale, eine Schulkameradin aus Reflowka. Auch sie war aus dem Ghetto geschmuggelt worden und versteckte sich schon seit einer Woche in der Scheune. Die Mädchen fielen sich in die Arme, drückten sich und weinten und lachten. Lea war fassungslos vor Freude. Sie war ihrem Herzen gefolgt, hatte an eine Tür geklopft und war auf ein Stück Vergangenheit gestoßen. So musste es sein, in den Himmel zu kommen und denen wieder zu begegnen, die man einst geliebt hatte. Sie war nicht mehr allein.

★ ★ ★

Als der Mann den Mädchen abends etwas zu essen brachte, sagte er: »Ich kann euch nicht beide hier behalten. Meine Frau erlaubt das nicht.« Wer gehen musste, sollten die Mädchen selbst entscheiden. Sie hätte wissen müssen, dass sie weder Schutz noch Freundschaft erwarten konnte. Wieder würde Lea etwas verlieren. Wiederholungen machten die Sache auch nicht einfacher. »Wissen Sie, wo Boris Sawtschok wohnt?«, fragte sie schließlich. Der Mann nickte.

In der Nacht wurde sie abgeholt; vor der Tür eines fremden Hauses ließ der Mann Lea allein zurück. Wenn Boris sie ebenfalls abwies, würde das die schlimmste Enttäuschung sein, die sie je erlebt hatte. Und sie wäre am Ende ihrer Möglichkeiten angelangt.

Sie schlug an die Tür und wartete in der Dunkelheit.

Zwanzig

———— ⌀ ————

Wenige Tage vor Pessach, Peltz' Kompanie saß gerade in ihrer Frontstellung beim Abendessen, traf ein Melder aus dem Hauptquartier ein. Peltz las die Nachricht schweigend und beauftragte einen Feldwebel mit der Zusammenstellung einer Patrouille. Sie sollte am anderen Ufer des Senio ein Gebäude in Augenschein nehmen, das die Deutschen zur Artilleriebeobachtung verwendet hatten. »Die Aufklärung glaubt, dass das Gebäude geräumt wurde, aber sie wollen ganz sichergehen. Überprüfen Sie das und erstatten Sie mir dann Bericht«, sagte Peltz.

Der Trupp umfasste ein Dutzend Männer, darunter Ari Schechter und Joseph Schneur. Die beiden Freunde hatten sich zur Brigade gemeldet, weil sie es als ihre – jüdische wie menschliche – Pflicht ansahen, gegen die Nazis zu kämpfen. Allerdings entsprachen sie beide nicht gerade dem Bild des typischen Soldaten. Selbst im Feld schleppte Schechter einen Sack voller Bücher mit sich herum. In ihrer Freizeit diskutierten sie stundenlang über ihre Ideen und Gedanken. An diesem Abend wateten sie bewaffnet durch das kalte, flache Wasser des Senio.

Jenseits des Flusses bewegte sich die Patrouille vorsichtig durch die Dämmerung. Der deutsche Beobachtungsposten – eine alte Villa, die vor dem Krieg einer wohlhabenden Familie gehört hatte – war aus blassgelben, unregelmäßigen Steinquadern errichtet worden. Vor dem Gebäude erstreckte sich eine Reihe breiter, regelmäßiger Terrassen über einen Hang, von dem man einen großartigen Ausblick über den Senio haben musste. Ein Kiesweg führte zum säulenbestandenen Eingang. Schweigend näherten sich die Soldaten. Sie konnten sich leicht vorstellen, wie das Haus einen Besucher vor dem Krieg mit seiner eleganten Pracht beeindruckt haben musste. Doch jetzt – dunkel, mit geschlossenen Fensterläden und bedrohlich still – wirkte es wie ein beunruhigendes Labyrinth, wie ein Irrgarten aus vielen Zimmern, Verstecken und dunklen Winkeln.

Die Doppeltür des Hauses stand weit offen. Das konnte nur heißen, dass die Deutschen überstürzt abgezogen waren, oder dass die Männer mitten in eine Falle liefen. In der großen, schwach erleuchteten Vorhalle teilten sich die Soldaten rasch in drei Gruppen. Eine lief die gewundene Freitreppe hinauf. Eine weitere, die von Schechter geführt wurde, folgte einem Korridor nach rechts. Schneur führte die dritte in einen Gang zur Linken.

Der Feind konnte überall lauern. Man drehte an einem Türgriff, betrat ein Zimmer, und plötzlich konnte sich ein Schrank öffnen oder ein Vorhang heben, und die Deutschen würden das Feuer eröffnen. Die Männer waren hellwach und angespannt. Mit dem Finger am Abzug bewegten sie sich langsam vorwärts.

Als Schechters Gruppe um die Ecke in einen dunklen Flur einbog, stand sie plötzlich einem Trupp Soldaten gegenüber. In völliger Panik begannen die Männer zu schießen. Bis die entsetzten Rufe »Feuer einstellen! Feuer einstellen!« den ohrenbetäubenden Lärm übertönten, lagen Schechter und Schneur bereits blutend und reglos auf dem Boden. Der Gang, der von der Vorhalle der Villa rechts und links abging, hatte beide Gruppen direkt aufeinander zugeführt. Deutsche fanden die Soldaten in der Villa nicht.

Peltz, der den Verlust von Schneur und Schechter der Kommandozentrale melden musste, war tief betroffen. Er konnte das Geschehene nicht verdrängen, suchte verzweifelt einen

Sinn darin. Er suchte einen Schuldigen. Er sagte sich, dass ihn an dieser Tragödie keine Schuld traf, auch wenn er die Patrouille losgeschickt hatte. Schneur und Schechter hätten niemals Soldaten werden dürfen. Sie waren nicht wie er. Er war von Kindesbeinen an geritten, hatte geschossen. Er war der Enkel eines Zirkusmannes, der Eisenstangen mit den Händen verbiegen konnte, und er war der Sohn eines Soldaten, der vom Kaiser ausgezeichnet worden war. Mit geistigen oder religiösen Dingen beschäftigte er sich weniger. Er war polnischer Patriot, kein Zionist. Und Schechter und Schneur? Belesene, etwas weltfremde Intellektuelle, denen eine mittelalterlich-religiöse Tradition beigebracht hatte, sanft und passiv zu sein. Nein, so war *er* ganz und gar nicht.

Drei Tage später war der erste Abend des Pessach-Festes, bei dem die Juden ihres Auszugs aus Ägypten gedenken. Während eines langen ritualisierten Essens, dem Seder, wird dabei die Geschichte von der Flucht aus der Unterdrückung des Pharao und dem Zug ins verheißene Land wieder erzählt. Es ist eine alte biblische Geschichte voller Dramatik: Schreckliche Plagen suchen die Menschen heim, ein Meer teilt sich und verschlingt dann eine feindliche Armee, Nahrung fällt vom Himmel herab. Es ist aber auch eine politische Geschichte, die berichtet, wie ein Stamm von Sklaven sich in eine Nation verwandelt, in ein Volk mit Gesetzen und mit einer Heimat. »In jeder Generation müssen die Juden sich selbst so betrachten, als seien sie persönlich aus Ägypten ausgezogen«, heißt es im Seder-Ritual. Als sich die Brigade im letzten blassen Licht des italienischen Himmels zu dutzenden von Seder-Feiern entlang der Front niederließ, wurde der Sinn dieser Worte greifbar. Sie schufen eine direkte, kraftvolle Verbindung zu den Vorvätern.

Nach Sonnenuntergang begannen die Feiern – und die deutschen Kanonen eröffneten das Feuer. Anfangs waren es eher sporadische Attacken, denen die Soldaten der Brigade kaum Aufmerksamkeit schenkten. Nachts hatte es immer wieder kleinere Vorfälle an der Front gegeben. Doch bald wurde das

Hämmern der Kanonen bedrohlicher. Die Deutschen koordinierten ihre Geschütze zu einem massiven Angriff gegen die exponierte Ostflanke der Brigade. Die Kanonen und Mörser trommelten jetzt im Dauerfeuer.

Die Soldaten versuchten dennoch ihre Seder-Feiern fortzusetzen. Sie sangen und beteten immer lauter, als hofften sie, dadurch den Lärm der feindlichen Waffen zu übertönen. Was würde ihnen wohl noch alles abverlangt werden, ehe sie in das Gelobte Land einziehen dürften? Hier, an der Front, stand ihnen die schlimmste Nacht des Krieges bevor.

★ ★ ★

Peltz beging Pessach mit seiner Kompanie in einem kleinen Bauernhaus, das sich vier- oder fünfhundert Meter vor den Stellungen der Wehrmacht auf einem grasbewachsenen Hügel duckte. Zwei Tage zuvor hatten noch deutsche Artillerie-Beobachter aus den Fenstern des staubigen Vorderzimmers gespäht. An diesem Abend war der Raum voller jüdischer Soldaten.

Sie hatten dünne Holzbretter auf den Boden gelegt und Decken als Tischtücher darüber gebreitet. Festtagskerzen balancierten auf Stahlhelmen. Irgendwoher – wie Manna vom Himmel, bemerkte jemand – tauchte eine Flasche Wein auf. Das Dankgebet für die Gabe der Reben wurde gesprochen, dann begann der Seder.

Als gerade die erste der Vier Fragen gestellt werden sollte, fingen die deutschen Geschütze an zu feuern. »Wieso ist diese Nacht so anders …«, begann ein Soldat zu singen. Peltz, der den alten jüdischen Riten bislang kaum etwas abgewinnen konnte, merkte, dass der Gottesdienst ihn in dieser Situation gefangen nahm: die Festtagskerzen, die in dem kleinen Bergbauernhaus flackerten; der Singsang der uralten Gebete; das gleichmäßige Getrommel der Geschütze; die Männer mit dem Davidstern auf der Uniform, die ihre Vorfahren ehrten, die einem Pharao und seiner Armee getrotzt hatten. War er wirklich so anders? Eine andere Art Mensch? Konnte man den Tod Schechters und Schneurs tatsächlich als isoliertes Ereignis sehen, als Tragödie, die durch ein einziges Drücken eines Abzugs ausgelöst wurde? Nein, das war zu oberflächlich. Größere Kräfte waren hier am Werk. Im Augenblick ihrer Geburt als Juden hatte eine vorherbestimmte Kette von Ereignissen ihren Lauf genommen. Sie wohnte den bindenden Bedingungen ihres Bekenntnisses inne. Auch er konnte dieser Bestimmung nicht entrinnen. Er konnte sie weder verleugnen noch ihr entkommen. Das war die übergeordnete Lehre dieses Krieges. Dieser Gebete. Des Todes der beiden Freunde. Auch Peltz war nur ein Jude, der den langen, dunklen Gang des gemeinsamen Schicksals durchlief.

★ ★ ★

Carmis Kompanie hatte sich in den Schützengräben unten am Senio verteilt. Am Nachmittag des ersten Pessach-Tages waren die erwarteten Utensilien – Gebetbücher, Matze, eine zugesagte Ration Wein – immer noch nicht eingetroffen. Das Hauptquartier meldete beschwichtigend, ein Muli-Treck sei unterwegs, und die Tiere seien sowohl mit Munition als auch mit Feiertagsrequisiten beladen. Der Sonnenuntergang näherte sich bereits, als die Männer die lange Reihe der Maultiere mit ihren auf den Rücken gebundenen Kisten sichteten, die von einem ortskundigen Führer den felsigen Hang herabgeführt wurde.

»Sobald wir die Kisten abgeladen haben, sprechen wir den Kiddusch«, wies Carmi seine Leute an. Sie hatten auf dem Boden des Schützengrabens eine Decke ausgebreitet, die als Pessach-Tisch dienen sollte.

Augenblicke später wurde die Bergflanke, an der die Mulis herabkamen, von Explosionen überzogen; Granaten zerrissen das Gestein. Die Maultiere scheuten und zerrten in sämtliche Richtungen. Ihr Führer konnte das Leittier kaum noch unter Kontrolle halten. Es schlug wild aus und riss sich plötzlich los. Mit den Kisten auf dem Rücken stürmten die Mulis hinter dem Leittier bergab auf den Fluss zu.

Aus den Schützengräben hörte man Soldaten rufen: »Fangt sie ein! Lasst sie nicht abhauen!«

Ungeachtet des Artilleriefeuers sprangen einige Männer aus ihrer Deckung und rannten den davongaloppierenden Maultieren hinterher. Die Tiere waren erstaunlich schnell. Nur wenn der Beschuss einen Moment lang stoppte, gelang es den Männern, eins einzufangen. Beim nächsten Granateneinschlag keilten die Tiere jedoch wieder aus und rannten erneut davon.

Bis die Soldaten endlich einige der Mulis in die Schützengräben zerren konnten, war es längst dunkel geworden. Und als dann die geretteten Kisten geöffnet wurden, zeigte sich, dass in einem Graben nur Matze gelandet war, in einem anderen Gebetbücher und wieder anderswo Wein. Im Schutz der Dunkelheit liefen die Männer von Graben zu Graben und versuchten, die für den Seder benötigten Gegenstände auszutauschen. Doch es war müßig – zu viele Mulis waren entwischt.

Es war fast Mitternacht, als Carmi und seine Männer in ihrem Graben aufstanden und eine Blechtasse mit Wein herumreichten. Carmi war sauer. Nicht nur diese Nacht war anders als alle anderen, dieser Seder war es ebenfalls. Nichts stimmte.

Im Verlauf der Andacht wanderten seine Gedanken zu Tonka und der Kleinen. Wie lange würde es wohl noch dauern, bis seine Tochter Schlomit alt genug sein würde, um die Vier Fragen zu stellen? Während er in Gedanken zu Hause war, wurde ihm bewusst, dass dieser improvisierte Seder jüdischer Soldaten in einem überfüllten Schützengraben alle zukünftigen Seder erst möglich machen würde. Sie alle kämpften dafür, dass sie irgendwann nach Hause gehen und mit ihren Familien friedlich um einen Tisch sitzen und feiern konnten.

Er hob seine Stimme zum Gebet und dankte dem Himmel.

★ ★ ★

Pinschuk nahm im Hauptquartier des Bataillons am Seder teil. Er fand im Freien statt, unter einem warmen, sternenübersäten italienischen Himmel. Der große Tisch war voller Weinflaschen, hoher Matze-Türme und großer Platten mit Braten. Am Ende der Mahlzeit gab es Makronen und Kneidlach, eine Art Knödel aus Eiern und Matze-Mehl, traditionelle Festtags-Nachspeisen. Die Front war so weit entfernt, dass die deutschen Geschütze nur als schwaches Grollen wahrnehmbar waren. Doch Pinschuk fand nicht die Ruhe, das Festmahl genießen zu können. Innerlich war er bei all den Seder-Feiern, an denen er in Reflowka teilgenommen hatte. Damals hatte er diese Abende nicht als etwas Besonderes wahrgenommen – nur ein weiterer Takt im Rhythmus seines Lebens. Es war eine Zeit vollkommener Zufriedenheit gewesen. Und nun war sie vorbei. Solange er keine Möglichkeit fand, die Harmonie jener vergangenen Augenblicke wiederherzustellen, so lange – da war Pinschuk sich sicher – so lange würde er keinen Frieden finden.

Einundzwanzig

———— ᴐᵥᴐ ————

Die Tür ging auf. Boris sagte nichts, starrte Lea nur an –
und für einen schrecklichen Augenblick verlor sie alle
Hoffnung. Doch dann streckte er die Arme aus und drückte
sie fest an sich. Tränen rollten über sein Gesicht. Auch Lea
weinte.

Sie durfte in Boris' Scheune bleiben. Die Tage waren eine
Qual; sie hatte niemanden, mit dem sie sprechen konnte. Aber
die Nächte waren noch schlimmer. Sie lag zusammengerollt
auf ihrem dünnen Strohbett und versuchte, die Erinnerungen
zu verdrängen. Erinnerungen hatten mit Hoffnung zu tun,
und Hoffnung war unmaßgeblich. Maßgeblich war nur ihr
Leben und wie sie es retten konnte.

Am zehnten Tag teilte ihr Boris mit, dass sie unverzüglich
verschwinden müsse. Der Polizei war zu Ohren gekommen,
dass im Dorf Juden versteckt würden, und nun durchsuchten
sie sämtliche Häuser. Sie würden bald hier sein. »Es tut mit
Leid«, sagte Boris, als Lea wieder in den Wald aufbrach. Er
würde kommen und ihr etwas zu essen bringen.

Boris hielt Wort – und brachte nicht nur etwas zu essen,
sondern auch gute Nachrichten. Eine Gruppe Juden, die den
Razzien entkommen war, kam manchmal abends zu seinem
Haus, um zu betteln. Als sie gestern bei ihm geklopft hatten,
hatte er sie gefragt, ob Lea sich ihnen anschließen könne.

»Sie warten auf dich«, sagte er.

Ein einzelner Mann stand bei dem Birkenwäldchen. Er war klein, kaum größer als Lea, und seine Kleidung starrte vor Schmutz. Er stellte sich nicht vor, aber Lea erkannte ihn als den Scholet, den Schächter der Ortschaft Olizerka. Boris gab ihm ein paar Münzen, dann drückte er Lea zum Abschied. Weiter mitkommen durfte er nicht. Das Versteck der Juden war geheim.

Der dichte Nebel lag wie eine Maske auf Leas Augen. Seit Stunden schon folgte sie dem Mann durch das Dickicht des Waldes; nun lag ein Sumpfgebiet vor ihnen. Es wirkte gefährlich – so, als könne es jeden, der hineinfiel, verschlucken, ohne eine Spur zu hinterlassen.

Lea hatte keine Ahnung, wie sie hier weiterkommen sollten. Doch der Scholet sagte ihr, sie solle sich an seinem Mantel festhalten, und führte sie über einen unsichtbaren Pfad aus aneinander gelegten Bohlen.

Hinter dem Sumpf begann ein dichter, hoher Nadelwald. Er zog sich einen Hang hinab, und bald konnte Lea den Rauch eines Feuers riechen. Sie folgte dem Scholet auf eine Lichtung. Um ein Lagerfeuer saßen dicht aneinander gedrängt rund zwanzig Menschen. Sie verstummten, als Lea sich dem Feuer näherte. Niemand sprach sie an. Lea wusste nicht, womit sie gerechnet hatte, aber auf so eine Reaktion war sie nicht gefasst. Hier waren Juden, und dennoch schien sie nicht willkommen.

»Wie unterscheiden sich Himmel und Hölle?«, hatte ihr Bruder Ari sie einmal im Spaß gefragt. »In der Hölle, so sagen die Rabbiner, sitzen wir an einer langen Tafel voller Köstlichkeiten, doch unsere Arme sind seitlich angekettet. Die Ketten sind lang genug, dass wir die Speisen erreichen können, aber sie reichen nicht aus, um die Hand bis zum Mund zu führen. Die Situation im Himmel sieht genauso aus: dieselbe Festtafel, dieselben Ketten. Doch im Himmel«, hatte Ari erläutert, »begreifen die Menschen, dass sie genug Spielraum mit den Händen haben, um ihren Nachbarn zu füttern. So können sie einander helfen und feiern ein immerwährendes Fest.«

Lea musste immer wieder an dieses Bild denken. Mit jedem Tag fürchtete sie mehr, sie sei in die Hölle gekommen. Jeder in der Gruppe hatte genug am Gewicht der eigenen Ketten zu tragen; niemand half ihr. Sie war angekettet und sie war allein. Als das Wetter schlechter wurde, überkam sie die Angst, dass sie den Winter nicht überleben würde. Ihre Füße hatte sie mit Papier umwickelt, sie hatte keinen Mantel. Was sollte sie nur machen, wenn es erst zu schneien begann? Nachts träumte sie von einer erfrorenen Leiche im Schnee.

Lea entschloss sich, das Lager zu verlassen. Sie würde wieder zu Boris gehen; er würde ihr ein Paar Schuhe geben. Feste Lederschuhe mit Schnürsenkeln. Vielleicht sogar einen warmen Mantel. Wenn sie für den Winter gewappnet wäre, würde sie wiederkommen. Allein würde sie sein Haus allerdings niemals finden. Sie würde sich im Wald verlaufen, wenn ihr nicht jemand aus der Gruppe half. Vielleicht würde Sara mit ihr gehen. Sie war etwas älter als Lea und mit ihrem Bruder aus Olizerka geflohen. Sie würde den Pfad in den Ort finden können. Lea bettelte so lange, bis Sara schließlich einwilligte.

Den Sumpf hatten sie gerade hinter sich gebracht, als es heftig zu schneien begann. Der Schnee weichte das Papier auf, mit dem Lea ihre Füße umwickelt hatte; ihre Fußsohlen wurden taub. Die Gewalt des Schneesturms ließ sie schaudern. Wo doch bereits der Krieg wütete, wie konnte das Universum da noch so eine zerstörerische Kraft hervorbringen?

Sara verlor die Orientierung. Der Schnee brachte sie durcheinander. Lea ging nun voran, aber sie konnte die Richtung nur raten. Die eiskalten Böen ließen die Mädchen erzittern. Sie durften sich keine Rast erlauben, mussten weiter. Mit jedem Meter, den sie weiter durch den Schnee stapften, wurde sich Lea sicherer: Ihr Traum war eine Prophezeiung gewesen. Sie würde erfrieren.

Mitternacht war längst vorbei, als die erschöpften Mädchen schließlich nach Olizerka gelangten. Sie dachten keinen Moment daran, noch weiterzulaufen. Zu Boris würden sie erst am nächsten Morgen weitergehen. Die Nacht verbrachten sie in einem leer stehenden Haus. Seit man die Juden weggebracht hatte, gab es im Ort viele davon.

Als Lea morgens die Tür öffnete, reichte ihr der Schnee fast bis zur Hüfte. Sie hatte Hunger und brauchte Schuhe. Sara erzählte ihr, dass sie seit ihrer Flucht oft Lebensmittel von einer Familie bekommen hatte, die der Stunditz-Sekte angehörte. Aufgrund ihrer Religion waren die Bauern den Juden wohlgesonnen. Sie könnten dorthin gehen und um Hilfe bitten.

Die Familie gab ihnen zu essen, und Lea bekam ein neues Paar Rinden-Sandalen. Das waren zwar nicht die Schnürschuhe, die sie sich von Boris erhofft hatte, aber sie war zufrieden.

»Jetzt können wir zurück«, sagte Sara.

»Nein«, antwortete Lea bestimmt. Sie sah wieder das Bild des blau gefrorenen Körpers vor sich und sagte Sara, sie wolle noch eine weitere Nacht in dem verlassenen Haus verbringen. Bis dahin würde das Wetter vielleicht wieder besser werden.

»Man wird uns bemerken«, wandte Sara ein.

Doch Lea gab nicht nach. Einen Tag würden sie hier noch warten.

Bei Tagesanbruch gingen sie los. Als sie den Sumpf überquert hatten, spürte Lea, dass etwas nicht in Ordnung war. Es herrschte Totenstille. Es gab auch keinerlei Anzeichen eines Feuers. Zögernd näherten sie sich dem Lager.

»Lea!«, schrie Sara plötzlich auf, »du trittst auf jemanden.«

Lea blickt nach unten. Ein Arm ragte aus dem Schnee. Sie bückte sich und zwang sich, den Schnee beiseite zu schieben. Sie sah ein Gesicht und musste würgen. Es war Saras Bruder. Er war erschossen worden. Saras qualvoller Schrei hallte durch den Wald.

In der Nähe des Jungen fand Lea fünf weitere Leichen. Alle hatten Schusswunden, die Haut der Toten hatte einen milchigen, durchscheinend blauen Schimmer. Genau wie in Leas Traum.

Sara schluchzte während des ganzen Weges zurück nach Olizerka. Nun seien sie ganz auf sich allein gestellt, jammerte sie – zwei Mädchen ohne Schutz, ohne Hoffnung, verloren. Lea dagegen wusste, dass ihr Instinkt sie erneut gerettet hatte. Sie war sicher, dass sie irgendwie überleben würde.

Zweiundzwanzig

———— ∽ ————

Die Verlustzahlen der Pessach-Woche – fünf Tote und 52 Verletzte – ließen Carmi nur noch ungeduldiger auf den endgültigen Vorstoß über den Senio warten. Er wollte Vergeltung. Am 3. April erhielt er den Befehl, die Front zu verlassen und sich im Hauptquartier zu melden. Seine Hoffnung, die Planung für die Frühjahrsoffensive sei endlich abgeschlossen, erfüllte sich jedoch nicht. Der Grund für seine Abberufung war ein anderer: Mosche Scharret, der Leiter des politischen Flügels der Jewish Agency, war aus Palästina angereist, um Brigadegeneral Benjamin die Brigadeflagge zu überreichen. Jede Einheit war bei diesem Ereignis mit einer Abordnung vertreten; als Carmi eintraf, sah er voller Freude, dass auch Peltz und Pinschuk dafür ausgewählt worden waren.

Die Zeremonie fand auf einer Wiese hinter der heruntergekommenen Villa statt, die als Kommandozentrale diente. Gelegentlich hörte man entfernt Feindgeschütze donnern. Scharret und der Brigadegeneral standen – den in Reihen angetretenen Soldaten gegenüber – nebeneinander hinter einem Holztisch, der am Vormittag eilig zusammengehämmert worden war. Scharret trat als Erster vor, um zu sprechen. Er war kein besonders einnehmender Mann, klein, und unter seiner hervorstechenden Nase trug er einen schmutzig-braunen, kurz gestutzten Schnurrbart. Mit seinem ausgebeulten Wollstoffanzug, dem Pullover mit V-Ausschnitt samt Krawatte und dem Füllfederhalter, der in seiner Brusttasche steckte, wirkte er in der Gesellschaft von Soldaten fehl am Platz – ein Bürokrat, der mehr daran gewöhnt war, seine Zeit in schlecht belüfteten Zimmern beim Studium des Kleingedruckten schwer verständlicher Dokumente zu verbringen. Doch als er seine Stimme erhob, war er wie ausgewechselt. Seine Hände waren zu Fäusten geballt, die er starr an der Hosennaht hielt, wie ein Offizier bei einer Parade. Seine dröhnende Stimme vermittelte Entschlossenheit. »Endlich können Juden die Flagge auch sehen, für die sie in ihrem Herzen immer gekämpft haben. Sie repräsentiert ihr Zuhause, aber sie steht auch für jene Millionen, die sterben mussten, ohne sich wehren zu können …«

Jüdische Soldaten würden die Fahne mit dem Davidstern in die entscheidenden Schlachten mit dem Feind tragen. Wenigstens das war in den letzten zwei Jahren erreicht worden. Carmi erinnerte sich noch gut an eine Situation, in der Scharret schon zu den Soldaten der Brigade gesprochen hatte. Es war in einem Kino in Haifa gewesen, bevor sie nach Ägypten aufgebrochen waren. Die Begegnung hatte mit einem Eklat geendet, als der britische Oberst beim Absingen der Hatikwa, der zionistischen Hymne, aus dem Saal gestürmt war. Scharret hatte vermittelnd eingegriffen und eine Meuterei im letzten Moment verhindert. Und einige Monate später, in Benghasi, hatte es wegen der blauweißen Flagge beinahe einen bewaffneten Aufstand gegeben.

Nachdem das 2. Bataillon im Juli 1943 in die Hafenstadt Benghasi in Nordafrika verlegt worden war, hatten die Soldaten geglaubt, dass das palästinensische Regiment sich bald nach Europa einschiffen würde. Doch als Monat um Monat lediglich mit eintönigem Exerzieren und Wacheschieben vergangen war, wurde immer offensichtlicher, dass es den Briten lediglich darum ging, die jüdischen Truppen aus Palästina herauszuhalten – und nicht, sie aktiv am Krieg teilnehmen zu lassen. Die Stimmung im Stützpunkt war ohnehin äußerst angespannt und gereizt, als dem britischen Oberst Best bei einer Inspektion der Kaserne die Nationalflagge der Jischuw auffiel, die an einer Wand aufgehängt war. Er befahl, sie abzunehmen. Als die Soldaten zögerten, riss er sie selbst herunter. Für ihn symbolisierte die Flagge die Hoffnung der Zionisten auf einen eigenen Staat – und damit war sie eine Zumutung für das Empire. Für die Angehörigen des Regiments war sie jedoch mehr als ein politisches Symbol. Zu einer Zeit, in der die Juden in Europa in den Tod geschickt wurden, stellte sie ein Zeichen des Widerstands dar: *Das Volk Israel lebt!*

Unter den Soldaten hatte sich die Neuigkeit, dass der ranghöchste Offizier des Stützpunkts ihre Flagge von der Wand gerissen hatte, in Windeseile verbreitet. Die Hagana-Führung des Bataillons musste auf diesen Affront reagieren.

Am nächsten Morgen hatten sich die Soldaten nach dem Wecken wie jeden Tag auf dem Exerzierplatz des Militärlagers eingefunden, einer staubigen Fläche in der Mitte der vier Kasernengebäude. Jeden Tag salutierten sie hier, während der Union Jack die lange, weiße Fahnenstange auf dem Dach des westlichen Kasernengebäudes emporgezogen wurde.

An jenem Tag entdeckten die Männer, dass bereits eine Flagge am Mast wehte. Sie war blauweiß und zeigte in der Mitte den Davidstern. Israel Carmi hatte sie auf Anweisung der Hagana gehisst.

»Feldwebel«, hörte Carmi den Oberst blaffen, »ich befehle Ihnen, diese Flagge einzuholen!«

Einige Soldaten rückten näher und bildeten einen engen Kreis um ihren Feldwebel.

»Sir«, entgegnete er, »wie Sie sehen, Ihr Befehl kann nicht ausgeführt werden.«

Oberst Best starrte die Männer wutentbrannt an. Dann blickte er zu der Flagge hinauf, drehte sich abrupt um und verließ den Exerzierplatz. Gegen Mittag wehte die blauweiße Nationalflagge an beinah jeder Fahnenstange der Kaserne.

Nachdem er sich mit seinen Vorgesetzten besprochen hatte, verkündete Oberst Best, dass das gesamte Bataillon entwaffnet und unter Arrest gestellt würde, wenn die zionistischen Flaggen nicht verschwänden. Alles andere würde einer Meuterei gleichkommen.

Nicht eine einzige der blauweißen Flaggen wurde eingeholt. Es stand auf Messers Schneide. Beide Seiten waren bewaffnet. Der erste Schuss würde eine Katastrophe auslösen, egal, ob er aus Anspannung oder mit Absicht, von einem britischen Offizier oder einem jüdischen Soldaten abgegeben würde.

Den Hagana-Führern kamen schließlich Bedenken; was wäre, wenn ihre Unnachgiebigkeit dazu führen würde, dass das Bataillon nicht zum Einsatz käme? Sie beschlossen, über die Sache abstimmen zu lassen. Das gesamte Bataillon versammelte sich in der Halle. Das Ergebnis war fast einstimmig: Die Flaggen würden eingeholt, an Feiertagen jedoch wieder aufgezogen.

Am Abend nahm das Bataillon auf dem Exerzierplatz Aufstellung in Dreierreihen. Oberst Best und seine britischen Offiziere beobachteten den Vorgang vom Dach eines der angrenzenden Gebäude aus. Nachdem Carmi die Männer hatte stillstehen lassen, wollte er den Befehl an den ranghöchsten der anwesenden hebräischen Offiziere übergeben. Das war so üblich, doch der Offizier lehnte ab.

»*Sie* haben das Kommando, Feldwebel«, verkündete Hauptmann Aharm Hoter-Jischai.

Carmi wies den Hornisten an zu spielen. Während die Soldaten in Habt-Acht-Stellung verharrten, salutierten er und die Offiziere vor der blauweißen Flagge.

Dann wurde sie eingeholt, und Carmi legte sie sorgfältig zusammen.

»Sie können die Männer wegtreten lassen, Feldwebel«, wies der Hauptmann ihn an.

Carmi zögerte. Dann begann er zu singen, laut und gefühlvoll.

»*Kol od baleivav p'nima* ...«

Das ganze Bataillon fiel ein. Über tausend Männer standen auf dem Exerzierplatz stramm und sangen die Hatikwa, das Lied von der Hoffnung, die Hymne der Jischuw.

»*... nefesh Y'hudi homiya* ...«

Und nun stand er mit den Händen an der Hosennaht auf einem italienischen Feld und schwor sich, dass die blauweiße Flagge eines Tages auch über einem unabhängigen jüdischen Staat wehen würde. Vor wenigen Tagen hatte er in einem Schützengraben am Senio die Geschichte vom Exodus gehört, von der Geburt der jüdischen Nation. Carmi wusste: Die Vergangenheit enthielt den Keim der Zukunft.

Nach seiner Ansprache überreichte Scharret die sorgfältig gefaltete Flagge Brigadegeneral Benjamin. Die Soldaten standen stramm, während der älteste Soldat der Brigade den Stoff entfaltete. Beim Klang eines Horns wurde die Flagge dann am Mast emporgezogen.

Als das blauweiße Symbol dann am italienischen Himmel flatterte, sangen die Männer die Hatikwa. Einige hatten Tränen in den Augen.

»Na, Johanan? Ich hab's genau gehört. Du hast die Hatikwa mitgesungen. Ich dachte, deiner Ansicht nach müssten sich Juden wie gute britische Soldaten verhalten?« Carmi warf Pinschuk einen Verschwörerblick zu, der besagte: Komm, wir nehmen Peltz ein bisschen auf den Arm. Pinschuk war der Gedanke unbehaglich, einen Mann auf den Arm zu nehmen, der einen Bajonettangriff auf die Nazis angeführt hatte. Zumal er selbst in diesem Krieg bisher nur dafür gesorgt hatte, dass die Lkws fuhren. Er hatte die Hatikwa mitgesungen, aber hatte nicht gekämpft. Er müsse sich im Wagenpark noch um ein Problem kümmern, entschuldigte er sich und eilte mit einem nervösen Winken davon. Carmi blickte dem jungen Offizier irritiert hinterher. Er mochte Pinschuk, doch da war etwas Beunruhigendes in seiner Distanziertheit. Anfangs hatte er es für eine natürliche Scheu gehalten, doch irgendwie schwang da ein düsteres Element mit. Über dessen Ursache konnte Carmi nur rätseln.

Peltz riss ihn aus seinen Gedanken. »Die Hatikwa gesungen? Ich? Da musst du dich verhört haben, Israel«, log er grinsend.

Carmi war schon auf dem Sprung zurück an die Front, als ihm plötzlich jemand auf die Schulter tippte. Er drehte sich um und erblickte einen schlaksigen, blonden Soldaten mit leuchtend blauen Augen. Er brauchte einen Moment, um das grinsende Gesicht wiederzuerkennen. Dann wurde ihm auch klar, warum: Er hatte Oli Givon das letzte Mal in der Uniform eines Hauptsturmführers der SS gesehen. Das war vor drei Jahren vor einer Höhle in den Wäldern bei Mishmar Ha'Emeq gewesen. Damals hatte es als sicher gegolten, dass Rommel bald in Kairo einmarschieren und dann nach Palästina vorstoßen würde. Im Rahmen ihrer Notfall-Planung hatten die Jischuw eine Gruppe Deutsch sprechender Juden zusammengestellt und sie unter großer Geheimhaltung darin ausgebildet, den Feind zu imitieren. Wenn die deutschen Truppen im Stechschritt durch die Straßen von Tel Aviv marschieren würden, sollte diese Spezialeinheit Sabotageakte ausführen. Carmi, damals schon Feldwebel in der Armee Seiner Majestät, hatte man zum Verbindungsmann zwischen diesen jüdischen Einsatzkommandos und den offiziellen britischen Einheiten bestimmt.

Doch dann war Rommel bei El Alamein zurückgeschlagen worden, und die so genannte »geheime deutsche Abteilung« kam nicht mehr zum Einsatz. Carmi konnte sich noch gut daran erinnern, wie sehr ihn diese Männer mit ihrer perfekten Imitation irritiert hatten. Es hatte nicht nur an ihrem bellenden Ton oder an den bedrohlichen Hakenkreuzen auf ihren Uniformen gelegen. Diese Männer waren auf eine brutal-arrogante Weise herumstolziert, die in Carmis nur allzu empfänglicher Phantasie die Vorstellung von Gestapo-Schergen heraufbeschworen hatte, die ihre hilflosen Opfer wegschleppen. Er musste sich ständig in Erinnerung rufen, dass diese Soldaten in ihren schwarzen und grauen Uniformen tatsächlich Juden waren.

»Oli, Schalom, Schalom«, sagte er beim Händeschütteln. »Was machst du denn hier?«

Givon erzählte, dass das britische Kriegsministerium die Jischuw gebeten hatte, die Verluste der Brigade vor der Schlussoffensive auszugleichen. Ben Gurion hatte mit seinen Beratern diese Anfrage ausführlich diskutiert und für sinnvoll befunden, auch Mitglieder der Deutschen Abteilung in Europa bereitzuhalten.

»Und deshalb bin ich hier«, schloss Givon. Er hatte eine gut gelaunte Art zu reden, sehr mitteilsam, aber dennoch kontrolliert. Carmi, dessen eigenes Leben als Mitglied der Hagana aus lauter Geheimnissen bestand, drängte ihn nicht.

»L'hitraot – mach's gut. Und pass auf dich auf«, sagte er. Sie gaben sich die Hand, und Carmi ging. Zurück im Schützengraben hatte er das kurze Zusammentreffen längst wieder vergessen.

Dreiundzwanzig

———— ✺ ————

KRIEGSTAGEBUCH
EINHEIT: HQ JÜD INF BRG GRP

10. April Generaloffensive der 8. ARMEE gestartet. 2 Pan Reg überquerten SENIO und besetzten Ziel FANTAGUZZI M213231 um 0145 Uhr. Keine Verluste.

Der Durchbruch sollte geradlinig und mit aller Kraft durchgeführt werden. Ehrfürchtig beobachtete Carmi von seinem Schützengraben aus, wie tausend amerikanische Bomber über ihn hinwegdonnerten. Sie kamen in zehn Wellen mit je hundert Maschinen, und als sie ihre Bomben in einem mörderischen Stakkato auf die feindlichen Stellungen niedergehen ließen, bebte in den entfernten Schützengräben der Boden.

»Die pflügen ja jeden Zentimeter um«, brüllte einer der Männer durch den Lärm.

Nach dem Bombenhagel der Flugzeuge ließen die großen Geschütze einen heftigen Granatenhagel los. Dann hörte mit einem Mal jeder Beschuss auf. Eine unnatürliche Stille entstand. Ein Vakuum. Und plötzlich ertönte an der ganzen Front der Befehl: »Vorwärts!«

Mit wildem Geschrei kamen die Männer aus den Gräben. Die Pioniere hatten zuvor eine Reihe von Pontonbrücken über den Fluss geschlagen, über die die Einheiten nun vorwärtsstürmten. Carmis Kompanie hatte die Spitze übernommen.

Als seine Männer das Nordufer des Senio erklommen, waren sie auf heftigen Widerstand gefasst. Doch es tröpfelten nur hier und da einige MG-Garben; die dazugehörigen Nester konnten schnell mit Artilleriebeschuss belegt werden. Carmi brauchte nicht lange, um zu merken, dass die Deutschen sich zurückgezogen hatten. Die Brigade hatte die Nordseite des Senio erobert.

Der Brückenkopf auf der anderen Seite des Senio war lebenswichtig. Die höhere Lage des Ufers würde der 5. und der 8. Armee erlauben, schnell auf Bologna vorzustoßen, um den Feind anschließend gegen den Po zu drücken und dort einzuschließen.

Rechts der Brigade lag das polnische Korps, das zeitgleich mit den jüdischen Einheiten angegriffen hatte. Zur Linken befanden sich Einheiten, die früher im italienischen Folgore-Regiment gedient hatten, und deren Angriff an diesem Vormittag fehlgeschlagen war. Die Deutschen hatten ihre hochgelegene, bergige Stellung direkt jenseits des Flusses zunächst behaupten können. Das alliierte Oberkommando befürchtete, die Wehrmacht könne aus dieser strategisch günstigen Position, vor allem durch die Artillerie auf der Kuppe des Monte Ghebbio, den gesamten Brückenkopf bedrohen. Und wenn die Deutschen die Kontrolle über den Senio zurückerlangten, würde das so sorgfältig geplante taktische Scharnier brechen; die alliierten Armeen würden von ihrer Stoßrichtung abgelenkt, und der Feind würde sich unbehelligt über den Po absetzen können. Man beschloss, das zu schwache italienische Regiment abzuziehen. Eine andere Einheit würde die deutschen Geschütze am Monte Ghebbio außer Gefecht setzen müssen.

★ ★ ★

KRIEGSTAGEBUCH
12. April JÜDISCHE BRG erhält vom 10. Korps Auftrag M GHEBBIO 2023 zu besetzen.

Peltz stand auf der schmalen Piste und blickte zum Monte Ghebbio hinauf. Ein steiler, grüner Hügel mit vielen Maulbeerbäumen und einer alten Kirche auf dem Gipfel. Die Sonne strahlte grell auf das weiße Kreuz auf dem Kirchendach. Peltz konnte sich gut vorstellen, an einem warmen Frühlingsnachmittag wie diesem mit einem hübschen, italienischen Bauernmädchen eine Wanderung auf den Gipfel zu unternehmen. Doch heute ging es in die Schlacht.

Der Vormittag war ereignislos verlaufen. Die Soldaten des 3. Bataillons hatten rasch den Fluss überquert und waren an den Stellungen vorbeigezogen, in denen sich Carmis 2. Bataillon zwei Tage zuvor, ohne auf Widerstand zu stoßen, eingegraben hatte. Ohne einen Schuss zu hören, zogen sie unbehelligt auf einer Straße weiter bis zum baumbestandenen Fuß des Berges.

Major Maxim Kahan sollte den Angriff befehligen. Peltz war ihm in Haifa begegnet, und da er höhere Offiziere immer gern mit sich selbst verglich, hatte er die Stirn gerunzelt, als er den Neuen in die Bataillonsmesse hatte stolzieren sehen. Doch dann hatte er während eines kleineren Einsatzes mit Verblüffung beobachtet, wie Kahan zielstrebig ein deutsches MG-Nest angegriffen hatte. Kahans Verhalten hatte Peltz Respekt abgenötigt; nun hoffte er, seinem Vorgesetzten zu gegebener Zeit demonstrieren zu können, dass er unter Beschuss vergleichbaren Mut an den Tag legen konnte.

Während sie am Fuß des Berges warteten, wandte Kahan sich an Peltz: »Ziemlich ruhig, mh?«

»Vielleicht sind sie weg. Werden uns gehört haben.«

»Lässt sich nur auf eine Art rausfinden. Fertig?«

Peltz nickte und Kahan gab den Befehl zum Vorrücken. Sie erklommen den Hügel in einer Vierecksformation: eine Vorausabteilung, der Bataillonschef mit seinem Stab sowie zwei weitere Abteilungen. Peltz, der in der vordersten Gruppe lief, rechnete bei jedem Schritt damit, dass der Feind das Feuer eröffnen würde. Aber man hörte nur das gleichförmige Stapfen der Soldaten. Niemand wagte zu sprechen. Dann zerriss eine Explosion plötzlich die Stille, eine weitere folgte. Peltz kannte das hässlich-dumpfe Bersten von Tretminen und die markerschütternden Schreie der Verwundeten. Mit Entsetzen registrierte er, dass der Hügel vermint war.

Seine Männer erstarrten. Verunsichert suchten sie mit den Augen den Boden ab, während zwei Sanitäter an ihnen vorbeistürzten. Wenige Minuten später kamen sie mit einem Gefreiten auf ihrer Trage zurück. Eine Mine hatte ihm den Fuß abgerissen, sein Schienenbein endete in einem zerfetzten, blutigen Klumpen aus Fleisch und Knochen.

Die Soldaten bildeten eine Gasse, um die Sanitäter durchzulassen. Der verwundete Soldat blickte von der Trage auf seine Freunde, seine Kameraden. Dann sagte er ein einziges Wort, das er wie eine Beschwörung wiederholte: »Rache! Rache! Rache!«

Ohne auch nur einen Augenblick über die Gefahr nachzudenken, stürmte Peltz an die Spitze der vorderen Abteilung. Mit hochgerecktem Gewehr schrie er: »Mir nach!« Dann rannte er den verminten Hügel hinauf. Laut schreiend, entschlossen und zugleich doch voller Angst, folgten die Männer ihm.

Der Feind eröffnete das Feuer. Er war nicht zurückgewichen; er hatte nur darauf gewartet, die Falle zuschnappen zu lassen. Scharfschützen und Mörser feuerten, Tretminen gingen hoch und Peltz brüllte wieder und wieder: »Mir nach!« Mit Riesensätzen jagte er durch den Kugelhagel auf die deutschen Stellungen zu.

Etwa 300 Meter unterhalb der Kirche bildete eine Bodenwelle einen natürlichen Schutzwall für die Angreifer. Kahan wies den Fernmelder an, das Hauptquartier anzurufen. In Deckung kauernd, gab der Major die Position seiner Einheit durch und forderte Unterstützung durch die Artillerie an.

»Macht die Hurensöhne platt!«, schrie er aufgeregt in den Hörer. Dann wurde er durch ein spitzes »Ping« unterbrochen. Die Antenne des Funkgeräts kippte nach unten, der Körper des Funkers fiel mit einem dumpfen Geräusch zu Boden. Er war tot. Kahan befahl kühl, dem Toten das Funkgerät vom Rücken zu nehmen.

Endlich begann die Artillerie der Brigade mit 40-mm-Geschützen, die eigentlich nur zur Flugabwehr eingesetzt wurden, die deutschen Stellungen unter Feuer zu nehmen. Die Soldaten duckten sich in die Bodenwelle, während die Granaten über ihre Köpfe hinwegkreischten. Das Krachen der Detonationen gab ihnen Zuversicht.

Kahan teilte die Abteilung rasch in zwei Gruppen, die mit dem Bajonett angreifen sollten. Eine auf dem linken Flügel, eine auf dem rechten. Wenn diese beiden Trupps etwa 200 Meter hinter sich gebracht hatten, sollten die übrigen Männer in der Mitte losstürmen.

»Und wenn wir oben sind?«, fragte Peltz.

»Dann jagen wir die Schweine nach Deutschland zurück«, entgegnete Kahan.

Während Peltz das lange Bajonett in sein Lager am Gewehrlauf rammte, versuchte er, sich auf die bevorstehende Aufgabe zu konzentrieren. Das metallische Geräusch, als die Klinge einrastete, zügelte seine Angst. Wenige Augenblicke später verließ er seine Deckung in der Senke und lief auf die Kirche zu. Aus unbekannten Tiefen seines Wesens drangen unverständliche Schreie – er war wie im Rausch, jenseits der Angst, jenseits jeglicher Kontrolle. Oben auf dem Hügel sah er einen einzelnen Deutschen auf ihn zustürmen. Er schwang seinen Gewehrkolben gegen Peltz' Kopf. Peltz tauchte weg und stieß ihm die Klinge in den Bauch. Der Mann ging zu Boden. Peltz zog das Bajonett aus dem blutenden Körper und folgte den anderen, die die Kirche erstürmten. Mit dem Finger am Abzug betrat er das Gebäude – es war leer. Die Deutschen hatten ihre Geschütze aufgegeben und sich zurückgezogen. Die Juden hatten den Monte Ghebbio gestürmt. Die Brigade hatte die Deutschen in die Flucht geschlagen. Jetzt konnten die Alliierten vorrücken.

★ ★ ★

Die Alliierten überrannten Forlì, Imola und Castel San Pietro. Nach schweren, verlustreichen Kämpfen wurde Bologna eingenommen. Der deutsche Plan, sich in die Befestigungen hinter der Po-Linie zurückzuziehen, um sich dort zur letzten Schlacht zu formieren, konnte nie umgesetzt werden. Immer mehr verängstigte und erschöpfte deutsche Soldaten ergaben sich den vorrückenden Alliierten.

Am 14. April 1945 erhielt die Brigade den Befehl, vor Bologna stehen zu bleiben. Die anderen alliierten Verbände rückten dem zurückweichenden Feind nach – aber ohne die jüdischen Soldaten. Die Männer der Brigade waren voller Erwartung gewesen, hatten sich im Kampf gegen ihre Todfeinde behauptet, doch gerade als sie ihre ersten wichtigen Siege auskosteten, wurden sie gestoppt. Das war mehr als frustrierend – das war quälend. Die Abruptheit, mit der sie von den folgenden Kämpfen ausgeschlossen wurden, verletzte den Stolz der Soldaten tief.

Dem Beschluss, die Brigade vor Bologna zu belassen, lagen keine militärischen Erwägungen zugrunde, sondern die britische Palästina-Politik. Die Brigade hatte während ihres kurzen Fronteinsatzes einen hohen Blutzoll entrichtet: 57 Tote und 150 Verwundete. Die Regierung Seiner Majestät kam zu dem Schluss, dass die ohnehin angespannte Beziehung zur Jewish Agency völlig in die Brüche gehen würde, wenn der Eindruck entstünde, dass jüdische Soldaten – junge Männer, die Zukunft des palästinensischen Mandatsgebiets – als Kanonenfutter eingesetzt würden. Der Krieg sollte ohne weitere aktive Kampfeinsätze der Brigade zu Ende gehen.

Am 2. Mai 1945 um 18 Uhr war es schließlich so weit: Die deutsche Kapitulation in Italien trat in Kraft.

★ ★ ★

»Ohne mich«, schwor Carmi. Er lag im Schatten eines Olivenbaums im Gras. Im Hintergrund glänzte das leuchtend blaue Wasser des Lamone in der Maimorgensonne. Peltz saß ihm schräg gegenüber, den Rücken an den Stamm gelehnt. Vor zwei Tagen war der Krieg in Europa zu Ende gegangen, Deutschland hatte bedingungslos kapituliert.

»Ich desertiere«, bekräftigte Carmi noch mal. »Was ist mit dir?«

Peltz war wütend. Er fühlte sich betrogen, kochte immer noch wegen der Entscheidung des Kriegsministeriums, die Brigade aus den letzten Kämpfen des Krieges herauszuhalten. Er war davon ausgegangen, mit hoch erhobenem Bajonett bis nach Berlin zu stürmen. Er war Jude, und es gab noch Rechnungen zu begleichen. Und jetzt ging in der Brigade das Gerücht um, man würde sie nach Burma schicken. Gegen Japaner zu kämpfen, dafür hatte sich Peltz nicht freiwillig gemeldet. Mit dem Krieg in Asien hatte er nichts zu tun. Er würde ebenfalls desertieren.

Während Carmi seine Aufgabe darin sah, heimzukehren und sich auf kommende Kämpfe vorzubereiten, weigerte sich Peltz aus einem anderen Grund, in den Fernen Osten zu gehen. Er hatte seine Aufgabe in Europa noch nicht erfüllt. Er musste nach Zabiec. Die romantische Vorstellung von seiner Rückkehr auf das Gut war ihm immer wieder durch den Kopf gegangen: wie er in seiner britischen Uniform das Paradies seiner Kindheit betritt und seine Mutter und seinen Großvater umarmt. Jetzt, nach dem Krieg, wurde es zunehmend schwerer für ihn, diese Hoffnung aufrechtzuerhalten. Kameraden, die von einem Besuch in Bologna zurückgekehrt waren, hatten erzählt, dass es unmöglich sei, mehr als eine Hand voll Juden ausfindig zu machen. Es war qualvoll, sich vorzustellen, wie es erst in Polen aussehen mochte. Er würde nicht zulassen, dass man ihn nach Fernost schickte. Er würde, wie Carmi, seine eigene Lösung finden müssen.

Peltz und Carmi erhoben sich und schlenderten zurück zum Lager. Dort angekommen, stürzte ihnen Ari Pinschuk atemlos entgegen. Weder Carmi noch Peltz konnten sich erinnern, ihn jemals so aufgeregt gesehen zu haben. »Habt ihr's gehört? Habt ihr's schon gehört?«, keuchte er. »Die Brigade wird nach Deutschland verlegt!«

TEIL IV

Tarvisio

Sommer 1945

Vierundzwanzig

———⚭———

Tief in den Tschernigow-Wäldern der Ukraine hielt Lea Pinschuk Wache. Sie hatte ein Gewehr geschultert und trug eine grüne Baskenmütze auf dem Kopf. Mitternacht, der Beginn ihrer Vier-Stunden-Wache war längst vorüber. Angespannt lief sie auf dem ausgetretenen Pfad auf und ab.

»Benutz deine Ohren und nicht die Augen«, hatte der hoch gewachsene russische Offizier ihr vor fast acht Monaten eingeschärft. Es war ihre erste nächtliche Wache gewesen, und sie hatte sich der Verantwortung nicht im Geringsten gewachsen gefühlt. Mittlerweile war sie sicher, dass sie ihre Aufgabe bewältigen konnte. Sie würde einen Schuss abgeben, um das Lager zu warnen. Und dann würde sie kniend, das Gewehr fest an die Schulter gedrückt, auf ihrem Posten abwarten, bereit, den ersten deutschen Soldaten zu erschießen, der zwischen den Bäumen auftauchte.

Das kleine Mädchen, das Angst gehabt hatte, ohne Kerzenlicht einzuschlafen, gab es nicht mehr. Auf ihrem langen Leidensweg hatte Lea gelernt, das zu tun, was zum Überleben notwendig war. Und nun war sie eine Partisanin.

★ ★ ★

Mit der völlig aufgelösten Sara war sie nach der Entdeckung der gefrorenen Leichen nach Olizerka zurückgekehrt. Die Stunditz-Bauern hatten Mitleid mit den Mädchen gehabt und ihnen erlaubt, in einer Scheune zu bleiben. Zwei Tage später erfuhren sie, dass die Polizei nach den beiden suchte. Die Nachricht versetzte die Bauern in Angst und Schrecken. Noch in derselben Nacht – sie beharrten darauf, dass keine Zeit zu verlieren war – arrangierten sie ein Treffen mit den Partisanen. Sara hatte Angst. »Das sind Russen«, sagte sie. »Die tun einem schreckliche Dinge an. Ich werde nicht gehen.«

Lea wusste, dass die Partisanen vielleicht ihre einzige Chance waren. Sie musste Sara verlassen. Es war ein weiterer Abschied in einem Leben voller schmerzhafter Trennungen.

★ ★ ★

»Kannst du Deutsche töten?«, wollte der russische Offizier wissen.

»Ja«, gab Lea forsch zurück. Sie war sich dessen zwar überhaupt nicht sicher, aber sie wusste, dass es nicht ratsam war, ihn zu provozieren.

Der Fußmarsch in das Lager dauerte zwei Tage. Während dieser ganzen Zeit verlor der Russe kein Wort darüber, dass sie Jüdin war. Nach allem, was Lea erlitten und erduldet hatte, konnte sie das kaum fassen.

In der Welt ihrer Vergangenheit war ihre Identität durch einen uralten Bund definiert worden. In dieser Welt der Gegenwart gab es einen neuen Bund. Wenn es sein musste, sagte sie sich, würde sie auch Deutsche töten.

Sie hatte ein Lager wie das im Wald hinter dem Sumpf erwartet, doch die Basis der Partisanen war größer als ganz Reflowka. Rund dreitausend Kämpfer lebten hier. Es gab einen Flugplatz, ein Krankenhaus, einen Speiseraum, eine Wäscherei und den unvorstellbaren Luxus von Duschen. Sie konnte sich mit Seife in einer abgetrennten Kabine waschen. Lea sah sich um; diese Gemeinschaft würde also ihr neues Zuhause zu werden.

Befehlshaber der Einheit war Generalmajor Alexej Fjodorow. Als die ersten Wellen deutscher Soldaten tiefer in die Sowjetunion vorgedrungen waren, hatte Stalin seine Landsleute zum Widerstand aufgerufen. In einer gefühlsbetonten Radioansprache forderte er die Gründung von »Untergrundeinheiten«, »um Brücken und Straßen zu sprengen, Telefon- und Telegrafenleitungen zu zerstören und Wälder, Depots und Verkehrsmittel anzuzünden. Die Zustände in den besetzten Gebieten müssen für den Feind und seine Komplizen unerträglich werden. Sie müssen gehetzt und ausgelöscht werden, wo sie gehen und stehen, und ihr ganzes Tun muss ins Leere laufen.« Auf Befehl von Nikita Chruschtschow, dem Ersten Parteisekretär der Kommunistischen Partei der Ukraine, war Fjodorow mit dem Fallschirm im nördlichen Wolhynien abgesprungen, um den Partisanenkrieg gegen die vorrückende deutsche Armee anzuführen. Seit zwei Jahren lebte die Fjodorow-Partisanka nun schon in den Wäldern. Sie hatte den Feind »gehetzt und ausgelöscht«. Und das Blatt im Osten hatte sich langsam gewendet.

Als Lea, ein Knie auf den Boden gestützt, ganz so, wie der Russe sie angewiesen hatte, zum ersten Mal ein Gewehr abfeuerte, warf der Rückstoß sie um.
»Noch mal«, befahl der Russe.
Sie rappelte sich auf und zielte auf den weißen Ring, der an einen Baum genagelt war.
»Noch mal«, bellte der Russe wieder.
Am dritten Tag traf sie den Baum.
»Noch mal«, befahl der Russe.
Am vierten Tag traf sie den Ring.
»Noch mal!«, befahl der Russe.
Am fünften Abend wurde sie für die Wache eingeteilt.

Eines Abends wurden drei gefangene deutsche Soldaten an ein Lagerfeuer geführt. Der jüngste, kaum älter als Lea, kämpfte mit den Tränen. Der zweite war so dick, dass er fast seine Uniform sprengte und wiederholte immer wieder: »Ich wurde zur Armee gezwungen. Ich bin nicht freiwillig hier. Ich habe eine Frau und zwei Kinder.« Der dritte wirkte wie unter Schock – als begriffe er überhaupt nicht, was um ihn herum vorging.

Alle drei wurden erschossen. Der Körper des Jungen zuckte noch, als eine Russin ihm den Ring und die Uhr abstreifte. Zum ersten Mal fragte sich Lea, ob sie ihre neuen Lebensumstände akzeptieren konnte.

★ ★ ★

Tagsüber arbeitete Lea in der Küche, spülte Geschirr und putzte Gemüse. Ihr machte die Arbeit nichts aus. Im Gegenteil, denn wenn etwas faulig war und weggeworfen werden sollte, konnte sie es essen. Nach ein paar Monaten stellte sie beim Duschen fest, dass ihre Rippen nicht mehr hervorstanden.

Die russischen Köche sprachen oft von ihren Familien, ihren Frauen und Kindern, von ihrem Zuhause. Während der Arbeit sangen sie häufig:

Am Waldrand steht ein großer Baum.
Darunter liegt ein Partisan.
Der Wind zerzaust sein blondes Haar.

Die alte Frau daneben weint.
Sie kniet sich neben ihren Sohn.
Der Hauptmann zieht sie wieder hoch.

Er sagt: »*Wein dir nicht die Augen rot,*
dein Sohn, er starb den Heldentod.«

Die Worte blieben in Leas Gedächtnis haften; bald konnte sie selbst mitsingen. Ihr Vater hatte ihre schöne, helle Stimme immer geliebt. Jetzt erfreute sie die Köche damit. Ihre neue Familie.

Die Frau, mit der Lea das Zelt teilte, hatte einen Liebhaber. Zu Hause hatte sie einen Mann und Kinder, aber in Fjodorow hatte sie sich in einen russischen Offizier verliebt. »Ich bleibe bei ihm«, erzählte sie Lea. »Ohne ihn könnte ich nicht leben.«

152

Lea schwieg. Sie wollte der Frau nicht sagen, dass man lernen kann, auch ohne die geliebten Menschen zu leben. Diese Lektion hatten sie die vergangenen Monate immer wieder gelehrt.

Wenigstens fand sie eine Freundin. Feigale, das Mädchen aus Reflowka, das Lea im Heuschober getroffen hatte, bevor sie zu Boris gegangen war, war ebenfalls zu den Partisanen gestoßen. Dass sie wieder zusammen waren, erfüllte Lea mit zaghaftem Glück.

Feigale, die vier Jahre älter als Lea war, wurde von einem russischen Offizier umworben. Er hatte ihr anvertraut, dass er, obschon Christ, als Jude geboren war. Eines Abends bat er sie um ein Rendezvous am Ufer eines nahe gelegenen Sees. Feigale duschte, zog eine frische Bluse an, machte ihr Haar zurecht und ging los. Sie kehrte nie zurück. Am nächsten Tag trieb ihr nackter Körper im See. Allein Lea schien Feigales Tod wahrzunehmen, für die anderen waren Krieg und Tod allgegenwärtig.

★ ★ ★

Die Einheiten der Wehrmacht begannen mit ihrem ungeordneten Rückzug aus der Ukraine. Die Partisanen, die während einer Patrouille einen hohen deutschen Offizier gefangen nehmen konnten, brachten ihn zum Verhör ins Lager. Lea, die Jiddisch sprach, wurde zum Übersetzen gerufen.

Sie betrat einen stickigen Raum und setzte sich dem deutschen Offizier gegenüber auf eine Bank. Man hatte dem Mann die Hände auf dem Rücken gefesselt, unter seiner Nase klebte getrocknetes Blut. Sein rechtes Auge war bis auf einen Schlitz zugequollen. Doch er hielt sich beeindruckend: den Rücken gerade, die Kiefer zusammengebissen.

Lea übersetzte die Fragen so gut es ging, und der Deutsche antwortete mit ruhiger, klarer Stimme. Lea vermutete, dass er sich zur Kooperation entschlossen hatte. Als der russische Major mit der Befragung fertig war, zog er seine Pistole aus dem Halfter und drückte Lea die Waffe in die Hand.

»Schieß!«, befahl er.

Lea blickte den Deutschen an. Er wirkte nicht ängstlich, nur müde. Lea tastete mit dem Finger nach dem Abzug – ein bisschen mehr Druck, dann wäre alles vorbei. Es würde nur einen Moment dauern.

»Er hat deine Eltern umgebracht«, stachelte der Major sie an. »Erschieß ihn!«

Lea hob die Waffe. Ihr Arm zitterte. »Ich kann nicht«, sagte sie schließlich.

Der Russe riss ihr die Pistole aus der Hand, setzte sie dem Gefangenen an die Schläfe und drückte ab. Ein Gemisch aus Knochenstückchen, Blut und Hirnmasse spritzte Lea ins Gesicht.

»Mach hier sauber!«, bellte der Major. Dann ging er und ließ Lea mit der Leiche, mit ihren Tränen und mit ihrem Brechreiz allein.

Lea wartete auf die Bestrafung, die unweigerlich kommen würde. Sie wusste, dass sie schuldig war. Sie hatte ihr Abkommen mit den Partisanen gebrochen: Sie hatte sich geweigert zu töten. Sie war geprüft worden, und sie hatte versagt. Jeder weitere Tag des Wartens wurde ihr zur Qual.

Fünfundzwanzig

———— ❧ ————

A m Vorabend ihres Aufbruchs nach Deutschland trat Feldwebel Israel Carmi vor die Soldaten. Das gehörte nicht zum üblichen Ablauf eines Appells, und als er nun zu dem weißen Kreidequadrat vor dem Fahnenmast ging, fragten sich die Männer, was er wohl sagen würde.

Schon unter normalen Umständen hörte man Carmi aufmerksam und respektvoll zu, denn es war bekannt, dass auf seinen Mitteilungen die Autorität der Hagana ruhte. Dazu kam der legendäre Ruf, den Carmi bei den Soldaten hatte: Carmi, der Held von Wingates nächtlichen Sondereinsätzen; Carmi, der kühne Waffendieb; Carmi, der widerborstige Anstifter der Fahnenmeuterei. An diesem Abend würde seine Ansprache von besonderer Bedeutung sein.

Nachdem die Männer den ganzen Tag damit verbracht hatten, das Lager abzubrechen, die großen Dodge-Laster zu beladen, und sich innerlich darauf einzustellten, Italien zu verlassen, wurde ihnen nun bewusst, dass sie an einem Wendepunkt angekommen waren. Etwas gänzlich Neues würde beginnen: Eine jüdische Armee, die den goldenen Davidstern als Symbol ihres Selbstbewusstseins und nicht ihrer Unterlegenheit auf den Schulterklappen trug, würde als Besatzungstruppe nach Deutschland verlegt werden.

Mit klarer, ungewohnt deutlicher Stimme verkündigte Israel Carmi die Gebote für einen hebräischen Soldaten auf deutschem Boden. Da er kein Mann des Rampenlichts war und sich mit dem Reden vor Publikum schwer tat, las er vom Blatt einen Text ab, den andere formuliert hatten – Hauptverfasser war Major Schlomo Schamir, der ranghöchste Hagana-Führer der Brigade.

Eins. Hasst die Schlächter eures Volkes – über alle Generationen hinweg!
Zwei. Vergesst nicht: Ihr seid die Abgesandten eines Volkes, das zum Kampf bereit ist.
Drei. Vergesst nicht: Die Jüdische Brigade ist in Nazi-Deutschland eine Besatzungsarmee.
Vier. Vergesst nicht: Die Tatsache, dass wir dem deutschen Volk in seiner Heimat als militärische Einheit mit Fahne und Hoheitszeichen gegenübertreten, ist ein Akt der Vergeltung.
Fünf. Vergesst nicht: Vergeltung ist eine gemeinsame Aufgabe. Jede verantwortungslose Handlung schwächt die ganze Gruppe.
Sechs. Zeigt euch als Juden, die stolz auf ihr Volk und ihre Fahne sind.
Sieben. Zeigt keine Anteilnahme, geht nicht in ihre Häuser!
Acht. Sie sollen verflucht sein – sie, ihre Frauen, ihre Kinder, ihre Häuser und ihr gesamter Besitz –, verflucht für Generationen!
Neun. Behaltet euren Auftrag im Auge!
Zehn. Eure Pflicht besteht in Hingabe, Loyalität und Liebe für die Überlebenden des Schwertes und der Lager.

Als er mit dem Vorlesen fertig war, die Stimme fast heiser von der Anstrengung, faltete Carmi das Blatt zusammen und steckte es in seine Brusttasche. Er war schon im Begriff, sich umzudrehen, hielt einen Moment inne und wandte sich erneut an die Soldaten: »Und der soll verflucht sein, der vergisst, was sie uns angetan haben!«

Aus tausend Kehlen erscholl es wie ein Echo: »Amen!«

Wenige Augenblicke später war die Brigade weggetreten. Morgen würden sie nach Norden ziehen – Eroberer des in Trümmern liegenden Tausendjährigen Reichs.

Mit dem britischen Kriegsministerium war abgesprochen worden, dass der Davidstern in leuchtendem Gelb auf die olivfarbenen Lkws der Brigade gemalt werden sollte. Bis die Männer am nächsten Morgen ihre Zelte abgebaut und ihre Sachen verpackt und in den Lastwagen verstaut hatten, waren jedoch auf vielen der Fahrzeuge andere, nicht autorisierte Bemalungen aufgetaucht. Auf den Seitenflächen und Segeltuchplanen sah man in großen Lettern und auf Deutsch Kreidegraffiti wie: »Die Juden kommen!« oder »Kein Reich, kein Volk, kein Führer.« Blauweiß gestreifte Nationalflaggen wehten hinten aus den Fahrerkabinen heraus. Die Wirkung dieser Dinge auf die Soldaten war enorm. Einige Offiziere, darunter auch Pinschuk, die die Verzierungen missbilligten, fragten sich, ob diese Provokationen die aufgeputschte Stimmung der Männer nicht zu sehr steigerten. Wie auch immer – niemand ordnete deren Entfernung an, und so blieben die Fahnen und Slogans wo sie waren.

Wenig später ertönte ein ohrenbetäubendes Dröhnen und Grollen, als dutzende von Motoren angeworfen wurden. Die Transporter ruckten vorwärts, und der Konvoi setzte sich langsam in Bewegung.

Anfangs verlief die Fahrt in geradezu ausgelassener Stimmung. Die Männer, die hinten auf den Lkws Seite an Seite hockten, stimmten spontan das »Bataillonslied« an, und als die Kolonne auf der langen Pontonbrücke über den Po fuhr, wussten die Soldaten, dass ihre neue Mission begonnen hatte. Doch im Verlauf des Nachmittags ließ die gute Stimmung nach. Es war unbequem und drückend heiß – die flache, grüne italienische Landschaft lag unter sengender Sonne. Die Wagen bewegten sich unerklärlicherweise nur noch im Schneckentempo vorwärts, höchstens zwanzig Stundenkilometer schätzte Peltz.

Knie an Knie auf den voll gepackten Ladeflächen der Lastwagen hockend, wurde die Fahrt für die Soldaten zur Tortur. Ungeduld und schlechte Laune lösten Stolz und gespannte Erwartung ab. Endlich, bei Sonnenuntergang, durften sie absitzen und ihre Zelte auf einem Feld aufschlagen. Allein aus den engen Lastern heraus zu sein, schien ihre Stimmung wieder zu heben. In vier Tagen würden sie in Deutschland sein. Bis dahin würden sie die Strapazen schon noch aushalten. *Die Juden kommen!*

Am folgenden Tag nach der Mittagspause kletterte der Konvoi eine steile, kurvige Straße in die Alpen hinauf. Der öde sommerliche Dunstschleier der staubigen italienischen Ebenen wurde von einem strahlend blauen Himmel abgelöst. Die Luft war frisch, ihre Kühle belebend. Und die Ausblicke waren großartig: Hoch aufragende Gipfel erhoben sich hinter einem grünen Tal mit blühenden Wiesen. Während Peltz noch die Aussicht bewunderte, schob sich ein fremdes Element ins Bild. Ein Konvoi kam ihnen langsam entgegen. Die Lastwagen waren kleiner, und sie waren braun. Und in ihnen saßen Soldaten in feldgrauen Uniformen. »Deutsche! Das sind deutsche Soldaten!«

Es war ein Konvoi mit deutschen Kriegsgefangenen, der Richtung Süden fuhr. Dutzende von Lastwagen mit Soldaten und Mercedes-Sedans, in denen Offiziere saßen.

Die Soldaten der Brigade starrten nach vorne. Niemand sprach. Während die zwei langen Wagenkolonnen einander passierten, hörte man nur die Geräusche der Motoren.

Plötzlich rief jemand auf Hebräisch: »Die lachen ja!«

Das war das Streichholz, das die Lunte entzündete. Ein Hagel aus Verpflegungspäckchen, Margarine- und Marmeladenbüchsen ging auf die deutschen Soldaten nieder. Mit ihren Bajonetten rissen die jüdischen Soldaten die Bodenbretter der Lkws heraus und schleuderten die nagelbesetzten Planken auf die Kriegsgefangenen. In einigen Wagen fanden die Soldaten Baumaterial und Werkzeug; Pfähle, Spitzhacken und Schraubenschlüssel wurden als Geschosse verwendet.

Wie ein Schlachtruf erscholl »*Aleihum! Aleihum!* Auf sie! Auf sie!« aus den Wagen. Etliche Deutsche bluteten. Die britischen Offiziere, die die Gefangenen begleiteten, drohten den undisziplinierten jüdischen Soldaten mit erhobenen Fäusten. Einer von ihnen erinnerte die Männer daran, dass sie unbewaffnete, wehrlose Gefangene attackierten, doch er wurde einfach niedergebrüllt.

Die Offiziere ließen die Wagen der Brigade stoppen, stiegen aus und stellten sich als menschliche Barriere zwischen die Soldaten und den Gefangenentransport. Nur so konnten sie ihre Männer vielleicht bremsen. Pinschuk brüllte seine Männer an: »Was soll das? Sie sind unbewaffnet. Wir sind jüdische Soldaten, wir können uns nicht so aufführen.« Er stand groß und drohend, die Hände in die Hüften gestemmt, auf der Straße, als wolle er sagen: Traut euch doch! Aber im Grunde seines Herzens wusste er, dass er seine Männer nicht für etwas tadeln konnte, was er am liebsten selbst getan hätte.

Zwanzig Minuten später war der Gefangenentransport an ihnen vorbei, und die Brigade setzte ihren Weg fort. Bei Einbruch der Dämmerung erreichten sie ein breites Tal. Noch eine alte Steinbrücke, dann hatten sie das Städtchen Tarvisio erreicht.

Die kleine Alpenstadt wirkte wie aus dem Bilderbuch. Eine Mühle, deren Wasserrad sich träge in einem eisblauen Flüsschen drehte, dahinter der Stadtplatz mit Geschäften und weiß gekalkten Häusern mit dunklen Holzdächern. In den Eingängen standen Kinder, die den Soldaten neugierig und freundlich zuwinkten.

Pinschuk freute sich, dass die Brigade in dieser Idylle über Nacht Station machen würde. Aus der Fahrerkabine seines Lkws sah er im Vorbeifahren ein Plakat in einem Schaufenster. Die Worte waren verblasst, doch die Zeichnung war deutlich genug. Man sah Onkel Sam mit einem dicken Dollarsack in der Hand und einem Hundehalsband um den Hals. Die Leine hielt ein buckliger, unrasierter Jude in der Hand. Er hatte eine riesige krumme Nase und trug den pelzbesetzten Mantel eines reichen Mannes – der Prototyp des finsteren, intriganten Bösen.

Eine solche Darstellung inmitten dieser Idylle. Hätte er einen Stein zur Hand gehabt, Pinschuk hätte ihn durch die

Scheibe geworfen. Nein, er war keinen Deut besser als seine Männer, die er nur mühsam zur Räson hatte bringen können. Er dachte an die moralischen Grundsätze, die er ihnen mit auf den Weg gegeben hatte, und empfand einen Anflug von Scheinheiligkeit.

Wenn die Brigade nach Deutschland kam, durfte er seine Kraft und seine Gefühle nicht vergeuden. Was auch geschah, er hatte eine Aufgabe zu erfüllen.

Sechsundzwanzig

Doch es sollte anders kommen – die Briten ließen die Brigade nicht nach Deutschland. Der Vorfall auf der Alpenstraße hatte genügt, um beim Oberkommando Besorgnis über künftige Entwicklungen zu erregen. Die Brigade bekam den Befehl, in Tarvisio zu bleiben, als Wachposten einer abgeschiedenen, gebirgigen Ecke Europas, an der die Grenzen von Italien, Jugoslawien und Österreich zusammenliefen. Pinschuk beschwerte sich bitter und wütend bei Peltz. Ihre Bestrafung ähnele der, die Gott Moses und allen, die über den Herrn gemurrt haben, auferlegt hatte: Sie konnten das Gelobte Land sehen, aber sie durften es nicht betreten.

PRIORITÄT   TOP SECRET

von: TROOPERS
an: 21 ARMEEGRUPPE, INFORMATION SHAEF (Supreme Headquarters Allied Expeditionary Forces)
REF NO: 99135 SD2, 05 Juni 1945

1. Aufgrund öffentlicher Verlautbarungen des Premierministers im September 44 beabsichtigen wir die Jüdische Infantrie-Brigadegruppe, die derzeit in ITALIEN stationiert ist, für besatzerische Aufgaben in EUROPA einzusetzen.
2. Das AFHQ (Allied Forces Headquarters) schlug vor, sie in dieser Funktion in ÖSTERREICH einzusetzen, hält es aber

angesichts der zahlreichen schwierigen Probleme, die sich im Zusammenhang mit der Besetzung ergeben haben, NICHT für ratsam, diese noch zu verschärfen, indem die Jüdische Brigadegruppe dort während der ersten Phasen Verwendung findet.

Tarvisio war den Großteil des Krieges über deutsche Lazarettstadt gewesen, und die Wehrmacht war in der hübschen Kleinstadt noch allgegenwärtig. Die Betten des großen, gut ausgestatteten Krankenhauses waren nach wie vor mit verwundeten deutschen Soldaten belegt. Tagsüber humpelte eine geisterhafte Armee aus Männern in zerschlissenen feldgrauen Uniformen durch die Stadt – hier war ein armloser Jackenärmel an eine Schulter geheftet, dort musste ein fehlendes Bein durch eine Holzkrücke ersetzt werden.

Die Brigade schlug ihr Hauptquartier in einer leer stehenden SS-Kaserne auf. Die Männer wurden in Gebäuden untergebracht, in denen noch wenige Wochen zuvor deutsche Soldaten gewohnt hatten; an den Wänden hingen gerahmte Hitler-Bilder. Es war, als würde der Geruch des Reichs noch immer drückend in der Luft liegen. Die Stimmung der Soldaten war gedämpft. Hinzu kam, dass die Brigade in Tarvisio kaum offizielle Aufgaben übernehmen musste. Sie hatte das Lazarett zu bewachen – obwohl nie genau gesagt wurde, vor wem –, sowie beindruckend vor einem riesigen Munitionsdepot auf und ab zu marschieren, das für einen Endkampf angelegt worden war, der nie stattgefunden hatte. Der Juni schleppte sich schier endlos dahin. Genau das hatte das britische Kriegsministerium beabsichtigt. Die Brigade war aus den letzten Schlachten herausgehalten worden, und nun, da der Krieg vorüber war, steckte man die unberechenbaren Juden in ein abgelegenes Bergnest, wo man sie unter Kontrolle hatte, bis sie ausgemustert nach Palästina zurückkehren würden.

Tarvisio erwies sich allerdings als weniger abgeschieden, als die Briten gehofft und die jüdischen Soldaten anfangs befürchtet hatten. In den chaotischen, unsicheren Monaten nach Kriegsende sollte Tarvisio eine unvorhergesehene Rolle zuteil werden – durch seine einzigartige geografische Lage. Der Ort lag am Schnittpunkt dreier Staatengrenzen. Und wichtiger noch: Die Brücke, die die britischen von den russischen Truppen in Österreich trennte, war nur wenige Kilometer entfernt. Das führte dazu, dass das kleine, unbedeutende Tarvisio zu einem der Verkehrsbrennpunkte im Nachkriegseuropa wurde. Für tausende verzweifelter Flüchtlinge war es die wichtigste Zwischenstation auf ihrem Weg nach Westen. Die Hauptstraße, die Eisenbahnlinie und die verschlungenen Bergpfade wurden zu Bindegliedern zwischen den Trümmern des Dritten Reichs und den Versprechungen der Zukunft. Es dauerte nicht lange, bis die ersten Heimatlosen im Ort eintrafen.

Eine Gruppe jugoslawischer Partisanen war unter den ersten Ankömmlingen. Aus ihrer Begrüßung wurde ein Fest, das den ganzen Tag dauerte. Weißweinflaschen, die man in der Offiziersmesse der Wehrmacht sichergestellt hatte, wurden zu zahllosen Toasts emporgereckt. Reiter galoppierten grinsend durch die Straßen, sprangen über Zäune und forderten die Juden zu ähnlichen Taten heraus. Peltz erinnerte sich wehmütig an die Zeit zurück, in der er den Männern auch etwas zum Jubeln hätte bieten können. Stattdessen tröstete er sich beim Polkatanzen mit einer stabilen Rothaarigen, wobei er sich bemühte, dem mit Granaten gespickten Gurt, der auf ihrem Dekolleté auf und ab hüpfte, keine allzu große Aufmerksamkeit zu schenken.

Die nächsten Flüchtlinge brachten schon bald beunruhigende Nachrichten mit – vom wahren Ausmaß dessen, was die Nazis angerichtet hatten. Die Männer waren wie vor den Kopf gestoßen. Peltz hatte zwar von Pogromen gehört und in der Zeitung auch etwas von Arbeitslagern gelesen, doch was er jetzt zu hören bekam, war unfassbar. Er weigerte sich, derlei Horrorgeschichten zu glauben. Ein paar Tage später schien eine groteske Situation die grausamen Erzählungen zu bestätigen. Mit ein paar anderen aus der Brigade hatte er in der Nähe des Bahnhofs eine Gruppe ukrainischer Flüchtlinge entdeckt, die sich um einen improvisierten Herd drückte und in einem umgedrehten Helm eine dünne Suppe kochte. »Wir sind von der jüdischen Armee«, begrüßte ein Soldat die Flüchtlinge. Die Leute blickten verblüfft auf und begannen zu lachen. Sie stimmten prustend überein, dass das ein ziemlich guter Witz war. »Na, sicher doch. Ich habe die jüdische Armee selbst gesehen«, entgegnete einer von ihnen und deutete mit der Hand in den Himmel. »Sie ist komplett in Rauch aufgegangen.«

Pinschuk machte ähnliche Erfahrungen. In einem Café gesellten sich trotz des Fraternisierungsverbots drei junge österreichische Frauen zu ihm und seinen Freunden.

»Woher kommt ihr, Jungs?«, fragte eine von ihnen.

»Palästina«, verkündete Pinschuk. »Wir sind in der jüdischen Armee.«

Die drei lachten: »Komm, ihr wollt uns wohl auf den Arm nehmen. Außer in Horrorgeschichten gibt es überhaupt keine Juden mehr. Sie existieren nicht mehr. Alle weg.«

Waren diese Äußerungen nur dummes Geschwätz? Das Eintreffen der ersten zerlumpten jüdischen Flüchtlinge in Tarvisio brachte den endgültigen, schrecklichen Beweis. Das europäische Judentum und mit ihm Jahrhunderte kulturellen Lebens war systematisch ausgerottet worden. Die traurigen Reste, die überlebt hatten, tröpfelten in kleinen Grüppchen in den Grenzort. Zuerst vier junge polnische Juden aus einem Lager bei Ebensee in der Nähe von Salzburg. Dann kam eine Gruppe ungarischer Schneider, die überlebt hatten, weil sie Handwerker waren. Und schließlich eine blonde, gut gekleidete, attraktive Frau. Mit ausdrucksloser Stimme erzählte sie den Soldaten, sie sei der Judenverfolgung nur wegen ihres Aussehens entkommen, und weil sie sich als Christin ausgegeben hatte. Die meisten anderen Juden aus ihrem Heimatort seien zusammengetrieben und umgebracht worden; der schwarze Rauch der verbrannten Knochen aus den Todeslagern habe Tag für Tag den Himmel verdunkelt. Als sie ihren

Bericht beendet hatte, weinten die Soldaten. Selbst Carmi schluchzte hemmungslos.

Jeder Tag brachte Neuankömmlinge, und jeder Tag brachte neue Gründe für Tränen. Die entmutigten Soldaten versuchten sich auszumalen, was wohl mit ihren Verwandten geschehen war – mit Müttern und Vätern, Schwestern und Brüdern –, doch ihre Vorstellungskraft konnte mit der bitteren Realität nicht Schritt halten.

Ari Pinschuk war verzweifelt. Es war zwecklos, seine Familie zu suchen. Welchen Sinn hatte es noch, in verkohlten Resten herumzustochern? Er hatte versagt, war zu spät gekommen. Er zog sich tief in sein Innerstes zurück, erfüllt vom Schmerz der Erinnerungen. Er würde keinen Seelenfrieden mehr finden, dessen war er sich sicher.

Johanan Peltz verspürte trotz aller Hoffnungslosigkeit den Drang, nach Polen zu fahren. Er wollte durch die Felder von Zabiec laufen. Er musste sichergehen, das Möglichste getan, es wenigstens versucht zu haben. Vielleicht konnte er die Vergangenheit dann ruhen lassen.

Israel Carmi dagegen wollte nicht zurückschauen. Stoisch akzeptierte er den Tod, lebte mit der Gewissheit, dass seine Familie ausgelöscht war. Er empfand tiefen Schmerz, aber er war nicht gebrochen. Sein Blick richtete sich nicht auf die untergegangenen europäischen Ghettos, er richtete sich auf die glanzvollen Städte, die er gemeinsam mit anderen in Palästina bauen wollte. Er wollte sich nur auf einer anderen, unpersönlicheren Ebene mit dem Ausmaß der Judenverfolgung auseinander setzen. Für die Jischuw, das wusste er, war es unabdingbar, die Dimensionen des Grauens zu kennen. Diese Information besaß einen hohen politischen Wert: Die Nationen der Nachkriegswelt würden sich dem stellen müssen, was den Juden angetan worden war – und sie würden Zugeständnisse machen müssen.

Als Peltz daher ankündigte, er werde über Österreich nach Polen fahren, schloss sich Carmi spontan an. Die militärischen Vorschriften, gegen die sie mit ihrer ungenehmigten

Fahrt verstoßen würden, kümmerten ihn nicht, ebenso die Grenzkontrollen. Er wollte das Unvorstellbare mit eigenen Augen sehen – und dann den Jischuw Bericht erstatten.

Siebenundzwanzig

———— ✺ ————

Der Krieg war erst vor einem Monat zu Ende gegangen, und die alliierte Militärpolizei war mit anderen Dingen beschäftigt. Peltz' Offiziersuniform und sein selbstbewusstes Auftreten reichten aus, um sämtliche Kontrollstellen unbehelligt zu passieren.

Drei Tage nachdem sie Italien verlassen hatten, kamen sie an einem hellen Junivormittag vor den Toren des Konzentrationslagers Mauthausen in Oberösterreich an. Ein amerikanischer Feldwebel führte die beiden durch das Lager, und Peltz merkte sehr schnell, dass er sich auf das, was er hier zu sehen bekam, nie und nimmer hätte vorbereiten können.

Über die Einteilung der Welt in Kategorien wie Gut und Böse hatte er sich nie viele Gedanken gemacht. Als Soldat wie als Zivilist handelte er intuitiv; es war bislang nicht notwendig gewesen, das Universum als Kampfplatz zu definieren, auf dem die Verbündeten eines weißbärtigen Gottes mit den Anhängern eines Dreizack-schwingenden Satans fochten. Doch als er nun durch das Lager von Mauthausen lief, spürte Peltz, dass er für das Erlebte Kategorien brauchte, um die Bilder in seinem Inneren zu ordnen. Und dies konnte nur das Werk des Teufels sein.

Der Teufel war in den Duschräumen, die sauber wie Operationssäle waren. Aus den Duschköpfen kam statt Wasser Zyklon B. Der Teufel war in der langen Reihe der Krematorien: fast dreißig Gebäude mit eigenen Verbrennungsöfen und riesigen Ventilatoren, die die Flammen schürten, bis sie wie Höllenfeuer loderten. Der Teufel lag auch in der Zukunft: Für über fünfzehn weitere Krematorien waren die Ziegelfundamente breits gelegt. Das Inferno aus reinem Hass sollte fortgeführt werden. Der Teufel war in den scheinbar willkürlich hingeworfenen Haufen grauer, abgemagerter Leichen. Der Teufel war in der improvisierten Leichenhalle, in der jene aufgebahrt waren, die den Krieg überlebt hatten, und nach der Befreiung an Unterernährung, Typhus und anderen Krankheiten gestorben waren.

Wo immer Peltz hinsah, hörte er die Stimme des Teufels zischen: Hier siehst du dein Schicksal, Jude.

Als sie später zum Tor des Lagers zurückgingen, sahen Carmi und Peltz einige Überlebende um ihren Jeep herumstehen – vielleicht ein Dutzend Männer, dürr wie Bindfäden, manche in den Krankenhauspyjamas, die die Amerikaner verteilt hatten, andere noch in ihrer schwarzweiß gestriften Lagerkleidung. Der staubbedeckte Davidstern an der Stoßstange des Jeeps hatte ihre Aufmerksamkeit erregt. Die Gespräche der Männer brachen abrupt ab, als Carmi und Peltz den Wagen erreichten. Ängstliche Blicke richteten sich auf sie.

»Habt keine Angst«, beruhigte Carmi auf Jiddisch. Niemand reagierte.

Carmi machte einen neuen Versuch: »Wir sind Juden.«

Verwirrt deutete ein Mann auf den Davidstern auf Carmis Ärmel. »Jüdische Engel?«, fragte er zögernd. Nein, erläuterte Carmi, sie seien nur Soldaten. Soldaten aus Palästina.

Die Überlebenden konnten es nicht glauben – eine jüdische Armee. Es war einfacher, zu glauben, dass Engel vor ihnen standen.

Peltz, der kein Jiddisch sprach und den Worten daher nicht folgen konnte, streckte intuitiv seine Hände aus. Einer der gebrechlichen Männr trat auf ihn zu und berührte mit seiner Fingerspitze vorsichtig Peltz' Hand, so, als wolle er sich davon überzeugen, dass ein Mensch aus Fleisch und Blut vor ihm stand, und kein übernatürliches Wesen. Peltz liefen Tränen

Als Feldwebel der palästinensischen Polizei wurde Johanan Peltz zum Helden von Sdom.

© J. Peltz

Israel Carmi als Angehöriger von Wingates Spezialtruppe für Nachteinsätze.

© I. Carmi

Die Familie Pinschuk aus Reflowka: Reitze, Meïr und Lea Pinschuk, dahinter Ari.

Dieser Ausweis von Ari Pinschuk überstand alle Kriegswirren.

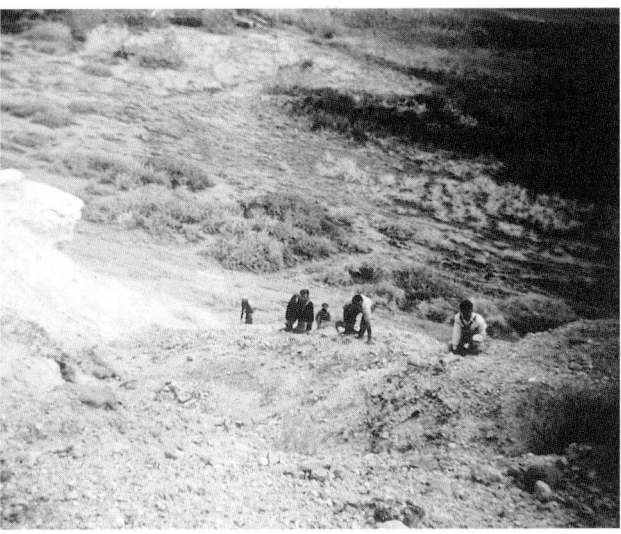

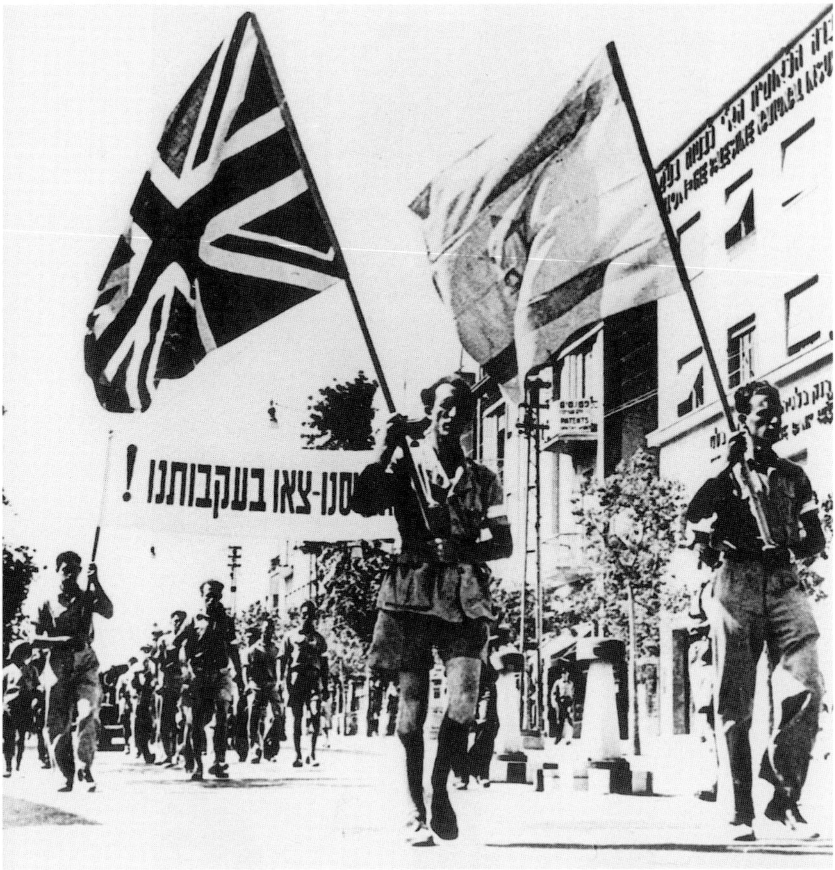
סנו-צאו בעקבותנו !
PATENTS

© Beth Hatefu'Tsoth

Die Brigade wirbt in Tel Aviv um Freiwillige.

Bei der Erstürmung dieses Hügels am Südende des Toten Meers traf Feldwebel Peltz die Kugel, die seine Karriere als Reiter beendete.

© J. Peltz

© J. Peltz

Die Polizeistation in Hartuv. Als ein britischer Offizier gegen den Davidstern über der Tür polemisierte, schlug Peltz (Mitte) ihn nieder.

© A. Pinschuk

Lea Pinschuk, die als Zwölfjährige nicht ohne Kerze am Bett einschlafen konnte.

© A. Pinschuk

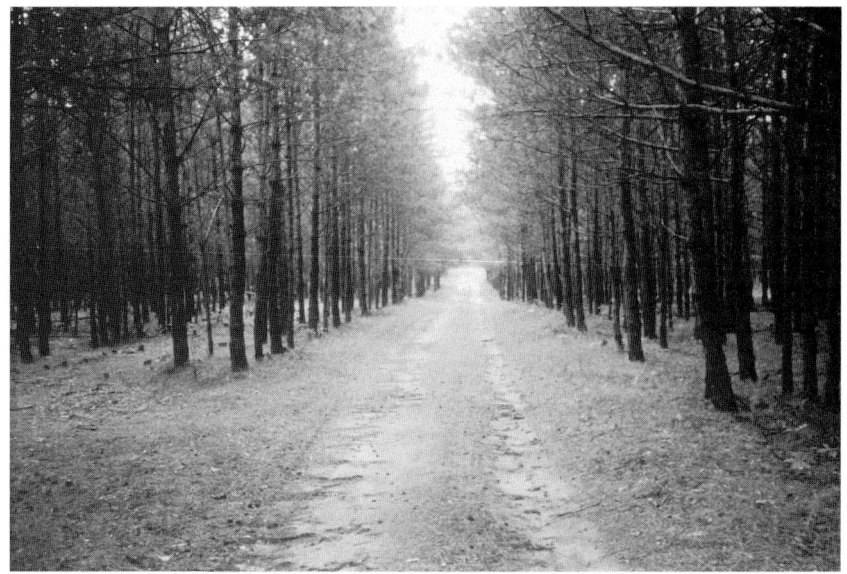

Mit vorgehaltener Waffe wurden die Juden von Reflowka diese Straße hinuntergetrieben. An ihrem Ende hatte man große Gruben für die Toten ausgehoben.

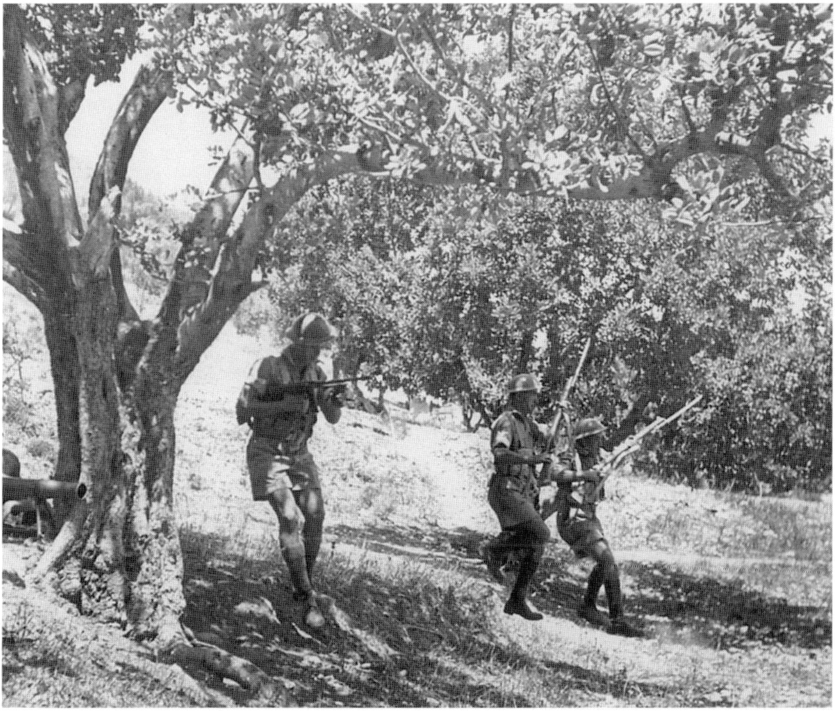

© J. Peltz

Soldaten der zweiten Kompanie bei einem Angriff.

*In Erwar-
tung des
Angriffsbe-
fehls.*

© J. Peltz

*Soldaten
der zweiten
Kompanie
bei einer
Granatwer-
ferübung.*

Im März 1945
erhielt die
Brigade endlich
den ersehnten
Marschbefehl
an die Front.

Mit solchen
Granaten wur-
den die
deutschen Stel-
lungen jenseits
des Flusses
Senio be-
schossen. Diese
trägt die Auf-
schrift »Gruß an
Hitler«.

Hauptmann Peltz führte den Bajonett-Angriff auf La Giorgetta.

© J. Peltz

Das Begräbnis von Chaim Brot, der bei der Entschärfung von Minen vor La Giorgetta getötet wurde.

Pioniere schlagen eine Ponton-Brücke über den Po.

Die Brigade auf ihrem Weg nach Deutschland.

© Beth Hatefu'Tsoth

Soldaten der Brigade am Krematorium von
Bergen-Belsen: »Ein Werk des Teufels.«

Hauptmann Ari Pinschuk während der
Suche nach seiner Schwester Lea.

© A. Pinschuk

Konvois der Brigade, erkennbar am Davidstern auf den Lkw-Türen, durchstreifen Europa auf der Suche nach Überlebenden.

Im Handstreich rettete die Brigade 1000 Überlebende aus Graz und ermöglichte ihnen die Fahrt nach Palästina.

Feldwebel Israel Carmi leitete die Racheeinsätze der Huliyot, *ehe er sich der Rettung der überlebenden Juden verschrieb.*

© I. Carmi

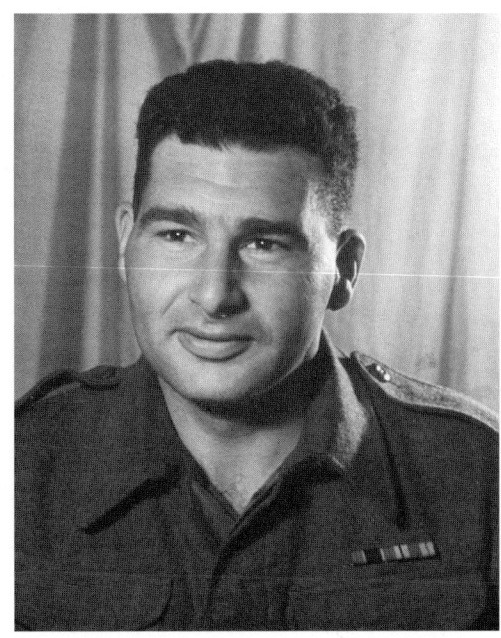

Jüdische Kinder werden auf ihr neues Leben vorbereitet.

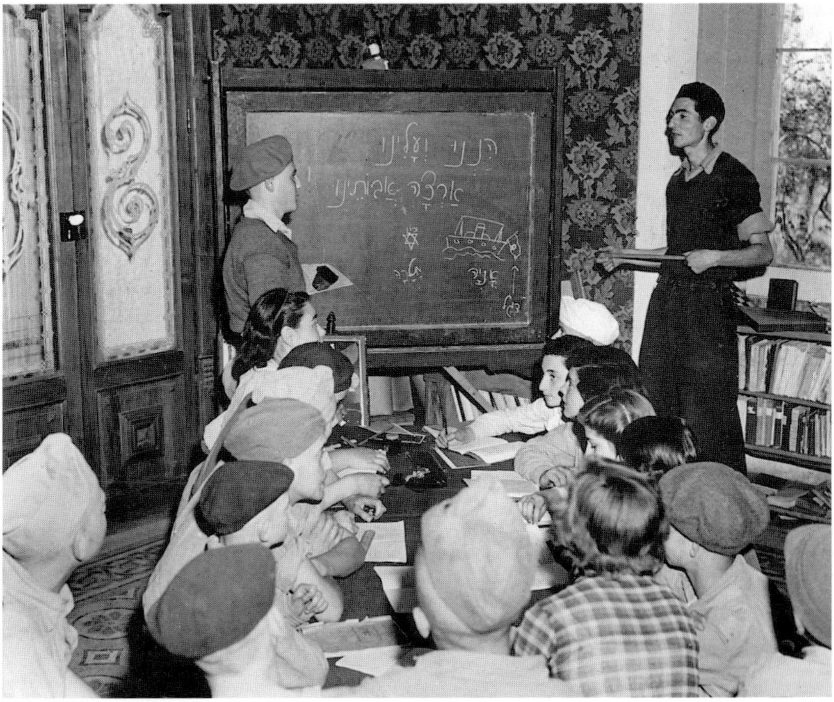

© Beth Hatefu'Tsoth

»Sie behandelten uns, als seien wir ihre Geschwister oder Kinder.«
Ein Fest für gerettete Kinder aus katholischen Klöstern.

Das überfüllte Flüchtlingsschiff »SS Fede« in La Spezia.

»Lasst uns ins Gelobte Land ziehen!«
Der Hungerstreik im Hafen von La Spezia.

Nicht mehr allein: Lea (zweite von rechts) auf dem Weg nach Palästina.

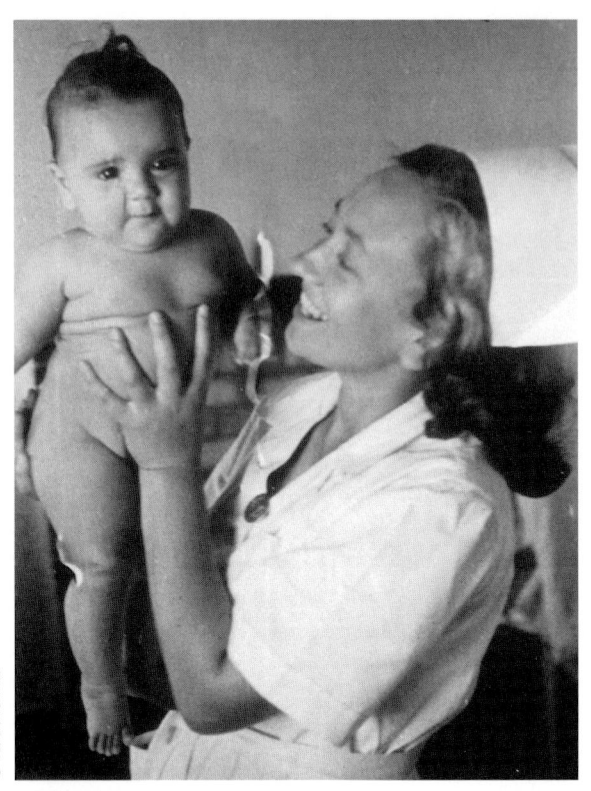

Leas neues Leben als
Krankenschwester in
Israel.

© A. Pinchuk

Wieder vereint
(1985): Ari, Lea,
Boris und dessen
Frau in der Ukraine.

über das Gesicht. Er weinte wegen dieser Überlebenden, wegen seiner Eltern, wegen seines Großvaters. Er weinte wegen des ganzen jüdischen Volkes. Er streckte die Arme aus und zog den knochendürren Mann an sich. Sie waren eins in ihrer tiefen Trauer.

★ ★ ★

Carmi hatte genug gesehen. Er würde Peltz nicht nach Polen begleiten, sondern nach Tarvisio zurückkehren. Er wusste, dass er seine Zeit anders nutzen musste.

Peltz fuhr allein weiter. Es würde keine triumphale Heimkehr des britischen Offiziers geben. Kein Fest würde stattfinden. Niemand würde in Zabiec warten. Und doch musste er es mit eigenen Augen sehen. Mit dürftigen Reisepapieren, die ihm ein entgegenkommender Mitarbeiter der russischen Kommandantur in Linz ausgestellt hatte, gelangte er per Eisenbahn bis nach Kielce, wo sein Vater das jüdische Krankenhaus geleitet hatte. Dort erfuhr Johanan, dass Dr. Peltz einer der ersten am Ort gewesen war, die man nach Auschwitz transportiert hatte. Seine Frau hatte man nach Treblinka geschickt. Seinem Großvater war die Flucht in die Wälder bei Bochnia geglückt, einer Kleinstadt östlich von Krakau. Er versteckte sich mit etlichen anderen Juden in einem Unterschlupf aus Baumstämmen, den sie mit Moos und Blattwerk abgedeckt hatten. Auf diese Weise hatte er einige Monate überlebt, bis polnische Bauern die Gruppe denunzierten. Sein Großvater erschoss zwei Soldaten, ehe er selbst im Kugelhagel starb.

Auch Zabiec existierte nur noch in der Erinnerung. Die Kommunisten hatten die Ländereien beschlagnahmt und damit begonnen, sie unter den Bauern der Umgebung aufzuteilen. Das große Anwesen mit seinen opulent möblierten Zimmern, das einmal von einer Heerschar von Dienern, Gärtnern und Köchen bewirtschaftet worden war, lag in Trümmern. Als die Russen die Weichsel überquert hatten, war der Landsitz zwischen die gegnerischen Artilleriefeuer geraten. Er

war vollkommen zerstört. Den einzig heil gebliebenen Gegenstand, den Peltz zwischen den Trümmern fand, war ein Türgriff aus Messing, der an eine zersplitterte, angekohlte Tür
geschraubt war. Nach einiger Mühe konnte er ihn mit seinem
Taschenmesser ablösen. Ein angelaufenes Stück Messing –
sein ganzes Erbe. In Zabiec gab es nichts mehr, was ihn hielt.

Achtundzwanzig

L ea wartete ängstlich auf ihre Bestrafung, doch eine ganze Woche verging und niemand erhob eine Anschuldigung
gegen sie. Als der russische Offizier schließlich kam, packte
er sie in einen Pferdewagen und fuhr zum Bahnhof der nächsten Ortschaft. Der Krieg war vorüber.

Lea kehrte nach Reflowka zurück, jenen Ort, aus dem sie
drei Jahre zuvor geflohen war. Sie machte sich keine Illusionen, hier noch ein Zuhause zu finden. Auf den ersten Blick
sah alles vertraut aus, doch die Straßen und Häuser waren ihr
genauso fremd, wie jene, die sie vom Zug aus gesehen hatte.

Widerstrebend ging sie zu dem Haus, in dem sie mit ihren
Eltern und ihrem Bruder gewohnt hatte. An der Tür stand
ein russischer Soldat. »Was willst du?«, fragte er barsch.

»Das ist mein Haus«, sagte Lea. »Vor dem Krieg habe ich
hier gewohnt.«

»Mag sein«, kam die Antwort. »Aber jetzt gehört es uns.
Hau ab!«

»Wo kann ich denn hin?«

Der Russe überlegte einen Moment.

»Hau ab, bevor es dir Leid tut«, knurrte er.

Lea lief die Hauptstraße hinab und spähte in die Fenster. Sie
brauchte ein Dach über dem Kopf, und sie musste irgendwie
zu Geld kommen, um sich etwas zu essen kaufen zu können.
Aus einem Kellerfenster drang Licht auf die Straße. Eine jüdi-

sche Frau bückte sich gerade über einen Waschzuber. Lea holte tief Luft und klopfte an die Tür.

»Sind irgendwelche Juden zurückgekommen?«, fragte sie. »Hat jemand überlebt?«

Ja, da gebe es eine Familie weiter die Straße runter, sagte die Frau. Ein Vater, der sich mit seinen zwei Töchtern zunächst in die Wälder geflüchtet hatte, habe den Krieg versteckt in einem anderen Dorf überlebt und sei jetzt wiedergekommen. Er wohne in dem Haus neben der Synagoge.

»Das ist Simcha Berts Haus«, strahlte Lea. Die Frau zuckte die Schultern. Sie war fremd in Reflowka. Lea dankte ihr und hastete los. Die Möglichkeit, dass ihre Freundin und Schulkameradin Pesel überlebt haben könnte, versetzte sie in Aufregung. Vor dem Krieg war Pesel so oft bei ihnen zu Besuch gewesen, dass sie fast zum Pinschuk'schen Haushalt gehört hatte. Einmal hatte sie Lea voller Dankbarkeit gesagt: »Deine Mutter ist auch meine Mutter.«

Lea klopfte. Ein dürrer Mann mit einem zotteligen, weißen Bart öffnete. Als Lea Simcha zuletzt gesehen hatte, war sein Haar dunkel gewesen, er hatte einen dicken Bauch vor sich hergetragen und ein breites Lächeln hatte sein rundes Gesicht belebt. Jetzt ähnelte er einem alten Mann am Ende eines langen, schweren Lebens.

»Lea?« Noch ehe sie antworten konnte, drückte er sie an sich. »Und deine Eltern?«

Lea schüttelte schluchzend den Kopf. »Dann wirst du von jetzt an *meine* Tochter sein«, sagte Simcha. »Du kannst hier bei uns wohnen.«

Simcha arbeitete genau wie vor dem Krieg als Metzger. Er brachte Fleisch, Gemüse und frisches Brot nach Hause. Die vertrauten Gerüche, mit denen die kleine Küche erfüllt war, vermittelten den Anschein, als habe die Welt wieder zur Vernunft gefunden. Simchas Töchter wurden Leas Schwestern, sie hatte wieder Menschen, mit denen sie reden konnte.

»Dein Haar wird wieder länger«, sagte Pesel. »Es hat so eine schöne Farbe. Du wirst toll aussehen.« Fast konnte man glauben, es sei immer so gewesen.

★ ★ ★

Die Zeit bei Simcha war nur eine Zwischenstation für Lea.
Sie hatte ihrem Vater ein Versprechen gegeben. Nach zwei
Monaten verkündete Lea, dass sie nach Rovno ziehen wolle.
Rovno war eine große Stadt, in der sie Arbeit finden würde.
Und dann könnte sie endlich nach Palästina zu ihrem Bruder
fahren.

Neunundzwanzig

———— ✺ ————

Zwei Frauen waren überfallen worden. Mitten in der Nacht waren drei Soldaten in ihr Haus in Tarvisio eingedrungen und hatten eine Mutter und ihre Tochter angegriffen. Nur ihre Schreie retteten die Frauen offenbar vor einer Vergewaltigung; die Soldaten konnten nur ein paar Geldscheine einstecken, stahlen zwei Uhren aus einer Schublade und flüchteten.

Die Frauen sagten aus, die Deutsch sprechenden Soldaten hätten geäußert, sie seien Juden, die eine offene Rechnung begleichen wollten. Der Verdacht der britischen Militärpolizei fiel schnell auf die Mitglieder der Jüdischen Brigade.

Eine Gegenüberstellung wurde angeordnet, und die Soldaten, die in der Nähe des betreffenden Hauses kaserniert waren, mussten in einer Reihe antreten. Die Frauen betrachteten die Männer eingehend, mussten jedoch am Ende einräumen, dass die Gesuchten wohl nicht darunter waren. Die Untersuchung wurde eingestellt. Niemand hatte bemerkt, dass drei Soldaten der Kompanie B bei der Gegenüberstellung gefehlt hatten – ihre Plätze waren von Männern eines anderen Bataillons eingenommen worden.

Dies waren die beunruhigenden Neuigkeiten, die Carmi erwarteten, als er über die österreichische Grenze zurück nach Italien und zur Brigade kam. Am späten Nachmittag unternahm er einen langen Spaziergang, folgte zunächst dem Fluss, der den Ort teilte, und später einem Weg in die Berge. Er musste sich über einiges klar werden. Er konnte nachvollziehen, was geschehen war, verstand den Drang, die Versuchung, sich wahllos an allen Leuten zu rächen, die den Nazis nur allzu willfährig gewesen waren. Die Motive für diesen schändlichen Überfall waren – genau wie bei dem Vorfall mit den deutschen Kriegsgefangenen auf der Bergstraße – deutlich genug. Wut, Rache, Kameraden, die andere Soldaten zum Mitmachen anstachelten, und schon nahmen die Dinge einen unkontrollierbaren Verlauf. Auf der anderen Seite: Konnte er nach den Schrecken von Mauthausen solche Racheimpulse eigentlich noch kritisieren? Vielleicht war dies eine unvermeidliche – oder sogar gerechtfertigte – Reaktion? War für die Juden der Zeitpunkt gekommen, den Spieß umzudrehen? Es nicht nur den Nazis heimzuzahlen, sondern sich für all die Jahrhunderte der Verfolgung zu rächen? Vielleicht war, die Zeit gekommen, in der jüdische Soldaten ihre Hemmungen fallen ließen, durch das, was von Europa noch übrig war, jagten und vergewaltigten, plünderten und Vergeltung übten. Eine erschreckende Vorstellung – und doch konnte sich Carmi in seiner gegenwärtigen Stimmung nicht von diesem Bild lösen. Er wusste, dass zügellose, blinde Rache nicht nur unwürdig, sondern auch falsch war. Er konnte nicht zulassen, dass er oder seine Männer – jüdische Soldaten – sich davon anstecken ließen. Als Rechtfertigung für ein derart hemmungsloses Verhalten die Grauen der Todeslager heranzuziehen, beschmutzte die Erinnerung an jene, die dort ermordet worden waren. Dennoch, irgendetwas musste geschehen. Carmi war überzeugt davon, dass auch die Passivität vieler Ghetto-Juden letztlich in die Krematorien geführt hatte. Juden mussten lernen, dass in ihrem gemeinsamen Zorn Kraft lag. Und die Antisemiten mussten begreifen – und sollten fürchten –, dass die Juden zurückschlagen würden. Ihr Handeln musste sinnvoll sein, musste eine moralische Kraft besitzen, mit Disziplin ausgeführt werden.

Als Carmi in die Kaserne zurückkehrte, hatte er eine Entscheidung getroffen. Am Abend würde er mit Major Schlomo Schamir sprechen.

»Setz dich, Israelik!«
Diese Begrüßung enthielt eine Botschaft. Die Wortwahl des Majors signalisierte Carmi, dass sie gefahrlos über Angelegenheiten der Hagana reden konnten. Die Order »Stehen Sie bequem, Feldwebel!« wäre dagegen eine Warnung gewesen, sich lediglich zu Brigade-Themen zu äußern.

Nun, da ihre Geheimbesprechung stattfinden konnte, trug Carmi sein Anliegen vor: »Ich möchte der Aufklärungsabteilung der Brigade zugeteilt werden.«
Seine Worte blieben im Raum stehen. Schamir musterte seinen Untergebenen. Er respektierte ihn, aber Freunde waren sie nicht. In Schamirs Augen war Carmi zu draufgängerisch, ja sogar maßlos. Carmi hingegen fand Schamir zu zögerlich und ängstlich. Jeder sah im anderen die Verkörperung aller Fehler der Hagana.

Nach einer Weile sicherte Major Schamir zu, die erforderlichen Papiere vorzubereiten. Dann ließ er Carmi wegtreten.

★ ★ ★

Die Brigadeführung wickelte Carmis Versetzung umgehend ab. Und dieser ging voller Elan an seine neue Aufgabe heran. Gemeinsam mit Robert Großmann, einem in Österreich geborenen Soldaten des 1. Bataillons, der bereits bei der Aufklärung beschäftigt war, durchsiebte er all die unterschiedlichen Informationen, die der Einheit zugegangen waren. Tag und Nacht wühlten sich die beiden durch Berge eng beschriebener Blätter mit Gerüchten, Lageberichten und geheimen Situationsanalysen. Die Informationen waren oft alarmierend (»General Greiner, ein glühender Nazi und aggressiver Kommandeur, soll dem Vernehmen nach geäußert haben, seine Division werde weiterkämpfen, bis man sie mit der Feldküche einer einzigen Kompanie ernähren könne ...«), die Gerüchte oft grotesk (»... wurde eine Frau, die angeblich Eva

Braun, der Geliebten von A. Hitler ähnelte, auf dem Bahnhof von Klagenfurt gesichtet ...«). Doch Carmi und Großmann ließen sich nicht ablenken. Sie durchsuchten die Meldungen nur unter einem einzigen Aspekt: Es ging um die Namen und Aufenthaltsorte ehemaliger Mitglieder der SS und der Gestapo.

Carmis Zugehörigkeit sowohl zum britischen Geheimdienst als auch zur Jüdischen Brigade öffnete ihm auch manche Tür im Hauptquartier der amerikanischen 301. Aufklärungseinheit. Über die Hälfte der Einheit bestand aus Deutsch sprechenden Juden, viele von ihnen hatten Angehörige in den Todeslagern verloren. Man öffnete ihm bereitwillig die Akten.

Carmi erhielt von den amerikanischen Aufklärern auch praktische Ratschläge: Um einem Verdächtigen die Mitgliedschaft in der SS nachzuweisen, müsse man unterhalb seiner Armbeuge nach der Blutgruppentätowierung suchen. Flüchtlinge, die allzu gesund wirkten oder auffallend dick waren, konnten den Krieg durchaus in einem KZ verbracht haben – als Aufseher. Und ein Leutnant aus der Bronx erklärte Carmi: »Bei Ihrem Job ist es wie beim Angeln: Erst schnappt man sich eine Elritze, und mit der ködert man dann einen Wal.«

★ ★ ★

Carmi bekam dank der intensiven Schreibtischarbeit allmählich einen guten Überblick: Um welche Leute ging es? Wo könnten sie sich verstecken? Welche Netzwerke waren in den letzten Kriegstagen errichtet worden, um eine Flucht zu ermöglichen?

Nun war er in der Lage, sich auf die Suche zu begeben.

Weit musste er nicht gehen. Denn Tarvisio barg trotz seiner bescheidenen Größe einige Geheimnisse. Während des Krieges hatte die SS ein komplettes Bataillon hier stationiert. Gestapo-Offiziere, die den Abtransport italienischer Juden überwachten, hatten ihre Büros im Bahnhof des Ortes sowie im nahe gelegenen Klagenfurt eingerichtet. Die deutschen Funktionäre hatten viele Einheimische beschäftigt. Und das

Krankenhaus war voll mit verwundeten Wehrmachtssoldaten und deutschen Ärzten. Carmi hegte keinen Zweifel daran, dass viele der Antworten, die er suchte, hier in diesem Ort verborgen lagen. Es ging nur darum, die Leute zum Sprechen zu bringen.

Carmi war der geborene Inquisitor. Er war geduldig und höflich – und konnte bei Bedarf auch völlig einschüchternd sein. Außerdem kannte er sich mit Lügen aus. In seiner langen Tätigkeit für die Hagana hatte er hunderte von Geschichten erfunden und sich seinen Weg durch zahllose heikle Situationen gelogen. Ihm waren sämtliche Tricks vertraut. Er konnte sich an einem Zögern festbeißen, an einem zu schmeichlerischen Lächeln, an einer allzu überzeugenden Erklärung. Und er lag selten falsch.

Das Krankenhaus wurde schnell zu seiner bevorzugten Schürfstelle. Hier versteckten sich seiner festen Überzeugung nach dutzende von SS-Leuten, indem sie Krankheiten simulierten. Er war immer mitfühlend und taktvoll und nahm Rücksicht auf den Zustand der Patienten. Er ließ sie ruhig unpräzise oder manchmal auch unehrlich sein, und wenn sie vorbrachten, erschöpft zu sein, entschuldigte er sich für die lange Inanspruchnahme. Aber er speicherte alles ab – und kehrte nachts zurück. Zurück in die Wohnung jenes Mannes, der entschuldigend beteuerte, den Namen seines ehemaligen deutschen Vorgesetzten nicht mehr zu wissen. Zurück an das Krankenhausbett, in dem ein gesunder Soldat mit einem Verband in der Armbeuge lag. Und dann begann er sein Verhör von neuem.

Die Verdächtigen im Krankenhaus weckte er nachts um drei mit einem Schlag ins Gesicht und dem Strahl einer Taschenlampe in die Augen. Dann setzte er mit seinen Fragen genau an der Stelle an, an der sie seiner Meinung nach etwas verheimlicht hatten. Seine Geduld und seine umsichtige Höflichkeit gehörten zum Tag. Nachts brüllte er mit donnernder Stimme und verlangte Antworten. Zeigte jemand Zweifel an der Ernsthaftigkeit seines Tuns, genügte meist schon die Androhung eines gezielten Schlages mit dem Revolvergriff auf einen gebrochenen Knochen, um den anderen zur Zusammenarbeit zu bewegen. Carmi musste nur selten beweisen, dass der dabei entstehende Schmerz unerträglich war.

Auf diese Weise erhielt er Antworten und Informationen – Namen, Orte, Pseudonyme von Männern und Frauen, die tatkräftig daran gearbeitet hatten, die Juden in Europa auszurotten. Carmi erstellte eine lange Liste; was er damit anfangen würde, darüber war er sich immer noch nicht ganz im Klaren. Sollte er diese Namen an die Behörden weiterleiten, damit die von ihm gefundenen Kriegsverbrecher vor Gericht gebracht würden? Sie bekämen ihre Strafe, und der Gerechtigkeit wäre Genüge getan.

Oder sollte er einen anderen Weg beschreiten, um Vergeltung zu üben?

Bei seinen Recherchen war Carmi auf zwei Leute gestoßen, die dieselbe Geschichte erzählten. Der eine war ein deutscher Chirurg des Krankenhauses, der mehrere SS-Leute auf seiner Station versteckt hatte und nun einen Tauschhandel anbot. »Lassen Sie mich laufen«, bettelte er bei einem von Carmis nächtlichen Verhören. »Ich kann Sie auf eine viel größere Sache bringen. Es gibt da ein Ehepaar, das gleich hinter der Grenze in Österreich wohnt. Der Mann war ein ganz großes Tier bei der Gestapo, er hat die Deportationen überwacht. Aber die Frau ist für Sie vielleicht die eigentlich Interessante. Sie war für die Einziehung des jüdischen Besitzes in ganz Norditalien zuständig.«

Carmi war skeptisch und wollte wissen, woher der Chirurg diese Information habe. »Ich habe es mit eigenen Augen gesehen. Ich war bei ihnen zum Essen. Sie haben Kisten voller Schmuck und Gold. Sie protzten damit. Sie waren stolz auf die Beute, die sie für das Dritte Reich requiriert hatten.«

In einem Café in Tarvisio hörte Carmi wenig später die Geschichte zum zweiten Mal. Der Mann, der sie erzählte, konnte sein Wissen gar nicht schnell genug mit dem britischen Nachrichtendienst teilen. Doch es war nicht das Unrecht an den Juden, das ihn erboste. Es waren die Ungerechtigkeiten der Nachkriegszeit. Der Krieg habe jeden in Armut gestürzt, klagte er. Aber dieses raffgierige Paar jenseits der österreichischen Grenze sitze nach wie vor unbehelligt auf einem Vermögen. »Irgendwer«, schloss er, »sollte da mal was unternehmen.«

Dreißig

———⁂———

Es war kurz vor Mitternacht, als Carmi und Großmann vor dem gepflegten zweistöckigen Wohnhaus hinter der Grenze ankamen. Carmi schlug mehrmals donnernd gegen die schwere Holztür. Dann rief er auf Deutsch: »Britischer Nachrichtendienst. Öffnen Sie auf der Stelle!« In einem der oberen Fenster ging Licht an. Einen Augenblick später wurde die Tür geöffnet.

»Was soll das?« Der Mann hatte ein glattes, rosig glänzendes Gesicht und trug einen Morgenmantel über einem blauen Schlafanzug. Sein lichtes graues Haar war durcheinander. »Wissen Sie, wie spät es ist?«

Carmi drängte sich durch die Tür. »Ich habe da ein paar Fragen an Sie«, sagte er.

Die beiden bewaffneten Soldaten traten dicht an den Mann heran, doch der blieb ruhig, blickte die Eindringlinge nur verächtlich an. »Mit welchem Recht platzen Sie hier mitten in der Nacht herein?«, wollte er wissen. Sie sollten am nächsten Vormittag wiederkommen; zu einer angemessenen Uhrzeit würde er mit ihnen reden. Carmi deutete auf den goldenen Davidstern auf seiner Schulter. »Welches Recht? Ich bin Jude!«

Die Mundwinkel des Mannes zuckten; nervös blickte er auf die Soldaten. Für einen Moment schien es, als würde er die Fassung verlieren. Als Carmi ihm befahl, seine Frau zu holen, gehorchte er, ohne zu murren. Bis zum Beginn des Verhörs hatte er sich jedoch wieder gefangen. Wenn diese Juden nur Fragen stellen wollten, musste er sich keine Sorgen machen. Darauf war er vorbereitet.

Während Großmann das Haus durchsuchte, wollte Carmi das Paar verhören. Er hatte ihnen bedeutet, sich nebeneinander zu setzen – ein Fehler, denn er hatte die Wirkung der Frau auf ihren Mann unterschätzt. Sie war dünn, hatte ein griesgrämiges Gesicht und trug einen ordentlichen, silbergrauen Dutt unter einem Haarnetz. Ihre Verachtung zeigte sie ganz offen. Ebenso, dass sie zu keiner Zusammenarbeit bereit war. Ihre trotzige Haltung stärkte auch ihren Mann.

»Mit wem haben Sie bei der Gestapo zusammengearbeitet?«, blaffte Carmi. »Wo verstecken sich diese Leute? Wo sind der Schmuck und das Gold, die Sie den Juden gestohlen haben? Ich weiß, dass Sie Unterlagen darüber haben. Zeigen Sie sie mir!«

»Ich weiß nichts«, wiederholte der Mann monoton.

Auch Großmanns Suche erwies sich als fruchtlos. Jedesmal, wenn er in das Wohnzimmer zurückkam, vermeldete er dasselbe: »Nichts.« Carmi war klar, dass weitere Fragen nichts bringen würden. Es war eine Patt-Situation, und er wusste, dass es an ihm lag, wie lange sie dauern würde. In der quälenden Stille hörte man nur das Ticken einer verzierten Uhr auf dem Kaminsims. Carmis Gedanken schweiften ab. *Jüdische Engel? ... Nein, jüdische Soldaten.* In diesem Augenblick erkannte Carmi, worum es ihm von Anfang an gegangen war, von dem Moment an, als er beschlossen hatte, jene Liste zu erstellen. »Wenn ich in diesem Haus irgendetwas finde, das Sie mit der Gestapo oder mit Verbrechen an Juden verbindet, dann bringe ich Sie um«, sagte er.

Es dauerte acht Stunden. Sie durchsuchten jedes Zimmer und jede Schublade in jedem Zimmer. Sie brachen ein lockeres Dielenbrett auf. Großmanns Gewehrkolben demolierte eine Schrankwand. Sie fanden nichts. Endlich drang Großmanns Stimme aufgeregt aus der Küche.

Carmi dirigierte das Paar mit dem Gewehrlauf in den gelb

gestrichenen Raum. In einer Ecke befand sich ein Kamin aus Feldsteinen, der so groß war, dass man darin stehen konnte. Darin lagen Holzscheite auf einer Schicht schwarzer Asche. Großmann stocherte zwischen dem Holz in der Asche herum und stieß auf einen großen losen Ziegel. Er stemmte ihn hoch und zog einen beigen Leinenbeutel aus dem Hohlraum. Dann noch einen. Und noch einen.

»Diese Beutel kenne ich nicht«, gab der Mann vor. Seine Frau wollte die Küche verlassen, aber Carmi hielt sie am Arm fest. »Wollen Sie denn gar nicht sehen, was wir da entdeckt haben?« Der erste Beutel enthielt Schmuck – schwere goldene Halsketten, Diamantringe, Broschen mit farbigen Steinen. Der zweite Beutel enthielt bündelweise Banknoten. Im dritten waren mehrere Luger-Pistolen.

Das Paar begann zu weinen. Ungerührt zog Carmi seine Pistole. Für ihn waren die zwei bereits tot. »Nicht schießen, nicht schießen«, bettelte der Mann.

»Bitte ...«, weinte die Frau.

Carmi befahl Großmann, die beiden vor die Wand zu stellen.

»Warten Sie«, sagte der Mann, »ich kann Ihnen helfen. Ich bin ja nur eine kleine Nummer. Aber ich kann Ihnen Namen nennen. Ich kann Ihnen helfen. Ich kann Ihnen die wirklich wichtigen Leute nennen. Oberste. Generale.«

»Sie lügen«, erwiderte Carmi.

»Ich lüge nicht. Bitte, ich kann Ihnen eine Liste machen. Eine lange Liste. Ich habe Unterlagen.«

Carmi spielte nervös mit dem Abzug und starrte das Paar an, das sich zitternd an die Wand drückte. Er wollte es schnell hinter sich bringen. *Schnapp dir eine Elritze und fang mit ihr einen Wal.* Carmi senkte den Lauf: »Lassen Sie Ihre Liste mal sehen.«

»Sie lassen mich also am Leben?«

»Erst die Liste.«

Der Mann setzte sich an seinen Schreibtisch und begann, Angaben aus verschiedenen Notizbüchern abzutippen. Nach fünf Stunden waren achtzehn Seiten fein säuberlich beschrieben: Namen, Geburtsdaten, Adressen, Personenbeschreibungen und Werdegänge. Jeder Name stand für einen SS- oder Gestapo-Offizier. Diese Liste, versicherte der Mann, sei erst der Anfang. Wenn die Soldaten versprächen, ihn nicht umzubringen, würde er ihnen jede Woche Seiten mit weiteren Namen liefern. Carmi akzeptierte.

Am folgenden Tag versuchte Carmi sich einzureden, dass er ernsthaft erwog, die Namen dem alliierten Geheimdienst auszuhändigen. Kriegsverbrecherprozesse würden eine ausreichende Vergeltung schaffen. Er war drauf und dran gewesen, zwei Menschen umzubringen. Doch *zwei* Menschen umbringen war immer noch etwas ganz anderes, als hunderte aufzuspüren und zu ermorden. Die Liste ging über achtzehn Seiten! Dafür würde ein ganzes Team nötig sein. Allein die logistischen Probleme waren bei dieser Größenordnung entmutigend. Es würde gefährlich, ja sogar leichtsinnig sein. Und in seiner immensen Kaltblütigkeit wahrscheinlich auch falsch. Und wenn die Risiken doch zu vernachlässigen wären? Schließlich war der moralische Aspekt seiner Planung untadelig – jüdische Ehre verlangte jüdische Rache. Vielleicht konnte er ja auch beide Seiten seiner Persönlichkeit zufrieden stellen.

Carmi fertigte eine zweite Liste an. Im Gegensatz zur ersten enthielt diese nur Namen weniger bedeutender Wehrmachtsangehöriger. Diese Liste überreichte er seinen Vorgesetzten in der Aufklärungseinheit. Die Liste mit den hohen Nazi-Funktionären und SS-Leuten behielt er. Mit diesen Männern hatte Carmi andere Pläne.

Einunddreißig

In Rovno fand Lea Arbeit. Und sie verliebte sich. Gleich an ihrem ersten Tag in der Stadt war sie Katz begegnet. Er sprach sie an, als sie gerade an einem Café vorbeiging. Lea ignorierte ihn, doch er folgte ihr hatnäckig. »Darf ich dir einen Kaffee ausgeben?«, bat er. »Du bist doch Jüdin, oder? Da ist doch nichts dabei, wenn ein jüdischer Junge einem jüdischen Mädchen einen Kaffee spendiert.«

Lea, von der Bahnfahrt erschöpft, ließ sich überreden – immerhin war der Kaffee umsonst.

»Und was führt dich hierher?«, fragte Katz. »Deine Familie? Dein Freund?«

Mit vollen Backen – Katz hatte ihr ein Schwarzbrot mit Marmelade aufgeschwatzt – murmelte Lea, sie sei auf der Suche nach Arbeit. Katz beugte sich über den Tisch zu ihr und flüsterte: »Ich mache Schwarzmarktgeschäfte.«

Lea kicherte verlegen. Das war nicht die Art von Arbeit, die sie suchte.

Wo sie denn sonst Arbeit finden wolle? So viel Geld bekäme sie doch sonst nirgends. Und das Risiko sei wirklich minimal. Er arbeite mit einem russischen Leutnant zusammen, der über einen kleinen Militär-Laster verfüge. »Ich fahre den Wagen nach Lvov, der Leutnant sitzt neben mir, und keiner kommt uns ins Gehege. Du kannst mitmachen«, bot er Lea großzügig an.

Sie kam bei einer Familie unter, mit der ihre Eltern bekannt gewesen waren – ein Friseur, seine Frau und ihre beiden Kinder. Sie wohnten in einem Zimmer und schliefen auf Klappbetten. Morgens wurden die Betten zusammengeklappt, und der Raum wurde zum Friseursalon. Nach dem Frühstück ging Lea los, um ihre Besorgungen zu machen. Mit dem Geld, das Katz ihr vorstreckte, kaufte sie die Sachen, die sie später nach Lvov schmuggelten. Pro Woche machten sie zwei Fahrten; Katz fuhr die Vier-Stunden-Strecke jedes Mal ohne Pause durch. Lea saß zwischen Katz und dem russischen Leutnant, die Tasche randvoll mit Zigaretten und Backpulver auf dem Schoß. Der Leutnant zeigte Interesse an allem, was Lea sagte. Er war freundlich und hatte eine sanfte Stimme. Sein Name war Alex, er war 24, hatte strahlende Augen und ein nettes Lächeln. Lea fing an, sich auf die Fahrten zu freuen.

Sie war begeistert, als sie schon bald mehr verdiente als Katz ihr versprochen hatte und erwog sogar kurz, sich neue Sachen zu kaufen. Das schwarze Kleid, das Pesel ihr gegeben hatte, wirkte schon etwas abgetragen. Aber es war noch nicht kaputt – je mehr Geld sie zurücklegte, desto früher könnte sie sich die Fahrt nach Palästina leisten. War es nicht egal, was sie anhatte? Eines Nachmittags konnte sie aber doch nicht widerstehen und kaufte sich ein Paar hohe schwarze Stiefel, eine Bluse mit einem weiten, runden Kragen und einen blauen Rock. Als Alex ihr sagte, ihm gefalle ihr neuer Rock, war sie selig und kaufte gleich noch zwei.

Alex stammte aus Moskau. Nach seiner Soldatenzeit wollte er sich wieder in der Universität einschreiben. Sein Vater war Professor, deshalb war er zuversichtlich, dass es keine Probleme geben würde. Er wollte Ingenieur werden.

Lea fasste Vertrauen zu dem jungen Mann, spürte, dass sie ihm ihr Geheimnis offenbaren konnte, obwohl die kommunistische Regierung die Auswanderung von Juden verboten hatte. Sie erzählte ihm von ihrem Bruder in Palästina und dass sie vorhatte, dorthin zu fahren.

»Und wie willst du dahin kommen?«

»Wenn ich genug Geld zusammenhabe, fahre ich nach Italien oder vielleicht auch nach Frankreich. Und da suche ich mir ein Schiff.«

»Dass du *mir* das sagst, ist in Ordnung, aber erzähl es sonst niemandem«, warnte Alex.

Eines Tages erhielt Alex den Entlassungsbefehl aus der Armee. Der Gedanke an eine Trennung erfüllte Lea mit unerwarteter Traurigkeit. Doch als Alex sie bat, mit ihm zu kommen und ihn zu heiraten, entgegnete sie:»Das ist unmöglich.« Sein Vater könne sie an der Universität von Moskau unterbringen. Sie könnten ihr Leben teilen.»Das ist unmöglich«, wiederholte sie.

»Überleg es dir. In drei Tagen muss ich fahren.«

Lea rang mit sich. Alex bot ihr eine Gelegenheit, endlich der Einsamkeit und der Gefahr zu entrinnen. Sie sehnte sich danach, sich unter seinen Schutz zu stellen, sich ihm anzuvertrauen. Doch was war mit dem Versprechen, das sie ihrem Vater gegeben hatte?

Zwei Tage später sagte sie Alex ab. Als sie sich verabschiedeten, bat sie ihn um einen letzten Gefallen:»Wenn du in Moskau bist, schick bitte ein Telegramm an meinen Bruder. Sag ihm, dass seine Schwester Lea den Krieg überlebt hat und auf dem Weg zu ihm ist.«

Zweiunddreißig

———— ✺ ————

Peltz hatte seinen Jeep an der Straße abgestellt und suchte nach dem Pfad, der zu dem Bauernhof führte. Erfolglos irrte er im Dunkeln herum und wünschte, er hätte eine Taschenlampe mitgenommen. Der Mond schien nur schwach und half ihm auch nicht weiter. Er war zwar nur zwei Kilometer vom Stützpunkt in Tarvisio entfernt, doch während er sich seinen Weg durch das Dickicht bahnte, kam es ihm vor, als habe er eine vollkommen fremde Gegend betreten.

Carmi hatte berichtet, der Besitzer jenes Bauernhofs bei Camperosso habe vor dem Krieg Selbstmord begangen und seitdem stehe das Haus leer. Es sei ein idealer Platz für ein geheimes Treffen. Nachts hatte diese Abgeschiedenheit allerdings etwas Beunruhigendes. Und Peltz war ohnehin schon nervös. Jedes Geräusch ließ ihn erstarren. Wenn sie verraten worden waren und plötzlich jemand von der Militärpolizei auftauchte? Viele im Lager glaubten, dass sich Spione unter ihnen befanden – jüdische Soldaten, die den Briten regelmäßig Bericht erstatteten. Peltz hatte das bislang nicht weiter interessiert. »Die Jungs von der Hagana sollen sich darum kümmern«, hatte er vor kurzem noch zu Pinschuk gesagt. Allerdings hatte er seinerzeit auch nichts zu verbergen gehabt. Er musste daran denken, dass es noch nicht allzu lange her war, dass er sich wegen der Deutschen Sorgen machen musste, die irgendwo in der Dunkelheit lauerten. Auch damals war ihm mulmig gewesen. Vor allem in jener ersten Nacht im Wald unterhalb von La Giorgetta, als er die Orientierung verloren hatte. Nur winkten heute weder Ruhm noch Orden. Allenfalls das Kriegsgericht, wenn er erwischt würde. Egal, er musste weiter. Vorsichtig, aber entschlossen bahnte er sich seinen Weg den steilen Hügel hinauf.

Er war spät dran. Als er schließlich das Bauernhaus erreichte, waren die anderen bereits da. Niemand sprach, als er eintrat; nur ein knappes Nicken wurde ihm entgegengebracht. Für Nebensächliches schien hier kein Raum zu sein.

Von einem Balken hing eine Lampe herab, die ein weiches, diffuses Licht verströmte, und auf dem Dielenboden stand eine offene Flasche Cognac. Während er in der angespannten Stille wartete, blickte Peltz in die Runde. Er kannte viele der Gesichter. Da war Meïr Zorea, der von allen »Zaro« genannt wurde. Ein harter Bursche aus Russland, dem man für seinen Wagemut unter Feindbeschuss bei der Überquerung des Senio das Military Cross verliehen hatte. Dann Abram Silberstein, der große, gut aussehende Hauptmann vom Transportwesen, dessen unglaubliche Heldentaten als Angehöriger eines britischen Kommandotrupps in Nordafrika die Runde gemacht hatten. Einige dieser Geschichten waren tatsächlich wahr. Neben ihm Chaim Laskow, der von den Männern seines Bataillons als Kommandeur geradezu verehrt wurde, und in dem Peltz immer noch den mageren Jungen sah, dem er in einem anderen Leben am Technion Mathematik beigebracht hatte. Auch Marcel Tobias war da, der aristokratische Frauenheld aus Wien, der sich in Ägypten vor einem Militärgericht hatte verantworten müssen, weil er einen britischen Soldaten zusammengeschlagen hatte, der sich über »die dreckigen Juden« mokierte. Und Oly Givon, beunruhigend blond und mit blauen Augen, schmal und unheimlich wie ein gezückter Dolch, die Lippen in einem ewigen Lächeln erstarrt, der Veteran der »geheimen deutschen Abteilung«. Es war ein Grüppchen äußerst kompromissloser Männer und Peltz empfand unwillkürlich Stolz darüber, dass man ihn dazugebeten hatte.

Carmi stellte sich in die Mitte des Raumes und begann zu reden. Er versuchte gar nicht erst, eine Begründung oder Rechtfertigung für das beizubringen, was sie in Angriff nehmen wollten. Rache war wie Glaube, und Glaube besaß man ganz oder gar nicht. Entweder man war der Ansicht, dass Blut nur mit Blut vergolten werden konnte, oder nicht. In seiner knappen Sprechweise schilderte Carmi, wie sie vorgehen würden. »Das Ganze ist eine interne Sache«, sagte er gegen Ende seiner Ausführungen. »Ausschließlich Juden können das in die Hand nehmen.«

Als er fertig war, blickte er zufrieden in die Runde. Er war überzeugt davon, dass es nichts zu diskutieren gab. Doch jemand ergriff das Wort. »Wir sollten ein geheimes Gericht gründen«, schlug einer der Soldaten vor. »Jeden der Nazis anklagen.« Und wenn die Beweise vorgebracht wären und die Schuld des Mannes eindeutig feststünde, dann – und erst dann – sollten sie ihn töten.

»Wir sind hier nicht im Kibbuz«, brauste Carmi auf. »Für Debatten ist hier kein Platz. In unserer Situation spielt das Gesetz keine Rolle.«

»Aber wer ist dann der Richter?«, wiederholte der Soldat. »Wer entscheidet, wen wir töten?«

»Ich«, sagte Carmi ohne Zögern.

»Du?«

»Ich bin der Richter und die Geschworenen zugleich.« Niemand wagte zu widersprechen.

Ari Pinschuk wollte sich der Gruppe auf keinen Fall anschließen. »Mach ich nicht. Kann ich nicht«, sagte er am nächsten Tag zu Peltz.

»Schiss, Ari?«

»Schiss?«, wiederholte Pinschuk ungläubig. »Und was ist mit Anstand und Ehre? Jüdischer Ehre?«

»Genau diese Ehre verlangt Auge um Auge.«

»Mit kaltblütigem Mord? Ohne Verhandlungen?«

»So haben die Nazis meine Eltern umgebracht. So haben sie deine Eltern umgebracht. Was willst du denn mal deinen

Kindern erzählen, Ari? Dass du in Europa warst, aber nichts unternommen hast?«

»Wenn ich *die* Leute umbringen könnte, die meine Familie ermordet haben, dann wäre es was anderes. Aber einfach hingehen und wahllos jemanden umbringen? Ich sehe nicht, was daran Vergeltung sein soll. Verstehst du das nicht? Das ist Mord. Das ist falsch.«

Peltz wusste nicht, was er darauf sagen sollte. Für ihn gab es keine Alternative. Es gab nur Verpflichtungen. Verpflichtungen im Gedenken an seine Eltern, seinen Großvater, an sein Volk. Die kommenden Generationen sollten wissen, dass Juden den Tod ihrer Mitbrüder gerächt hatten. »Interne Sache« hatte Carmi das genannt, und Peltz sah das genauso.

Peltz stapfte schweigend neben Pinschuk durch die Hügel oberhalb von Tarvisio. Er musste Aris Entschluss akzeptieren, doch im tiefsten Inneren war er voller Verachtung für die Zimperlichkeit seines Freundes. Ihm fiel ein, was Gofton-Salmond ihm einst an den Kopf geworfen hatte: »Es ist immer dasselbe mit euch, ihr denkt alle zu viel.« Peltz betrachtete Pinschuk und sah, was der Oberst damals in ihm gesehen haben musste: einen Mann, der nervös Ausreden suchte, um seinen Mangel an Mut zu bemänteln. Einen Mann, dessen einzige Bedenken von seiner Ängstlichkeit herrührten.

Pinschuk seinerseits war fassungslos. Es konnte doch unmöglich sein, dass Peltz allen Ernstes glaubte, ein derart primitives, unkontrolliertes Verhalten habe noch etwas mit Anstand zu tun. Im Gegenteil – es korrumpierte ihr Erbe. Es lag nichts Ehrenhaftes darin, wenn das Opfer sich zum Täter aufschwang. Dieser urtümlichen, unbarmherzigen Art der Rache lag ein Trugschluss zugrunde. Pinschuk konnte die Rechtfertigungen seines Freundes drehen und wenden, wie er wollte. Am Ende stand immer wieder die gleiche Sünde: Mord.

Pinschuk bat seinen Freund, sich das alles noch mal gut zu überlegen. Doch Peltz hörte gar nicht zu. Für ihn konnte es keine Kompromisse mehr geben. »Das Problem mit Juden wie dir, Ari«, sagte er, »ist, dass ihr nicht hassen könnt. *Ich* kann hassen.«

Er machte kehrt und ging davon.

★ ★ ★

Etwa zehn Tage nach diesem Gespräch wurde Peltz beim Mittagessen eine Botschaft zugeflüstert. Er machte sich sofort auf den Weg zu dem Bauernhaus bei Camperosso. Carmi wartete schon auf ihn. Er trug die Uniform eines britischen Militärpolizisten. »Du bist befördert worden«, scherzte er und gab Peltz eine britische Majorsuniform. Die Hosen waren ein bisschen kurz, aber ansonsten passte die Uniform.

»Na, wie sehe ich aus?«, fragte Peltz.

»Perfekt«, kam es vom anderen Ende des Raumes.

Peltz drehte sich um und erblickte Oly Givon. Er trug einen schlecht sitzenden, abgewetzten braunen Nadelstreifenanzug. Die Weste spannte über seiner Brust, und der krawattenlose Hemdkragen war zugeknöpft. Olys blondes Haar war ausgesprochen kurz und sah aus, als wäre es in großer Eile geschnitten worden.

»Wen stellst du denn dar?«, fragte Peltz irritiert.

»Ich erkläre alles unterwegs«, antwortete Carmi. »Wir haben eine ziemlich lange Fahrt vor uns.«

Dreiunddreißig

———⌘———

Die schmale Straße führte in steilen Serpentinen den Brenner-Pass hinunter. Auf der einen Seite türmten sich drohend die Berge im Zwielicht, auf der anderen ging es nach einem schmalen Kiesbett senkrecht in die Tiefe. Carmis Fuß stand auf dem Gaspedal, als sei ihm die Gefahr überhaupt nicht bewusst. Er hatte es eilig. Er war unterwegs, um einen Mann ausfindig zu machen und zu töten. Als Militärpolizist getarnt, saß er am Steuer eines Jeeps mit dem Abzeichen der 78. Königlichen Division. Peltz saß, die Hände tief in den ausgebeulten Taschen seines Uniformrocks vergraben, neben Oly Givon auf der Rückbank.

Sie fuhren schon seit Stunden. Als sie von Camperosso losgefahren waren, war Peltz redselig gewesen – aufgekratzt wie vor einer Schlacht. Doch nachdem sie die Kontrollstation an der österreichischen Grenze ohne Probleme passiert hatten, wich seine gute Stimmung den Gedanken an ihr Vorhaben. Auch Carmi schwieg – doch das hieß nicht, dass er beunruhigt war. Peltz wusste, dass Carmi sich im Einsatz völlig pragmatisch verhielt. Er redete nicht, er gab nur knappe Befehle.

Givon dagegen hatte pausenlos geredet. Auf dem ganzen Weg nach Österreich hatte er Geschichten aus den Wäldern von Mishmar Ha'emek erzählt, wo er mit der »deutschen Abteilung« ausgebildet worden war. Laut Givon waren die Männer ursprünglich nach ihrer arischen Erscheinung und dem Grad ihrer Deutschkenntnisse ausgesucht worden. Danach hatte man sie durch ein monatelanges, hartes und ausgeklügeltes Training auf ihre einzige Aufgabe vorbereitet: Sie sollten in der Lage sein, sich als »Kameraden« auszugeben, wie die Mitglieder der SS sich gegenseitig anredeten, sei es auf dem Exerzierplatz, in der Kaserne oder beim Bier. Wenn sie mitten in der Nacht geweckt wurden, war ihre einzig akzeptable Reaktion nicht einfach ein schlichtes »Jawohl«, sondern ein promptes »Zu Befehl«. Wenn ein raffinierter Ausbilder ihnen Befehle auf Hebräisch erteilte, hatten sie sich zu verhalten, als wären ihnen die Worte vollkommen unverständlich. Jede Einzelheit – die Kragenspiegel der verschiedenen Dienstgrade und Waffengattungen, die verschiedenen Uniformen und die Anlässe, zu denen sie getragen wurden, politische Texte, ja selbst Marsch- und Sauflieder – mussten sie auswendig lernen.

Zu einem anderen Zeitpunkt hätte Peltz die Anekdoten vielleicht interessant gefunden, nun raubten sie ihm den letzten Nerv. Natürlich war ihm klar, dass Givon sie mit seinen Geschichten vor allem beruhigen und demonstrieren wollte, dass er seine Rolle perfekt beherrschte. Doch Givons Versuche, die Atmosphäre im Wagen zu lockern, die Heiterkeit, die er verströmte, erschienen Peltz unangemessen.

Givon ließ sich nicht aus der Ruhe bringen. Ja, und dann erst die Geschichte von dem Mann aus seiner Einheit, der mitten in der Nacht von seiner Freundin wach gestupst wurde und natürlich mit »Zu Befehl« reagierte. Und als die Freundin wissen wollte, wer denn diese »Zubefehl« sei …

Ehe Givon die Pointe erreichte, lenkte Carmi den Jeep ruckartig von der Hauptstraße einen ausgefurchten Hang hinunter. Bei einer Baumgruppe kam der Wagen schlingernd zum Stehen.

Carmi schaltete das Licht aus und drehte sich um. »Oly, du weißt, was du zu tun hast. Bring unseren Mann hierher. Nur ihr zwei. Wir warten.«

»Zu Befehl!« Givon sprang aus dem Jeep. Peltz sah ihm nach, wie er rasch den Hügel emporstieg und in der Nacht verschwand. »Und was machen *wir* jetzt?«, fragte er.

»Wir warten.«

★ ★ ★

In der ersten Woche hatten die Todeskommandos, die *Huliyot*, zwei Männer getötet. Die Verdächtigen waren zum Verhör abgeführt worden und nicht zurückgekehrt. Als die Trupps das nächste Mal loszogen, mussten sie feststellen, dass ihre Opfer geflüchtet waren. Carmi bat den amerikanischen Geheimdienst, Nachforschungen anzustellen, aber das brachte keine Ergebnisse. Die betreffenden Männer waren wie vom Erdboden verschluckt.

Carmi glaubte nicht an Zufälle. Die Männer mussten gewarnt worden sein. Wutschnaubend stürmte er zum Haus des Gestapo-Offiziers, der die Namensliste angefertigt hatte, trat die Tür ein und rannte nach oben. Er fand den Mann in seinem Arbeitszimmer. Wortlos zog er seinen Revolver und drückte ihn gegen den Kopf des Mannes.

»Die Wahrheit!«, sagte er ruhig. »Haben Sie sie gewarnt?«

Der Mann zitterte und beharrte darauf, dass er die Männer auf der Liste nicht informiert habe.

Carmi spannte den Hahn.

Niemand sei gewarnt worden, wiederholte der Mann verzweifelt, aber es existiere ein Netzwerk, das SS-Leute mit Geld und neuen Identitäten versorge, damit sie fliehen könnten. Sie organisierten auch Überfahrten nach Südamerika. Vielleicht seien die Gesuchten ja auf diese Weise verschwunden.

»Ich will einen Namen. Den Namen der Drahtzieher.«

Der Mann schluchzte und wimmerte, er wisse keinen Namen. Carmi drückte den Revolver fester gegen dessen Kopf.

»Es gibt da eine Wirtschaft ... Da haben sie ihren Treffpunkt.« Er nannte Carmi eine Stadt im Süden Österreichs.

»Weiter! Ich will alles wissen. Wer ist der zuständige Mann? Wer steckt hinter dem Netzwerk?« Bei jeder Frage bohrte er dem Mann den Revolverlauf fester in die Schläfe.

Der Mann schwor verzweifelt, er wisse es wirklich nicht. Schließlich steckte Carmi den Revolver wieder ins Halfter zurück.

Noch in derselben Nacht fuhr er allein über die Grenze nach

Österreich, um das Wirtshaus zu suchen. Doch er widerstand der Versuchung hineinzugehen. Das Risiko, dass er sich verraten würde, war zu groß. Stattdessen beobachtete er das Haus aus der Entfernung, prägte sich die Lage sämtlicher Fenster und Türen ein. Er beobachtete die Männer, die hineingingen, wie sie sich verhielten, wie sie gekleidet waren. Er lauschte dem fröhlichen Gelärme und den Liedern, die von lauten, alkoholisierten Stimmen gegrölt wurden. Er versuchte sich das Bild eines großen, verrauchten Raums voller fröhlicher, rotgesichtiger Männer vorzustellen – seiner Feinde.

Bevor er zu seinem Jeep zurückkehrte, inspizierte Carmi aufmerksam die nähere Umgebung. Zuerst durchstreifte er einen nahe gelegenen Park und hielt nach Stellen Ausschau, an denen man Fahrzeuge und Leute verstecken konnte. Dann lief er am grasbewachsenen Ufer eines Flusses entlang, der sich unterhalb einer Fichtengruppe verbreiterte und dann u-förmig die Terrasse des Wirtshauses umrundete. Schließlich lief er durch die kopfsteingepflasterten Straßen des Städtchens, nur um festzustellen, dass seine Armeestiefel in der stillen Nacht einen Höllenlärm machten.

Auf der Rückfahrt nach Tarvisio ließ er sich alles genau durch den Kopf gehen. Wie viele Männer er benötigen würde. Wo sie am besten warteten. Und wann sie zuschlagen sollten. Am Morgen machte er sich auf den Weg zu Givon. Peltz wurde erst am Nachmittag in das Unternehmen eingeweiht. Seine Rolle – der arrogante britische Major – erforderte nur wenig Vorbereitung. Givon dagegen hätte in einem anderen Leben einen guten Schauspieler abgegeben. Es machte ihm Spaß, in andere Rollen zu schlüpfen. Er genoss die Herausforderung.

Als er an jenem Abend auf das Wirtshaus zuging, existierte Oly Givon nicht mehr – er war jetzt Ernst Hacker.

Nach der Vita, die Givon sich zurechtgelegt hatte, war Hacker als stolzer SS-Untersturmführer mit den Einsatzgruppen in der Ukraine eingefallen. Nun suchten die Alliierten nach ihm, um ihn ungerechtfertigterweise wegen Kriegsverbrechen anzuklagen. Er war aus seiner Heimatstadt München geflohen und in diese österreichische Wirtschaft gekommen, weil er gehört hatte – an dieser Stelle wollte er die Namen der beiden geflüchteten SSler als Referenz anführen –, dass ein Soldat, der loyal dem Vaterland gedient hatte, ein Kamerad im Pech sozusagen, hier auf Hilfe hoffen konnte. Das waren die Fakten. Mindestens ebenso wichtig war allerdings sein Verhalten. Ernst Hacker würde sich reserviert geben, durch Argwohn zurückhaltend. Er würde instinktiv Anbiederungen abweisen, die zu schnell kämen. Er würde selbstbewusst auftreten, aber hier und da auch etwas Angst durchscheinen lassen.

Ernst Hacker betrat das Wirtshaus. Er fand einen freien Platz an einem der gut besetzten Tische, bestellte ein Bier und ließ sich hie und da auf kleinere Wortwechsel ein. Er spürte, dass er von den Männern, die ihn zwanglos am Gespräch teilhaben ließen, gemustert wurde. Doch niemand stellte ihm konkrete Fragen. Nach einer Weile traten zwei Männer an seinen Tisch. Der eine, mittleren Alters und mit sich lichtendem Haar, hatte ein rundes, fleischiges Gesicht und trug eine Brille, die ihm einen eulenhaften Ausdruck verlieh. Der andere war groß und strahlte die Selbstsicherheit und Autorität eines Offiziers aus. Er führte das Wort.

»Wer sind Sie?«

Givon zögerte mit der Antwort. Hacker würde auf der Hut sein. »Vielleicht können wir Ihnen helfen«, bohrte der Mann weiter. »Doch dazu müssten wir zunächst wissen, wer Sie sind.« Givon begann zu erzählen, und die beiden Männer hörten aufmerksam zu, ohne ihn zu unterbrechen. Er hatte angenommen, dass sie seine Geschichte genau durchleuchten würden, und war darauf vorbereitet, Fragen zu beantworten. Ihre Passivität dagegen beunruhigte ihn. Sie konnte in seinen Augen eigentlich nur eins bedeuten: Sie wussten, dass er log.

Während er weiter redete, überlegte er fieberhaft, was er tun sollte. Er würde die Luger ziehen, die er auf dem Rücken im Gürtel stecken hatte, und schießen. Vielleicht würde er es bis auf die Straße schaffen. Vielleicht würden Carmi und Peltz die Schüsse hören und mit dem Jeep herbeieilen. Vielleicht konnten sie sich zu dritt gegen die achtzig oder neunzig Männer in der Wirtschaft tapfer schlagen.

»Sehen Sie den Herrn dahinten?«, unterbrach der Wortführer Givons Gedanken. »Trinken Sie ein Bier mit ihm.«

»Heil Hitler«, grüßte der Mann, als Givon an seinen Tisch trat. Givon schlug die Hacken zusammen und streckte die rechte Hand aus, die Handfläche nach unten gedreht.

»Heil Hitler«, gab er zurück. Das Verhör begann sofort nachdem sich Givon gesetzt hatte. Er musste einen Bericht über Hackers gesamten militärischen Werdegang abliefern – wo er gedient hatte, unter welchen Vorgesetzten und so weiter. Er spielte fehlerlos. Danach wechselte das Thema zu seiner Kindheit in München. Auch hier konnte er alle Fragen ohne Zögern beantworten, schließlich hatte er die Stadt als Jugendlicher oft genug besucht.

»Ich denke, wir können Ihnen helfen«, sagte der Mann schließlich. Er stand auf und bedeutete Untersturmführer Hacker, ihm zu folgen. Givon wusste, dass er auf den Richtigen gestoßen war.

Sie durchquerten den großen Gastraum und betraten ein Seitenzimmer neben dem Eingang. Der Eulenhafte mit der Brille erwartete sie. »Dies ist ein guter Freund, Standartenführer«, verkündete der Unbekannte. Dann schloss er die Tür und verließ den Raum.

Der Mann mit der Brille warf einen prüfenden Blick auf Givon: »Sie müssen hungrig sein, Kamerad.«

Die Sperrstunde rückte näher. Carmi wurde langsam unruhig. Aus seinem Versteck unter den Bäumen konnte er hören, wie mehr und mehr Männer das Wirtshaus verließen; ihre angeheiterten Stimmen hallten durch die Sommernacht. Doch von Givon war immer noch nichts zu sehen. Wenn Oly so lange in der Wirtschaft war, konnte das bedeuten, dass man ihm seine Geschichte abgekauft hatte. Oder dass er enttarnt worden war.

»Johanan«, rang er sich zu einem Entschluss durch, »lass uns näher rangehen. Vielleicht braucht Oly Hilfe.«

»Und der Jeep?«

»Kann hier bleiben.«

Carmi ging voran zum Flussufer, dem sie bis zur Terrasse des Gasthauses folgten. Von dieser Stelle aus konnten sie den grasbewachsenen Abhang hinauf zum Eingang blicken.

»Und wenn sie hinten rausgehen?«

»Machen sie nicht«, sagte Carmi und hoffte inständig, dass er Recht behielt.

Givon hatte zwar keinen Appetit, aber Hacker musste halb verhungert sein. Also verdrückte er eine große Wurstplatte, trank einen Krug schäumendes Bier und hörte zu. Der Standartenführer versicherte ihm, dass man alles für ihn arrangieren würde. Er bekäme Geld, einen neuen Namen, neue Papiere. Er würde nach Italien fahren und von dort aus die Passage nach Südamerika antreten. Alles würde sehr schnell geschehen, vielleicht schon in der kommenden Nacht. Bis dahin würde er als Gast im Haus des Standartenführers bleiben.

»Ist das zufrieden stellend, Untersturmführer?«

»Zu Befehl«, entgegnete Hacker.

Sie leerten ihre Bierkrüge und gingen hinaus auf die nächtliche Straße.

»Da sind sie«, flüsterte Peltz.

»Na also. Durch die Vordertür«, gab Carmi zurück und schickte ein Stoßgebet zum Himmel.

Givon war hellwach. Er hatte seinen Mann gefunden. Einen Standartenführer, der während des Krieges in Riga stationiert gewesen war. Givon brauchte nicht zu fragen, was der Mann dort gemacht hatte – er konnte es sich vorstellen. Jetzt musste er ihn nur noch zu der Stelle lotsen, an der Peltz und Carmi warteten, dann wäre die Sache erledigt.

»Kommen Sie«, sagte der Standartenführer zu Hacker. »Mein Haus liegt in dieser Richtung.«

»Sie gehen in die falsche Richtung«, flüsterte Peltz aufgeregt.
»Verdammt! Was machen wir jetzt?«

»Moment, ich muss mal pinkeln«, sagte Givon. »War 'ne ganze Menge Bier.«

Ohne dem Standartenführer die Möglichkeit eines Einwands zu geben, ging er von der Straße ab und auf den Fluss zu. Sein zukünftiger Gastgeber folgte ihm. In Givons Kopf überschlugen sich die Gedanken: »Wie kriege ich ihn bloß zu dem verdammten Jeep? Es war ein Fehler: Wir haben viel zu weit weg geparkt.«

Givon und der Standartenführer standen am Wasser, als unvermittelt zwei bewaffnete britische Soldaten aus der Dunkelheit auftauchten.

»Ernst Hacker«, sprach ihn der Major in knappem Englisch an, »im Hauptquartier der Alliierten möchte man Ihnen ein paar Fragen stellen.«

Der Standartenführer drehte sich überrascht um und wollte weggehen, als ginge ihn das Geschehen nichts an.

»Sergeant«, befahl der Major, »nehmen Sie den Mann fest!«

Carmi packte den Standartenführer grob am Arm. »Sie kommen mit zum Verhör«, sagte Peltz. »Wenn Sie unschuldig sind, haben Sie nichts zu befürchten.«

Sie führten Givon und den Standartenführer die grasbewachsene Böschung hinauf Richtung Jeep. Der Mann wurde argwöhnisch. »Wer sind Sie?«, wollte er wissen. »Hier stimmt doch was nicht. Was soll das alles?«

Carmi sah zu Givon: »Also los«, befahl er.

Givon warf einen Blick zu Peltz, dann zogen beide wortlos ihre Revolver und richteten sie auf den fassungslosen SS-Mann.

»Wir sind Juden«, sagte Givon. »Im Namen des jüdischen Volkes verurteile ich Sie zum Tode.«

Er schoss ihm direkt zwischen die Augen. Peltz drückte ebenfalls ab.

Sie trugen die Leiche die Böschung hinunter und warfen sie ins Wasser. Sie verschwand mit einem Platschen in der Dunkelheit. Auf dem Rückweg nach Tarvisio stellte Peltz fest, dass sich seine düstere Stimmung wieder aufgehellt hatte. »*Ich* kann hassen«, hatte er zu Pinschuk gesagt, und heute Nacht hatte er es bewiesen.

★ ★ ★

Carmi war in diesem Sommer sehr aktiv. Fast jede Nacht machten sich auf seinen Befehl Hinrichtungskommandos von dem Bauernhaus bei Camperosso auf den Weg. Und jedes Mal war es eine militärische Operation: verschwiegen, sorgfältig vorbereitet, diszipliniert, gedeckt von wenigen Eingeweihten, die Papiere und Marschbefehle fälschten, vorbei an den Alliierten. Oft waren vier Trupps gleichzeitig unterwegs; ihr Einsatzgebiet erstreckte sich über weite Teile Westeuropas. Jeder *Huliya* war auf seiner eigenen Mission.

Vierunddreißig

———— ✺ ————

Ein österreichisches Dorf bei Mauthausen. Zwei Männer in britischen Miltäruniformen, deren rot-schwarze Armbinden sie als Militärpolizisten kennzeichneten, klopften an die Tür eines kleinen, einstöckigen Hauses. Nach einer Weile öffnete eine Frau die Tür.

»Wohnt hier ein Herr Weiner?«, fragte einer der beiden auf Englisch.

Die Frau schien irritiert. Der zweite MP wiederholte die Frage auf Deutsch.

»Ja«, sagte sie. »Was wollen Sie?«

»Herr Weiner soll im Hauptquartier vernommen werden«, sagte der MP.

»Aber hier ist die sowjetische Besatzungszone«, wandte sie auf Deutsch ein. »Die Briten haben hier keine Rechte.«

Ein großer, rotgesichtiger Mann kam die Treppe herabgeeilt. Er trug ein Nachthemd über der Hose, und die Soldaten fragten sich, ob er beim An- oder beim Ausziehen gewesen war, als die Störung ihn veranlasste, zur Tür zu kommen.

»Sind Sie Herr Weiner?«

»Jawohl.«

»Ihnen werden Kriegsverbrechen zur Last gelegt«, verkündete einer der MPs auf Englisch.

Noch ehe der andere seine Übersetzung beenden konnte, begann der Mann zu protestieren. »Hier ist die sowjetische Besatzungszone«, wiederholte er die Worte seiner Frau. »Sie haben hier keine Befugnisse.« Er drehte sich um und wollte wieder nach oben gehen. Einer der MPs packte ihn von hinten und zerrte ihn zurück zur Tür; Weiner stolperte und fiel. Während er sich langsam erhob, ließ er prüfende Blicke über die britischen MPs wandern.

»Ihr seid Hochstapler«, rief er dann wütend. »Ihr wollt mich entführen.« Und zu seiner Frau gewandt: »Das sind Juden.«

Peltz sah Carmi an. Es war anders geplant gewesen, aber jetzt hatten sie keine Wahl mehr. Carmi nickte ihm kurz zu. »Im Namen des jüdischen Volkes verurteile ich Sie zum Tode.« Peltz zog seinen 45-er Colt aus dem Halfter und schoss Weiner zweimal in den Kopf.

Die Frau erstarrte vor Entsetzen. »Nein«, sagte Carmi, »lass sie.«

Die beiden Männer verließen das Haus und zogen die Tür hinter sich zu.

★ ★ ★

Zorea zog es vor, keinen Revolver zu benutzen. »Das ist mir zu klebrig«, hatte er einmal zu Peltz gesagt. Es sei nicht nur eine Sauerei, es sei auch riskant: Ein Querschläger könne ohne weiteres einen der eigenen Männer treffen. Doch auf Zoreas Methode war Peltz nicht vorbereitet. In einem Wald in Süddeutschland sah er zu, wie Zorea einem ehemaligen KZ-Aufseher seine kräftigen Hände um den Hals legte. Er drückte mit aller Kraft zu, bis der Mann gurgelnd und wild um sich schlagend auf die Knie ging. Seine Augen quollen aus seinem dunkelroten Gesicht hervor. Aber er starb nicht.

»Erschieß das Schwein!«, rief Peltz. »Erschieß ihn doch endlich!«

Zorea drückte mit verbissenem Gesicht und vor Anstrengung zitternden Armen weiter.

»Erschieß das Schwein!«, wiederholte Peltz.

Zoreas Arme schmerzten; er konnte den Druck nicht aufrechterhalten. Er ließ los, und der Mann fiel vornüber auf den Bauch. Aber er lebte noch. Mit dem Gesicht auf dem Boden liegend, gab der Mann schwache röchelnde Geräusche von sich. Zorea machte endlich ein Ende. Er schoss ihn in den Hinterkopf. »Man muss sie wie Ungeziefer umbringen«, sagte er zufrieden zu Peltz.

Zorea perfektionierte den Sommer über seine Strangulationsmethode. Sie verfrachteten nun den Gefangenen hinten auf einen Lastwagen. Rechts und links von ihm saßen zwei Soldaten als Bewacher; zwei weitere saßen ihm gegenüber. Mehrfaches kurzes Bremsen war das Startsignal. Daraufhin holte einer der Soldaten ein Päckchen Zigaretten hervor und bot auch dem Gefangenen eine an. Der Soldat zündete zunächst seine eigene an, dann die seines Gegenübers. Wenn der Gefangene dann den ersten Rauch ausstieß, schlangen die beiden Wachen, die rechts und links von ihm saßen, schnell ein Seil um seinen Hals und zogen es mit aller Kraft zu. »So stranguliert man jemanden richtig«, erläuterte Zorea den anderen. »Es funktioniert ausgezeichnet.«

Givon schoss nie von hinten. Er wollte die Reaktion sehen, wenn er seinem Opfer sagte, dass der Mann, der ihn gleich umbringen würde, ein Jude war.

Aus dem Vertriebenenlager Pontebba südwestlich von Tarvisio kam eine Nachricht: Eine Frau hatte eine Aufseherin aus dem Lager Ravensbrück wiedererkannt.

Carmi schickte Givon alias Ernst Hacker dorthin, um den Sachverhalt zu prüfen. Es dauerte nicht lange. Kaum hatte er der Frau anvertraut, dass er ein untergetauchter SS-Offizier sei, fühlte sie sich sicher genug, um sich ebenfalls zu offenbaren.

Am nächsten Tag lud Hacker sie zu einem Spaziergang in den Hügeln von Camperosso ein. Als sie zu dem verlassenen Bauernhaus kamen, warteten Peltz und Carmi schon.

»Im Namen des jüdischen Volkes«, sagte Peltz, »verurteile ich Sie zum Tode.«

★ ★ ★

Niemand führte Buch über die Anzahl der Personen, die in diesem Sommer exekutiert wurden. Das wäre viel zu gefährlich gewesen – ein alliierter Untersuchungsausschuss hätte ein solches Dokument als Beweismittel verwenden können. Die Beteiligten wären vor ein Militärgericht gekommen, doch noch katastrophaler wären die politischen Konsequenzen für die Jischuw gewesen. Auch die Opfer zu zählen, wurde bald aufgegeben. Die Kommandos schätzten, dass sie gemeinsam wenigstens zweihundert Personen hingerichtet hatten. Manche sahen die Zahl sogar eher bei dreihundert. Die genaue Zahl war ihnen auch nicht wichtig – es zählte nur die Zahl der Juden, die von den Nazis umgebracht worden waren. Sie konnten nicht aufhören.

Auch Johanan Peltz war gefangen in dem Zwang, Mörder zur Strecke zu bringen – ein Racheakt führte unausweichlich zum nächsten. Als er eines Nachmittags in den Ausläufern der Berge um Tarvisio herumwanderte, entdeckte er auf einer abgelegenen Wiese eine Hütte. Sein Gefühl sagte ihm, er müsse sich dort genauer umsehen. Er schlich sich an ein Fenster. In der Hütte befanden sich etwa fünfzehn Männer und Frauen. Peltz war sich sicher, dass er auf ein Nazi-Versteck gestoßen war. Vielleicht war einer davon sogar Joachim von Ribbentrop – es war immerhin möglich, sagte er sich. Die Alliierten suchten Ribbentrop überall, aber, so dachte er, es war natürlich Sache von Johanan Peltz, ihn zu finden. In seiner damaligen Stimmung erschien ihm das völlig einleuchtend.

Er hastete ins Lager zurück und trommelte sechs Männer aus den Hinrichtungskommandos zusammen.»Das wird der große Fang«, verkündete er. Die Gruppe machte sich auf den Weg und stürmte in der Dämmerung die Hütte. Mit vorgehaltenem Gewehr trieben sie die Leute zusammen. Von Ribbentrop war nicht darunter, aber Peltz hoffte nach wie vor, ein Nazi-Nest ausgehoben zu haben. Er ließ die Männer ihre Hemden ausziehen und ihre Arme heben. Zwei hatten am linken Arm Blutgruppen-Tätowierungen. Peltz ließ die übrigen dreizehn zum Stützpunkt bringen und dem Geheimdienst übergeben.

Zusammen mit Givon nahm er sich anschließend der beiden SS-Männer an. Sie ließen ihre Gefangenen einen Pfad hinaufgehen, der zum Gipfel führte. Nach einer Weile befahl Peltz anzuhalten. Dann zielte er mit seinem Gewehr auf sie und ließ sie einen Schritt zurücktreten. Und noch einen. Und noch einen – bis sie mit den Absätzen direkt an einer Felskante standen.

»Im Namen des jüdischen Volkes verurteile ich Sie zum Tode«, sagte er. Die Schreie verloren sich in der Tiefe. Peltz stand regungslos vor dem Abgrund. *Ich kann hassen.*

Fünfunddreißig

Johanan Peltz fällte in diesem Sommer eine Entscheidung. Nicht aufgrund langer innerer Kämpfe, nein, er hatte sie ganz plötzlich gefällt. Sie war sein Geheimnis – und überall fand er sich bestätigt. Wenn er in Tarvisio durch die Kaserne der Brigade lief und die Soldaten ansah, merkte er, wie naiv er gewesen war. Sich mit diesen Männern zu verbrüdern, war ein Ding der Unmöglichkeit. An ihrer Welt hatte er keinen Anteil. Er war anders. Er war nach seiner Rückkehr aus Zabiec zum Scharfrichter geworden.

Jedes Mal wenn er den Abzug seines schweren Colts drückte und den Kopf seines Opfers explodieren sah, steigerte sich die Intensität seiner Wut. Und jedes Mal rückte die gewöhnliche Welt weiter fort, bis sie jenseits des Horizonts außer Sichtweite geriet. Er konnte hassen, und dies war seine neue Heimat. Die lange Kette des Tötens – ein Mord und noch einer und noch einer – hatte ihn verändert. Er konnte kein normales Leben mehr führen. Rache war alles, was ihm blieb, ihr wollte er sich verschreiben.

Er würde nicht nach Palästina zurückgehen. Er würde in Europa bleiben. Er würde seine Eltern rächen, seinen Großvater – alles, was eigentlich ihm gehörte und was man ihm genommen hatte. Er würde Nazis töten, solange er konnte. Oder solange, bis *sie ihn* töteten. Das war sein Geheimnis.

Peltz entfernte sich mehr und mehr von seinem bisherigen Leben. Er vernachlässigte seine Pflichten im Bataillon. Er aß allein. Er hatte kein Interesse mehr an Pinschuk. Und er redete kaum noch mit Carmi. Das Einzige, was er noch brauchte, waren die Infomationen über sein nächstes Opfer. Und als Abba Kovner, der Anführer der jüdischen Partisanengruppe, die während des Krieges hinter den deutschen Linien operiert hatte, nach Tarvisio kam, war Peltz begeistert. Er bewunderte Juden wie Kovner – Männer und Frauen, die sich gegen die Nazis zur Wehr gesetzt hatten. Bei einem geheimen Treffen im Haus bei Camperosso erzählte Kovner den Soldaten der Hinrichtungskommandos von seinem neuesten Plan. Er wollte überall in Deutschland die Wasservorräte vergiften. München, Hamburg und Nürnberg, das waren die Städte, die zuerst drankommen sollten.

»Sie haben uns vergiftet. Wir vergiften sie«, verkündete er. Er war entschlossen, so viele Deutsche wie möglich umzubringen. Männer, Frauen, Kinder – ganz egal. Alle waren sie schuldig. Sein Ziel war es, »sechs Millionen gegen sechs Millionen« aufzurechnen.

Kovner war nach Tarvisio gekommen, um die Brigade um Hilfe zu bitten. Die Soldaten sollten ihre Kontakte in Palästina nutzen, um das Gift zu beschaffen. Und er hoffte, dass sie sich auch an der eigentlichen Operation beteiligen würden. Das hieß, das Gift in die Reservoirs zu kippen und, wenn nötig, Pumpstationen zu stürmen. Als Kovner geendet hatte, blickten die Männer Carmi erwartungsvoll an. Es war seine Entscheidung. Sie würden tun, was er anordnete.

Israel Carmi war fasziniert: Rache an einer ganzen Nation zu nehmen, deren offizielle Politik in der Vernichtung des jüdischen Volkes bestand – das würde in die Geschichte eingehen. Diese Tat würde zukünftige Antisemiten erzittern lassen. Doch letzten Endes konnte er so einen Plan nicht mittragen. Er empfand keine Schuld, wenn er Einzelne umbrachte, die sich am Krieg gegen die Juden beteiligt hatten. Er war Soldat, und er konnte diese Rache an seinen Feinden vor sich rechtfertigen. Aber Kovners Vorhaben konnte er moralisch nicht verantworten. Im Massenmord lag nichts Ehrenhaftes mehr.

»Es tut mir Leid«, sagte er schließlich.»Du hast deine Methode, wir haben unsere. Wir benutzen eine Pinzette, du willst einen Bulldozer einsetzen.«

Peltz war irritiert. Wie konnte Carmi behaupten, dass es in Ordnung war, zweihundert Deutsche umzubringen, und es gleichzeitig für falsch halten, wenn man vielleicht zwei Millionen – *zwei Millionen!*, wiederholte er voller Aufregung – töten wollte? Entweder war es moralisch statthaft, Tote zu rächen, oder nicht. Es konnte nur einen Grund geben, warum Carmi sich weigerte, bei Kovners weit reichendem Plan mitzumachen. Als Kovner gegangen war, machte Peltz Carmi Vorhaltungen.»Du hast Angst!«

»Komm, wir sollten das abhaken«, antwortete Carmi ruhig.

»Einzelne Männer oder Frauen erschießen, das ist einfach. Aber in eine deutsche Großstadt zu gehen, dazu gehört Mut«, ereiferte sich Peltz.

»Mut?«, wiederholte Carmi verblüfft.

»Du hast Angst, Israel.«

»Komm, lass gut sein.«

»Den Teufel werde ich, du Feigling.«

Peltz stürzte mit erhobener Faust auf Carmi zu, doch ehe er zuschlagen konnte, hatte Carmi ihn um die Hüfte gepackt und zu Boden geworfen. Die beiden wälzten sich im Staub herum, bis einige verdutzte Soldaten sie auseinander zerrten. Peltz ging nach draußen, ohne Carmi noch eines weiteren Blickes zu würdigen.

Spätabends, allein in seinem Zimmer, konnte er keine Ruhe finden.»Was geschieht nur mit mir?« Eine unermessliche, brodelnde Wut hatte sich seines Lebens bemächtigt. Er war ihr hilflos ausgeliefert. Vielleicht würde er gar verrückt werden. Am Ende war es wahrscheinlich unerheblich, wenn er den Verstand verlieren würde – es würde die vor ihm liegenden Aufgaben nur erleichtern.

★ ★ ★

Israel Carmi wusste, was seinen Freund Johanan so aus der Bahn geworfen hatte. Mit jeder neuen Hinrichtung konnte man sich schwerer einreden, dass eine aus nächster Nähe abgefeuerte Kugel keinerlei Auswirkungen auf den Schützen hatte. Er, Carmi, war zwar der Befehlshaber, doch auch er erlebte Momente, in denen ihm seine Befehle zu schaffen machten.

Als Carmi erfahren hatte, dass der britische Geheimdienst das Ehepaar verhaften wollte, von dem die erste Namensliste stammte, berührte ihn das zunächst nicht weiter. Er hatte schließlich die Informationen, die er brauchte. Außerdem waren die beiden schuldig. Sie hatten zu der Verschleppung tausender Juden beigetragen und jüdischen Besitz gestohlen. Sie verdienten es nicht anders. Doch wie lange würde es wohl dauern, bis die alte Hexe offenbarte, dass ihr Mann Soldaten der Jüdischen Brigade mit den Namen hochrangiger Nazis versorgt hatte?

Carmi durfte nicht zulassen, dass die beiden verhaftet wurden. Er würde sein Versprechen brechen müssen. Leben gegen Informationen.

Ohne Vorankündigung war er im Haus des Paares aufgetaucht. Er erklärte, er brauche Hilfe beim Sichten einer Kiste voller Wehrmacht-Dokumente, die seine Leute entdeckt hätten. Die beiden wurden sofort misstrauisch und sträubten sich, ihr Haus zu verlassen. Carmi musste sie mit vorgehaltener Waffe zu seinem Jeep bringen. Der britische MP an der Straßensperre am Wald ließ den Wagen ohne weiteres passieren. Carmi fuhr tief in den Wald hinein und hielt zwischen hohen Nadelbäumen. Es war eine völlig abgeschiedene Gegend, ein passender Ort für Geheimnisse. Dort hinten, in einer Höhle versteckt, stünden die Kisten. Carmi konnte sehen, dass sie ihm nicht glaubten. Sie wussten, dass ihr Ende bevorstand und schluchzten, als sie mit widerstrebenden Schritten vor ihm herliefen.

Vor dem Eingang der Höhle ließ er sie anhalten. »Rumdrehen.«

Das Paar tat wie geheißen. »Im Namen des jüdischen Volkes«, sagte Carmi, »verurteile ich Sie zum Tode.« Er tat es schnell und ohne innezuhalten. »Wenn man anfängt zu zögern«, hatte er seinen Leuten immer wieder gesagt, »kann man es genauso gut bleiben lassen.« Er selbst hatte nie gezögert, wenn er jemanden hinrichtete. Heute hatte er sich zum ersten Mal gewünscht, zu zögern.

★ ★ ★

Mitte Juli bat Carmi Peltz, ihn zu einer längeren Operation nach Polen zu begleiten. Er war sicher, dass niemand Fragen stellen oder ihre Abwesenheit melden würde. Brigadegeneral Benjamin sagte später über die Wirren der Nachkriegszeit: »Sehen Sie, ich trage ein Monokel – ich sehe sozusagen nur mit einem Auge.«

Carmis Wahl war auf den Freund gefallen, weil er sich hundertprozentig auf ihn verlassen konnte. Außerdem wollte er Peltz verdeutlichen, dass er nicht nachtragend war. Die bösen Worte, die damals gefallen waren, hatten keine Bedeutung, ihr Kampf war eine Kinderei gewesen. Es gab aber noch einen weiteren Grund, warum er Peltz mitnehmen wollte. Wenn er seinen Freund so sah, wie er sich zu einem verschlossenen Einzelgänger entwickelt hatte, spürte er eine tiefe Verbundenheit. Sie schienen sich beide ihrem Schicksal ergeben zu haben.

Sechsunddreißig

———— ⌒〇 ————

Während der langen Fahrt quer durch Österreich und Böhmen sprachen die beiden Männer kaum miteinander – sie spürten, dass Gespräche sinnlos waren. Bei dieser Operation war ihre Verbindung rein funktional. Ihre gemeinsamen Erlebnisse gehörten einem anderen Leben an. Es war, als würden die Freunde, die zusammen bei der palästinensischen Polizei gewesen waren, die im Sturm auf der Passage nach Italien miteinander gewetteifert hatten, die in Rom den Mädchen nachgepfiffen hatten, nicht mehr existieren. Und wenn sie schwiegen, würde das Chaos, das in ihnen wütete, dem anderen vielleicht verborgen bleiben.

Carmi hatte vom amerikanischen Geheimdienst erfahren, dass sich ein SS-Offizier in einer Kirche versteckt hielt. Sie wollten ihn ausfindig machen und hinrichten. Noch vor kurzem hätten sie sich erst nach umfassender Vorbereitung an dieses Vorhaben gemacht. Jetzt hatten sie weder die Kirche ausgekundschaftet noch einen Fluchtweg durch die Ortschaft festgelegt. Militärische Präzision spielte keine Rolle mehr. Carmi hatte Peltz nur beiläufig mitgeteilt, dass sie die Einzelheiten vor Ort festlegen würden.

Die Kirche befand sich in einer kleinen Stadt im Gebiet Teschen, Oberschlesien. Vor dem Krieg hatte diese Region zur Tschechoslowakei gehört; laut der Karte, die sie vom britischen Nachrichtendienst hatten, war sie nun ein Teil Polens.

Knapp zwanzig Kilometer vor der Ortschaft beschlossen sie, Halt zu machen und in einem Wald zu übernachten. Am nächsten Morgen würden die beiden »Militärpolizisten« dann zu der Kirche fahren.

Carmi, den die Fahrt angestrengt hatte, wachte am folgenden Tag erst spät auf. Er rasierte sich und wusch sein Gesicht mit Wasser aus seiner Feldflasche. Dann fiel sein Blick auf Peltz. Johanan trug eine Uniform, die ihn als Offizier der Jüdischen Brigade auswies. »Was ist denn mit dir los?«, fragte Carmi erstaunt.

Peltz verkündete in aller Ruhe, dass er keine Lust mehr auf das Versteckspiel habe – er wolle als derjenige die Kirche betreten, der er sei: ein jüdischer Soldat.

»Glaubst du, die lassen zu, dass zwei Juden einen Priester aus der Kirche zerren?«, wandte Carmi ein. »Die rufen die Polizei. Die lassen uns doch nicht einfach weg.«

Peltz, den Revolver an der Hüfte und das Gewehr über der Schulter, meinte nur: »Sollen sie's doch versuchen.«

Wenn Peltz mit den Abzeichen der Brigade herumlief, war es für Carmi unsinnig, sich zu verkleiden. Als Feldwebel der Jüdischen Brigade stieg er in den Jeep. Und wenn irgendwelche Polen oder Tschechen oder Polizisten oder gar Priester ihn aufzuhalten versuchten – nun, er war gewillt, es drauf ankommen zu lassen.

Sie fuhren in das kleine Städtchen und fanden die Kirche ohne Probleme. Sie stellten den Jeep gegenüber dem Hauptportal ab und betraten das kühle dunkle Kirchenschiff. Peltz hatte sein Gewehr geschultert; Carmi trug seinen Revolver an der Hüfte. Sie gingen langsam den Mittelgang hinunter. Ihre Schritte hallten durch den Raum. Im Halbdunkel flackerten Opferkerzen. Die Luft war von einem süßen, aromatischen Duft erfüllt. Seitlich vom Altar saß etwa ein Dutzend Mädchen in einer Nische. Vor ihnen standen ein schwarz gekleideter Priester und eine Nonne.

Peltz und Carmi nahmen an, sie seien in einen Gottesdienst geplatzt und hielten inne. Der Anblick der Mädchen berührte sie. Die Mädchen wirkten so jung und unschuldig wie eine Anklage: Seht her, was ist aus *euch* geworden?

Die beiden Männer setzten sich. Sie wollten das Ende des Gottesdienstes abwarten und dann ihr Vorhaben fortführen. Der Priester und die Nonne vermieden jeden Blickkontakt mit den beiden Bewaffneten, doch die Mädchen konnten ihre Neugier nicht verbergen. Immer wieder drehten sie sich um und starrten die Männer an. Nicht lange, und eines der Mädchen stand von seinem Platz auf. Mit wippenden, dunklen Zöpfen lief es zögernd auf Carmi zu und deutete auf den gelben Stern auf seiner Schulterklappe.

»*Magen David*«, sagte es, offenbar stolz, sein Wissen zu demonstrieren.

»Bist du Jüdin?«, fragte Carmi auf Jiddisch.

»Ja.«

Die Nonne rief nach dem Mädchen.

»Wo sind deine Eltern?«, fragte Carmi.

Der Priester näherte sich. Peltz stand auf und stellte sich im Gang schützend vor das Mädchen. Der Priester wich wortlos zurück. Das Mädchen erzählte emotionslos seine Geschichte. Seine Eltern waren in Lagern umgekommen. Auch Onkel und Tanten waren nicht mehr da. Die Nonnen hatten das Waisenkind aufgenommen.

»Möchtest du bei den Nonnen bleiben?«, fragte Carmi.

»Nein. Sie sagen, ich muss katholisch werden. Ich bin aber nicht katholisch.«

»Wo möchtest du denn lieber hin?«

»Wo andere Juden sind.«

»Johanan«, sagte er auf Hebräisch zu Peltz, »dieses Mädchen ist Jüdin und möchte zu seinen Leuten.«

»Dann nehmen wir es mit«, meinte Peltz spontan.

»Das werden die Leute hier nicht mögen.«

Carmi nahm das Mädchen bei der Hand und führte es den Gang hinunter, an den Kerzen vorbei zum Ausgang. Peltz kam langsam rückwärts gehend hinterher, das Gewehr vor dem Körper, den Blick auf den Priester und die Nonne gerichtet. Die Nonne und einige der Mädchen schrien, der Priester starrte einfach nur auf den großen Soldaten. Seine Augen blitzten vor Hass. Peltz wartete vor dem Eingang, bis Carmi das Mädchen in den Jeep gesetzt hatte. Dann drehte er sich um und ging die Stufen hinunter.

Das Mädchen hieß Eva, stammte aus Polen und war zwölf Jahre alt. Peltz und Carmi hatten keine Ahnung, was sie mit ihm machen sollten. Alles, was sie wussten, war, dass das Mädchen bei Juden sein wollte. Carmi schlug vor, in Polen nach einer jüdischen Familie zu suchen. Doch Peltz, der vor Augen hatte, was dort mit seiner Familie geschehen war, war strikt dagegen. Carmi überlegte; er hatte in Berichten des Nachrichtendienstes gelesen, dass tausende jüdischer Kinder vorübergehend in Bergen-Belsen untergebracht worden waren, einem Flüchtlingslager, das man auf dem Gelände des vormaligen Konzentrationslagers eingerichtet hatte. Konnte man Eva an einen derart gottverlassenen Ort bringen? Es wäre unverzeihlich. Also beschlossen sie, Eva vorerst in das Durchgangslager Pontebba an der italienischen Grenze zu bringen. Es war nicht weit vom Standort der Brigade in Tarvisio entfernt, sodass sie zumindest gelegentlich nach ihr sehen könnten.

Während der Fahrt nach Pontebba erzählte Carmi Geschichten von seiner kleinen Tochter, die auf einem Bauernhof in einem Land lebte, in dem unter einer warmen Sonne Melonen und Apfelsinen wuchsen und in dem es kein Verbrechen war, Jude zu sein. Eva erwiderte, das klänge, als ob sie im Himmel lebte.

Carmi lieferte Eva im Flüchtlingslager von Pontebba ab.

»Wir sehen uns wieder«, versprach er ihr.

Als er über das Gelände zu seinem Jeep zurückging, kam er an einer Gruppe Überlebender vorbei, die auf zusammengewürfelten Instrumenten Mozart spielten. Carmi blieb stehen – zum ersten Mal seit Monaten fühlte er eine tiefe Ruhe. Nachdem das Stück zu Ende war, ging er auf den jugendlichen Cellospieler zu und lobte seine Vorführung. Der Junge ignorierte das Kompliment. Er packte Carmi am Arm und sagte:»Wenn wir nach Palästina kommen, werfe ich das Cello weg, und du bringst mir bei, wie man mit einem Gewehr schießt, ja?«

In seinem Zimmer in Tarvisio dachte Carmi über die Worte des Jungen nach. Und er dachte an Eva und an all die anderen jüdischen Kinder – allein gelassene Waisen, verstreut über ganz Europa. Allmählich formten sich seine Gedanken zu einer Idee. Er erkannte für sich – und für Peltz und für alle *Huliyot* – die Chance, den hoffnungslosen Zustand zu überwinden, in den sie sich selbst im Verlauf dieses langen, riskanten Sommers gebracht hatten.

Eigentlich hatte er mit Peltz verabredet, in den nächsten Tagen wegen des SS-Mannes noch einmal zu jener Kirche zurückzufahren. Nun erkannte er, dass er bei diesem grausamen Spiel nicht gewinnen konnte. Er konnte zwar weiter töten, doch damit würde er keinen einzigen toten Juden wieder lebendig machen. Die Racheakte verlängerten die Kette des Mordens nur. Je mehr Menschen er kaltblütig umbrachte, desto mehr sorgte er dafür, dass das Entsetzliche, das die Nazis angefangen hatten, immer weiter triumphierte. Die einzige Hoffnung lag für ihn darin, das Töten aufzugeben.

Er wusste jetzt, was er tun musste. Zum ersten Mal zeichneten sich für ihn die Umrisse eines Plans, einer aktiven Strategie ab, die vielleicht eine Welt jenseits des Bösen möglich machte.

★ ★ ★

Hauptmann Pinschuk bekam Post. Das passierte nicht allzu oft, und wenn, dann waren die Briefe immer belanglos. Vermutlich war der Brief, den er gerade von seiner Adresse in Tel Aviv nachgeschickt bekommen hatte, auch wieder nur ein Mahnschreiben der Universität. Letzten Monat hatte das Dekanat ihn in wahrhaft akademischer Weltfremdheit daran erinnert, dass ihm im Herbst kein Studienplatz garantiert werden könne, wenn er sich nicht für das Semester einschreibe.

Als Pinschuk den Umschlag öffnete, fand er ein Telegramm aus Moskau. Er las, musste unterbrechen, setzte erneut zum Lesen an. Seine Augen füllten sich mit Freudentränen.

TEIL V

Europa

Sommer 1945 – Frühjahr 1946

Siebenunddreißig

An einem heißen Julimorgen traf Israel Carmi in Paris ein. Aus den *boulangeries* strömte der Geruch von frischem Brot, Pärchen saßen in den Cafés und lasen in aller Ruhe Zeitung, Fahrräder und große, grün-weiße Busse brausten die Boulevards entlang. Die Stadt hatte die Schrecken des Krieges abgeschüttelt. Carmi war fasziniert, doch es war nicht die Zeit für Ablenkungen.

Die Wohnung befand sich im ersten Stock der Rue de Ponthieu 53, ganz in der Nähe der Champs Elysées. Carmi klopfte, und ein Mann, der von der britischen Mandatsregierung in Palästina steckbrieflich gesucht wurde, öffnete die Tür.

»Schalom, Jehuda«, sagte Carmi herzlich.

Er hatte Jehuda Arazi nicht mehr gesehen, seit sie an jenem Weihnachten den Überfall auf das Waffenlager des britischen Wüsten-Stützpunkts begangen hatten. Nach einer weiteren *Rechesch*-Operation hatten die Mandatsbehörden Arazi zu verhaften versucht; er hatte die Polizei, die sich vor seinem Haus versteckt hielt, im letzten Moment entdeckt und war geflohen. In der Uniform eines Feldwebels der Pioniere war er mit einem Truppentransport nach Ägypten gefahren. Von dort aus hatte er sich per Anhalter quer durch Nordafrika nach Tripolis durchgeschlagen. Als polnischer Flieger war er dann mit einem britischen Bomber nach Rom gekommen. Und nun war er – unter Verwendung von einem Dutzend Pseudonymen – der Leiter der Hagana-Operationen in Italien.

Arazi führte Carmi in eine sonnendurchflutete Küche. Am Tisch saß Nahum Schadmi mit einem Glas Tee vor sich. Schadmi war ein imposanter, grauhaariger Mann. In seinem dunklen Anzug mit gestreifter Krawatte wirkte er eher wie ein Diplomat, als ein Soldat. Im Ersten Weltkrieg hatte er als russischer Offizier gedient. Nachdem er 1921 nach Palästina ausgewandert war, hatte er sich dem Untergrund angeschlossen. Bevor Ben Gurion ihn nach Paris abkommandiert hatte, war er Chef der Jerusalemer Abteilung der Hagana gewesen. Trotz des steifen, förmlichen Eindrucks, den er hervorrief, wusste Carmi aus eigener Erfahrung, dass Schadmi für die Koordinierung der geheimen Aktivitäten der Jischuw im Nachkriegseuropa eine kluge Wahl gewesen war. Er war diskret, erfinderisch und – wenn es die Situation erforderte – vollkommen skrupellos.

Carmi brannte darauf, den beiden zu erzählen, warum er um dieses Treffen gebeten hatte. Seit jenem Tag, an dem er und Peltz Eva aus der polnischen Kirche geholt hatten, hatte ihn nur ein Gedanke beschäftigt. Und er war überzeugt davon, damit der Jischuw einen entscheidenden Dienst erweisen zu können. Abgesehen davon, aber darüber würde er Stillschweigen bewahren, würden er und seine Männer dadurch aus dem demoralisierenden Teufelskreis der Gewalt herauskommen.

»Nahum«, sagte Carmi, nachdem er sich gesetzt hatte, »die Brigade kann dafür sorgen, dass alle Jungen und Mädchen, die in Palästina groß werden wollen, auch die Möglichkeit dazu bekommen. Wenn du die Schiffe organisierst, füllen wir sie mit Menschen.«

★ ★ ★

Carmi hatten die Unterlagen, die der Nachrichtendienst für die Nürnberger Prozesse vorbereitete, fassungslos gemacht: fast sechs Millionen Juden waren tot – siebzig Prozent aller Menschen, die vor dem Krieg die jüdische Bevölkerung ausgemacht hatten, existierten nicht mehr. Die Nazis hatten sich vorgenommen, das europäische Judentum zu vernichten, und sie waren dem entsetzlich nahe gekommen. Doch ein zwölfjähriges Mädchen namens Eva und ein dunkelhaariger, Cello spielender Junge, der Soldat werden wollte, zeigten Carmi in aller Deutlichkeit, dass es Überlebende gab. Und dass er ihnen verpflichtet war.

In ganz Westeuropa hatten schätzungsweise 750 000 Juden den Krieg überlebt. Etwa eine Viertelmillion davon, hauptsächlich KZ-Überlebende, befanden sich in über neunzig deutschen und österreichischen Flüchtlingslagern, wo sie unter elenden Bedingungen hausten. Im Juni hatte eine fünfköpfige Abordnung der Brigade diese Lager inspiziert. Nach ihrer Rückkehr organisierte Carmi eine Schreibmaschine, und Hauptmann Hoter-Jischai schickte einen bitteren Bericht an das Oberkommando der Alliierten und an die Jischuw.

Sonderbericht über die Lage der jüdischen Flüchtlinge in den Vertriebenenlagern Österreichs und Deutschlands

... Es gibt zwei Arten von Lagern, gemischte und rein jüdische.

In den gemischten Lagern, etwa in Schleißheim, Garmisch etc., leben Juden und nicht-jüdische Flüchtlinge eng zusammen, was aufgrund der antisemitischen Einstellung der nichtjüdischen Lagerbewohner verschiedentlich zu Zusammenstößen führte. ...

Es gibt drei schwer wiegende Probleme, die gelöst werden müssen. Das erste besteht in unzureichender Versorgung mit Nahrungsmitteln und Bekleidung. Die Menschen in diesen Lagern haben in den KZs jahrelang Hunger gelitten und sind jetzt unterernährt. Der Umstand, dass man ihnen dieselben Rationen zuteilt wie der Zivilbevölkerung, die noch über Lebensmittelreserven verfügt, erzeugt Verbitterung ... Sie werden nicht besser behandelt als unsere ehemaligen Feinde.

Das zweite ist ein psychologisches Problem ... Es ist allen das größte Anliegen, zu erfahren, ob ihre Angehörigen überlebt haben, doch es gibt niemanden, der ihnen entsprechende Auskünfte gibt.

Das dritte Problem betrifft die Repatriierung bzw. Einwanderung. Viele jüdische Vertriebene, sowohl aus alliierten wie aus feindlichen Staaten, fürchten, dass man sie zwingen wird, in ihr Herkunftsland zurückzukehren.

Es gelang Hoter-Jischai, eine Kopie dieses Berichts dem amerikanischen Sonderbeauftragten für Flüchtlingslager in Frankfurt vorzulegen, woraufhin sich die Zustände allmählich besserten. Die Lebensmittelzuteilungen wurden erhöht, neue Kleidung ersetzte die schwarz-weißen Sträflingsanzüge. Und zu ihrer Sicherheit wurden die Juden von den anderen Flüchtlingen getrennt. Nach den gezielten Pogromen in Polen und der Ukraine wurde außerdem die Praxis, Juden in ihre Herkunftsländer zurückzuschicken, aufgehoben. Nur an den Einwanderungbestimmungen für Palästina änderte sich nichts.

Am 18. Juni 1945 hatte die Jewish Agency bei der Mandatsregierung von Palästina zuversichtlich 100 000 Einwanderungsgenehmigungen für Holocaust-Überlebende beantragt. Sie erhielt keine Antwort. Die Jischuw mussten tatenlos zusehen, wie die Flüchtlinge in den Lagern elend dahinvegetierten. In Bergen-Belsen starben allein im ersten Monat nach der Befreiung noch 13 000 Juden.

Sie mussten tatenlos zusehen, wie Juden im polnischen Kielce, wo Peltz' Vater einst ein Krankenhaus geleitet hatte, vor den Augen der Polizei auf offener Straße mit Äxten angegriffen wurden. Wenige Tage später gab die polnische Regierung einen erstaunlichen Erlass heraus: Alle Juden, einschließlich der geschätzten 120 000, die aus der Sowjetunion zurückgekehrt waren, mussten in Polen bleiben.

Sie mussten tatenlos zusehen, wie die britische Regierung die Grenzen ihrer Besatzungszone schloss, und die Flüchtlinge so daran hinderte, nach Frankreich oder Italien und den Mittelmeerhäfen zu gelangen. Zwar drängte der amerikanische Präsident Truman den britischen Premierminister, die von der Jewish Agency beantragten 100 000 Einwanderungsgenehmigungen zu bewilligen, doch gleichzeitig erhielten während der ersten drei Nachkriegsjahre nur 12 000 jüdische Flüchtlinge die Einreiseerlaubnis in die USA.

Sie mussten tatenlos zusehen, wie die Labour-Partei unter Clement Attlee im Sommer die Wahlen in Großbritannien gewann und Churchills Kriegsregierung aus dem Amt drängte. Das Ministerium für koloniale Angelegenheiten setzte die Jewish Agency davon in Kenntnis, dass lediglich 1 500 Einwanderungsgenehmigungen erteilt würden – und das seien entsprechend der Bestimmungen des Weißbuchs die letzten. Ernest Bevin, der neue britische Außenminister, schimpfte in seiner ersten offiziellen Verlautbarung zum Flüchtlingsproblem, »die Juden sollten sich nicht an die Spitze der Schlange vordrängeln«.

Sie mussten tatenlos zusehen, wie Chaim Weizmann, der spätere erste Präsident des Staates Israel, resigniert äußerte: »Die Welt ist in zwei Teile geteilt worden. In einen, in dem Juden nicht leben können, und in einen, in den sie nicht gehen dürfen.«

Die Überlebenden jedoch konnten nicht länger warten. Regierungen und Gesetzen zum Trotz und ungeachtet aller Berichte und Erlasse handelten sie. Der zweite Exodus – *Bricha* auf Hebräisch – begann. Diese Juden hatten den Krieg nicht durchgestanden, um sich dem Frieden zu beugen. Ihre Sehnsucht nach einem normalen Leben ließ sie Hindernisse überwinden. Aus ganz Ost- und Mitteleuropa zogen sie nach Westen und Süden. Sie schlugen sich durch dichte Wälder, trotteten über verschneite Pässe, quetschten sich in zum Bersten gefüllte Züge. Sie waren entschlossen, die Küsten zu erreichen und dort ein Schiff zu finden, das sie illegal nach Palästina bringen würde.

Die *Bricha* begann spontan, mit einzelnen, verstörten Grüppchen von Flüchtlingen. Doch es dauerte nicht lange, dann hatten die *Schlihim* der Hagana – Männer wie Schadmi und Arazi – ein Untergrund-Netzwerk installiert, das den

Juden bei ihrer Flucht durch Europa den Weg ebnete. Nach wie vor waren diese Bemühungen eher eine improvisierte Angelegenheit, bei der eine Hand voll Männer versuchte, Armeen und Regierungen auszutricksen. Tausende von Flüchtlingen saßen immer noch in Lagern fest, wurden an den Grenzen von britischen Soldaten verhaftet und daran gehindert, Schiffe zu besteigen, die sie in ein neues Leben bringen konnten. Die Männer der Brigade hatten den Flüchtlingen, auf die sie in Italien gestoßen waren, bereits auf vielfältige Weise geholfen. Sie hatten verschenkt, was sie auftreiben konnten – von Brot und Süßigkeiten bis zu Kleidern und Schuhen. So gern diese Gesten in Anspruch genommen wurden, sie waren doch nur ein Tropfen auf den heißen Stein.

Carmi war in die Wohnung an der Rue de Ponthieu gekommen, um ein viel umfassenderes Angebot zu machen. In seiner doppelten Eigenschaft als Soldat und als Untergrundkämpfer wusste er um die Möglichkeiten der Brigade. Seine Männer befanden sich nicht nur am Schnittpunkt dreier Grenzen, sondern seine *Huliyot* hatten auch gelernt, wie man unbemerkt an Kontrollpunkten vorbeikam. Ihm stand eine gut eingespielte Organisation zur Verfügung, die zudem reich mit materiellen Mitteln versehen war: Kleidung, Lebensmittel, Lastwagen. Sie konnten Tausende aus ganz Europa zu den Mittelmeerhäfen bringen. Die Brigade würde die *Bricha* wie eine militärische Operation führen. Angehörige einer jüdischen Armee würden ihre Brüder und Schwestern retten.

Es bedurfte keiner langen Diskussion. Schadmi griff den Plan begeistert auf, und Carmi verließ Paris noch am selben Abend. Auf der Rückfahrt nach Tarvisio dachte er viel über die merkwürdige Wendung nach, die sein kompliziertes Leben genommen hatte. Er war als Soldat nach Europa gekommen, um ein militärisches Ziel zu verfolgen: zu töten. Und nun hatte er eine neue Aufgabe: Leben zu retten. Sie würde nicht ungefährlicher sein.

Achtunddreißig

─────⌁─────

Wo war Lea? Pinschuk las das Telegramm aus Moskau wieder und wieder. Dass seine Schwester noch lebte, war ein Wunder – als er jede Hoffnung aufgegeben hatte, hatte Leas Telegramm seinen langen Weg zu ihm gefunden. Doch bei aller Freude war der Informationsgehalt des Telegramms frustrierend dürftig und rätselhaft. Die Mitteilung bestand lediglich aus zwei kurzen Sätzen. Lea hatte den Krieg überlebt. Sie war nach Palästina unterwegs. Aber wo war sie jetzt? Seine Schwester konnte beinah überall in Europa sein. Grenzen waren geschlossen worden, überall herrschte Chaos. Steckte sie in Polen fest? Oder war es ihr gelungen herauszukommen? Vielleicht war sie in einem Flüchtlingslager. Aber in welchem? Und in welcher Besatzungszone? Genauso gut konnte sie in diesem Augenblick auch in Italien sein. Nichts sprach dagegen, dass sie sich ganz in der Nähe aufhielt. Es gab jede Menge Möglichkeiten, und jede brachte ihre eigenen Schwierigkeiten mit sich.

Aber das spielte keine Rolle. Jetzt, da Pinschuk sicher war, dass Lea lebte, wurden all seine bisherigen Entscheidungen gerechtfertigt. Es war richtig gewesen, sich der Brigade anzuschließen. Es war richtig gewesen, nach Europa zu kommen. Jetzt bekam er eine zweite Chance. Das Telegramm war eine Aufforderung, die Aufgabe zu erfüllen, die er sich von Anfang an gestellt hatte. Wo immer Lea auch sein mochte, er würde sie finden. Und er würde sie nach Palästina bringen.

Sein Plan war schnell gefasst und denkbar einfach. Er würde sich von Italien aus nach Norden vorarbeiten und die Flüchtlingsrouten in umgekehrter Richtung abklappern. Je weiter Lea schon gekommen war, umso schneller würde er sie finden. Nichtsdestotrotz würde die Suche Wochen, vielleicht Monate dauern. Seine täglichen Pflichten als Offizier der britischen Armee konnte er dabei unmöglich erfüllen. Er würde desertieren müssen.

Als er über die Einzelheiten seines Vorhabens nachdachte, bekam er ein schlechtes Gewissen, weil er seinen Posten im Stich ließ. Sein Pflichtgefühl machte ihm zu schaffen. Vielleicht sollte er Oberst Gofton-Salmond informieren. Dabei bestand natürlich die Gefahr, dass der Oberst versuchen würde, ihn aufzuhalten. Andererseits, überlegte Pinschuk, solange er ihn nicht ins Gefängnis steckte, gab es eigentlich keine Möglichkeit, ihn aufzuhalten. Und er hätte sich wenigstens korrekt verhalten, indem er seinen Vorgesetzten über den Grund seines Verschwindens informierte. Er diente jetzt seit fast zwei Jahren unter dem Obersten und arbeitete eng mit ihm zusammen. Selbst wenn sein Rang es Gofton-Salmond verbot, stillschweigend über die Desertion hinwegzusehen, so wollte Ari doch zu gerne glauben, dass der Oberst die höhere Verpflichtung anerkannte, die ihn zwang, seine Schwester zu suchen. Und er hoffte, dass »der Alte«, auch wenn er kein Jude war, dafür Verständnis hatte.

Pinschuk betrat das Büro des Obersten und verkündete ihm, dass er vorhabe, den Stützpunkt zu verlassen. Nach einem aufbrausenden Wortwechsel willigte Grafton-Salmond ein, sich die ganze Geschichte anzuhören. Als Pinschuk geendet hatte, beharrte der Oberst darauf, ein dringendes persönliches Telegramm an das Hauptquartier der britischen Rheinarmee zu schicken. Er wollte eine offizielle Genehmigung einholen, dass Hauptmann Pinschuk seine Schwester suchen dürfe.

Ari war überrascht. Dieses spontane Entgegenkommen war ein gutes Omen. Dankbar sagte er dem Obersten zu, dass er so lange im Stützpunkt bleiben würde, bis die Erlaubnis des Oberkommandos eintraf. Zwei Tage später benachrichtigte ihn ein Bote aus der Kommandostelle des Bataillons, dass der Oberst ihn auf der Stelle zu sehen wünsche.

Wortlos reichte Gofton-Salmond ihm ein Telegramm:

Hptm. A. Pinschuk wird NICHT Wiederholung NICHT nach Osteuropa reisen.

Pinschuk vermochte nichts zu sagen. Er hatte sich ehrenhaft verhalten wollen – wie naiv war er eigentlich gewesen? Natürlich würde er trotzdem aufbrechen, doch nun war es plötzlich eine Flucht und würde viel mehr Wagemut und Gerissenheit erfordern. Im Moment brachte er nichts als einen hilflosen Blick zum Obersten zustande.

»Wann sind Sie bereit zum Aufbruch?«

Misstrauisch zögerte Pinschuk mit der Antwort.

»In einer Woche, Sir«, sagte er schließlich gepresst.

Auf Gofton-Salmonds Gesicht erschien ein verschmitztes, verschwörerisches Lächeln. »Und warum nicht morgen?«

Ein hilfsbereiter Oberfeldwebel eines kanadischen Bataillons, das in der Nähe der Brigade stationiert war, besorgte den Jeep. Die Kanadier würden bald nach Hause fahren, teilte er Pinschuk mit, und fügte augenzwinkernd hinzu, dass es keiner allzu großen Zauberkunst bedurfte, ein Fahrzeug verschwinden zu lassen.

Im Fuhrpark der Brigade fand sich ein passender Anhänger für den Wagen. Da völlig offen war, wie lange er unterwegs sein würde, belud Pinschuk ihn mit all den Dingen, die er zu brauchen glaubte: Blechkanister mit Benzin, Verpflegungskartons, Ersatzteile für den Wagen, zwei frische Uniformen, Kisten mit Players Light, die er selbst rauchte, und Büchsen mit Craven-A-Zigaretten, die im Nachkriegseuropa jedes Zahlungsmittel ersetzten, sowie Flaschen mit Whisky und Gin, falls er sich durch Bestechung aus größeren Schwierigkeiten retten musste. Er nahm auch Kleidung für Lea mit:

Militärhosen, einen Rock und eine Mütze – die Größen schätzte er. Als er sie zuletzt gesehen hatte, war sie eine dürre Zehnjährige gewesen – jetzt war sie eine junge Frau. Ob er sie wohl wiedererkennen würde? Der Oberst hatte dafür gesorgt, dass Pinschuk einen Monatssold im Voraus ausbezahlt bekam. Ari stopfte das dicke Bündel Pfundnoten in einen Khaki-Beutel und band diesen an einen Gürtel, den er verdeckt unter seinem Hemd trug. Man sah nur eine schwache Ausbeulung, so, als habe er etwas Fett angesetzt. Er war mit seiner Erfindung zufrieden.

Beim Mittagessen in der Offiziersmesse war Pinschuk nervös und angespannt. Er hatte kaum Appetit, doch er musste sich einfach zum Essen zwingen; denn wann und wo er die nächste warme Mahlzeit bekommen würde, stand in den Sternen. Genauso wenig wusste er, wann und ob er die anderen Männer wiedersehen würde. Einige Offiziere luden Pinschuk zu einer Runde Bridge nach dem Mittagessen ein. Er versprach, gleich in den Offiziersclub nachzukommen. Dann verließ er die Messe, ging zu seinem Jeep, vergewisserte sich, dass der Anhänger richtig eingehängt war, kletterte hinter das Steuer und fuhr los.

Als er nach einiger Zeit das Handschuhfach öffnete, um eine Packung Zigaretten herauszuholen, sah er den Umschlag. Er rollte zum Straßenrand, stellte den Motor ab und öffnete das Kuvert. Es enthielt eine Notiz: »Viel Glück, Ari«, stand darauf. Unterzeichnet: »Gofton-Salmond«.

★ ★ ★

Auf einer Karte hatte er mit roten Punkten sämtliche Flüchtlingslager in Deutschland und Österreich markiert. Am Abend vor seiner Abfahrt aus Italien hatte er die Punkte gezählt. Es waren zweiundneunzig.

Die Flüchtlingslager waren für Ari ein Meer aus Gesichtern. Hoffnungsvoll blickte er in jedes Einzelne – doch Lea war nicht darunter.

Jedes Mal wenn er in einem der Lager ankam – Feldafing,

Allach, Bad Reichenhall –, kam es zu dramatischen Szenen. Im Nu stürmten verzweifelte und irritierte Menschen auf ihn ein. Konnte es auf Gottes Erde so etwas wie diesen jungen Mann geben? Einen jüdischen Soldaten, noch dazu Offizier mit drei Hauptmannssternen auf den Epauletten, mit einem Davidstern auf der Schulter und einem Revolver an der Hüfte? Diese Begegnungen blieben nicht ohne Wirkung. Ari wurde bewusst, dass er nicht einfach als Bruder unterwegs war, der seine Schwester suchte, sondern auch eine offizielle Mission hatte. Wenn sich die Flüchtlinge um ihn scharten, fragte er daher nicht nur auf Jiddisch, ob jemand Lea Pinschuk aus Reflowka gesehen hatte, sondern erzählte auch von Palästina. Sie sollten wissen, dass sie eine Heimat hatten, dass Menschen sie erwarteten, dass sie willkommen waren. Er flehte diese geknechteten Menschen in ihren elenden Verhältnissen an, die Hoffnung nicht aufzugeben. »*Am Jisrael chai*« – immer wieder zitierte er den uralten Segen, dessen Worte unter den gegebenen Umständen geradezu tollkühn und herausfordernd wirken mussten: »Das Volk Israel lebt.«
Dann fuhr er weiter ins nächste Lager.

Der Unfall passierte in der Nähe von Mannheim, kurz nach sechs am Morgen. Als Pinschuk um eine Kurve fuhr, geriet der Anhänger ins Schleudern, der Wagen rutschte über die Seitenbefestigung der Straße in den Wald und prallte gegen einen Baum.

Die Amerikaner, die Pinschuk fanden und drei Tage im Krankenhaus behielten, sagten ihm, Kampfanzug und Mantel hätten ihn vor einer gebrochenen Schulter bewahrt. Außerdem teilten sie ihm mit, dass es sich mitnichten um einen selbst verschuldeten Unfall handele. Werwölfe, junge, uneinsichtige Nazis, würden oft heißes Öl auf die Straßen kippen, um alliierte Fahrzeuge verunglücken zu lassen. Aber auch hier habe Pinschuk Glück im Unglück gehabt, denn manchmal spannten die Werwölfe auch Drahtseile über Straßen, die einen Jeep-Fahrer glatt köpfen würden.
Der Anhänger war verbeult, aber noch funktionstüchtig.

Der Jeep dagegen hatte einen Totalschaden. Nachdem die Amerikaner Pinschuks Geschichte gehört hatten, boten sie spontan ihre Hilfe an. Sechs Tage nach dem Unfall war Ari wieder unterwegs. Er besuchte weitere Lager in Deutschland und fuhr dann in südlicher Richtung zurück nach Österreich. Die Wochen vergingen, und die Nachricht, dass ein jüdischer Soldat aus Palästina auf der Suche nach seiner Schwester sei, war oft schon vor ihm in den Lagern eingetroffen. Nicht nur die Flüchtlinge erwarteten ihn bereits, sondern auch die offizielle Lagerverwaltung. Ein empörter britischer Offizier hatte ihm in einem der Lager bereits angedroht, er würde ihn anzeigen, weil er Juden ermutige, illegal nach Palästina auszuwandern. Pinschuk ahnte, was ihn erwarten würde, als er inmitten einer Menschenmenge in einem österreichischen Lager plötzlich die gezischten Worte hörte: »Da kommt der Goi.« Die Flüchtlinge traten eilig zurück. Ein hoch gewachsener britischer Major befahl Pinschuk barsch, mitzukommen. Während er dem Major in ein Büro am zentralen Platz des Lagers folgte, überschlugen sich Aris Gedanken. Er würde inhaftiert werden. Möglicherweise würde man ihn auch wegen Desertion anklagen. Oder vielleicht wegen Anstiftung zu illegaler Auswanderung. So oder so würde er vor einem Kriegsgericht landen, und seine Suche nach Lea wäre zu Ende.

»Sie hören auf Sie«, unterbrach der Major seine Überlegungen. »Sie vertrauen Ihnen.«

Vielleicht könne Pinschuk die Juden überzeugen, dass sie die Duschen des Lagers gefahrlos benutzen könnten. Dass sie die Lumpen, die sie am Leib hätten, wegwerfen könnten, weil sie neue Sachen bekämen. Dass sie nicht jeden Abend Brot aus dem Speiseraum mitnehmen und unter ihren Kissen verstecken müssten.

»Ich werde es versuchen«, sagte Ari, als der Major geendet hatte. »Aber nach allem, was die Leute durchgemacht haben ...«

»... ich weiß.« Die beiden Männer sahen sich schweigend an.

Als Pinschuk am nächsten Morgen aufbrach schüttete es. Nach seiner Karte war das Lager im österreichischen Radstadt nur vierzig Kilometer entfernt. Er beschloss, trotz des schlechten Wetters zu fahren. Unterwegs stellte er fest, dass er übersehen hatte, dass die Straße über die Katschberg-Höhe führte. Es dauerte nicht lange, und der Regen ging in dichten Schnee über. Der Scheibenwischer brach ab, und Ari musste alle paar Minuten halten, um den Schnee mit einem Stück Holz zu entfernen. Aber er wollte nicht aufgeben, obwohl ihm klar war, dass er gegen jede Vernunft handelte. Nach einer Weile war der Weg unter dem Schnee nicht mehr zu erkennen. Ari fühlte Panik in sich aufsteigen. Er war allein in einem Schneesturm im Gebirge, und konnte durchaus hier erfrieren. Vielleicht sollte er aussteigen, und zu Fuß bis zur nächsten Kehre laufen.

Pinschuk stapfte los. Hinter der Kurve sah er plötzlich eine dünne Rauchfahne in den Himmel steigen. Vier Männer saßen um ein Feuer, dicht daneben standen zwei Schneepflüge. Für heute sei Feierabend, bedeuteten sie Pinschuk. Wenn es dermaßen schneite, sei es sinnlos. Pinschuk machte ihnen verzweifelt klar, er müsse heute noch nach Radstadt. Die Männer lachten. Das sei unmöglich, die Straße würde sicher tagelang gesperrt bleiben.

Pinschuk zog seinen Revolver aus dem Halfter und befahl ihnen, sich auf ihre Fahrzeuge zu begeben. Minuten später bewegte sich der Konvoi aus zwei Schneepflügen und einem Jeep mit Anhänger mühsam ins Tal hinab.

Es war ein Uhr morgens, als sie Radstadt erreichten. Die Fahrt hatte vierzehn Stunden gedauert.

Am nächsten Morgen im Lager war Pinschuk schnell von aufgeregten Menschen umringt. Männer schüttelten ihm die Hand, Frauen küssten den gelben Stern auf seiner Uniform, Kinder versuchten seinen Revolver zu berühren. Durch all das Gewühl hörte er plötzlich eine jiddische Stimme rufen:»Liebl, das bin ich, Simcha, der Katzew.«

233

Simcha, der Metzger! Die beiden Männer fielen sich in die Arme und begannen hemmungslos zu schluchzen. »Weißt du, wo Lea ist«, fragte Pinschuk schließlich tief bewegt.

Simcha sagte, sie habe in Reflowka bei ihm gewohnt, sei dann aber nach Rovno gegangen.

»Und dann? Ist sie noch dort?«

»Nein. Einige Monate später erhielt ich eine Nachricht, dass sie auf dem Weg nach Bytom ist.«

»Bytom? In Polen?«, fragte Pinschuk ungläubig.

»Ja, Liebl, deine Schwester ist in Polen.«

Neununddreißig

———— ❧ ————

Nach seiner Rückkehr aus Paris fragte sich Carmi, ob er nicht zu viel versprochen hatte. Er benötigte so viel Material wie eine reguläre Militäreinheit: Lastwagen, Lebensmittel, Decken, Treibstoff, Reisedokumente. Die Brigade konnte zwar heimlich die nötigen Männer stellen, doch Brigadegeneral Benjamin und sein Stab würden die benötigten Sachen niemals herausrücken. Je länger Carmi darüber nachdachte, desto deutlicher erkannte er, dass er eine ganze Armee brauchen würde, um die Flüchtlinge aufs Meer zu bekommen. Also erfand er eine neue Armee: Die TTG.

TTG klang knapp und bündig wie eine militärische Abkürzung und konnte ohne weiteres der Name einer Spezialeinheit sein. Carmi hatte die Abkürzung aus den Anfangsbuchstaben des jiddisch-arabischen Ausdrucks *tilhas tizig gescheften* gebildet. Diese Worte bedeuteten sinngemäß: »Leck mich am Arsch.«

Sobald der Name seiner neuen Einheit feststand, begann Carmi zu handeln. Kisten voller Blankoformulare für Materialanforderungen sowie für Arbeitsaufträge und Marschbefehle der britischen Rheinarmee ließen sich mit erstaunlicher Leichtigkeit aus den Lagern der Brigade stehlen. Gleichzeitig wurden Männer gesucht, die in ihrem früheren Leben Künstler gewesen waren. Drei meldeten sich. Carmi setzte die Freiwilligen in ein Zimmer und gab ihnen je ein Dokument, das vom Brigadegeneral unterzeichnet war.

»Ich möchte, dass Sie die Unterschrift des Chefs wie im Schlaf beherrschen«, wies er sie an. Einige Stunden später kam er wieder, um sich über die Fortschritte zu informieren. Die Männer gaben ihm die Dokumente zurück. »Was soll das heißen?«, brauste er auf. »Ich habe gesagt, Sie sollen sich damit befassen.« Einer der Männer trat vor. »Das sind nicht die Originale«, erklärte er grinsend. »Und Benjamin hat sie auch nicht unterschrieben.« Nach dieser eindrucksvollen Demonstration ihrer Fähigkeiten machten sich die Fälscher an die Arbeit. Dutzendweise wurden Aufträge und Marschbefehle von Brigadegeneral E. F. Benjamin »unterzeichnet«. Mit diesen falschen Papieren ließ sich die TTG im Eiltempo ausrüsten. Britische Transporteinheiten in ganz Europa akzeptierten die Dokumente ohne Zögern und überstellten der TTG Fahrzeuge. Geschäftige Versorgungsunteroffiziere warfen einen flüchtigen Blick auf die Unterlagen und schleppten Benzinkanister, frische Lebensmittel und dutzendweise Uniformen für die Männer der TTG heran. Soldaten der Brigade wurden als Fahrer für die TTG abgestellt. Das Bauernhaus bei Camperosso verwandelte sich buchstäblich über Nacht in das Hauptquartier einer Geisterarmee.

★ ★ ★

Zwei britische Armeelaster befanden sich auf dem Weg nach Linz. Die Kennungen an den Stoßstangen lauteten: TTG. Ihr Ziel war ein Flüchtlingslager in der amerikanischen Zone. Peltz und Maxi Kahan waren die begleitenden Offiziere; beide konnten sich in gehobenem Englisch ausdrücken und sich mit der Selbstsicherheit eines Offiziers und Gentleman bewegen. Sie waren ideal für diese Aufgabe. Carmi nahm als Fahrer an diesem Unternehmen teil.

Die Lkws hielten direkt hinter dem Schlagbaum. Die beiden Offiziere folgten einem Soldaten zum Büro des Lagerkommandanten. Sie hatten Glück – der amerikanische Befehlshaber war nicht anwesend. Ein Feldwebel prüfte gelangweilt die Dokumente, die die Überstellung von achtzig Waisenkindern an die britische TTG autorisierten.

»Sind alles Ihre«, sagte er nach einem kurzen Blick. Peltz hatte den Eindruck, dass es völlig egal war, was sie alles mitnahmen, solange nur die notwendigen Formulare in dreifacher Ausführung ausgefüllt wurden. Während Peltz und Kahan den Papierkram erledigten, fuhren die Lkws zur Kinder-Baracke. Carmi ging hinein und klatschte in die Hände, um die Aufmerksamkeit der Kinder zu wecken. Sie umringten ihn neugierig, als er auf Jiddisch fragte: »Wer will mit nach Palästina?«

Die beiden Wagen waren im Nu voll. Weil noch mehr Kinder mitwollten, erklärte Carmi, jetzt müssten sie »Sardinen spielen« – keinem der Kinder schien das etwas auszumachen. »Nach Palästina, nach Palästina!«, schrien sie, sobald sie auf der Ladefläche waren.

Peltz und Kahan stiegen zu, und dann ging es zurück nach Italien. Die Fahrt durch die amerikanische und selbst durch die sowjetische Zone war unproblematisch. Die Posten warfen einen kurzen Blick auf den Marschbefehl und winkten die Wagen durch. Die britischen Posten waren dagegen kritischer. Zudem bestand immer die Gefahr, auf Agenten des britischen Field Secret Service zu treffen. Eine ihrer Hauptaufgaben bestand darin, Flüchtlinge an der Einschiffung nach Palästina zu hindern.

Als sich die Wagen der britischen Zone näherten, schlug Peltz zweimal an die Trennwand zwischen dem Führerhaus und der Ladefläche. Die mitfahrenden Soldaten im Heck ordneten Ruhe an. Kein einziges Wort, kein Geräusch dürfe jetzt zu hören sein, sagten sie mit Nachdruck. Einige Kinder begannen zu zittern, andere weinten.

Offiziell transportierte die TTG lastwagenweise Kriegsgefangene nach Rom. Peltz hatte die Überstellungspapiere selbst getippt; auf jedem Blatt standen die Namen dutzender Gefangener samt Rang und Geburtsdatum, alle mit den dazugehörigen Stempeln und Unterschriften von Führungsoffizieren. Normalerweise reichte das aus. Die Posten machten sich nie die Mühe, unter die Planen zu sehen. Doch als sie nun auf der Rückfahrt von Linz an die Grenze zwischen Österreich und Italien kamen, sagte der britische Militärpolizist auffordernd, als er das Bündel Papiere zurückgab: »TTG? Von *der* Einheit habe ich noch nie was gehört.«

»Tatsächlich?«, gab Peltz völlig gelassen zurück. »Na ja, wir sind ja auch top secret. Ganz und gar geheim. Ich fürchte, ich muss Sie da im Dunkeln lassen, alter Knabe.«

Der verdutzte MP winkte die Lastwagen durch.

In Italien kamen die Flüchtlingskinder zunächst in das Lager Pontebba. Dort mussten sie eine Woche, teilweise auch länger, warten, bis Arazi mit den komplizierten Vorbereitungen für den nächsten Abschnitt der Reise fertig war. Danach wurden sie weiter nach Süden gefahren, erst nach Bologna, dann nach Florenz, und schließlich kamen sie auf die Schiffe, die sie heimlich nach Palästina brachten.

★ ★ ★

Es gab viel zu tun in diesen Wochen. Je mehr Kinder in das Lager strömten – ein Transport aus München brachte allein vierhundert –, desto länger wurden die Wartezeiten. Carmi beschloss, diese Verzögerungen sinnvoll zu nutzen. Mit Geld von der Pariser Hagana mietete er eine heruntergekommene Villa von einem italienischen Grafen und wandelte sie in eine Schule um. Männer der Brigade, die vor dem Krieg Lehrer gewesen waren, brachten den Kindern Hebräisch und jüdische Geschichte bei, unterrichteten sie in der Geografie Palästinas und erzählten ihnen vom Leben im Kibbuz. Und – was für das neue Leben in Palästina nicht weniger wichtig war – sie brachten dem Nachwuchs die Grundzüge des Soldatentums bei. Jungen und Mädchen lernten marschieren und schießen. Kinder, die vor wenigen Monaten miterlebt hatten, wie ihre Eltern in den Tod geschickt wurden, lernten jetzt von jüdischen Soldaten, für ihre Zukunft zu kämpfen. Die Hügel rund um das »Hebräische Hotel«, wie die Nachbarn die Villa nannten, hallten Tag für Tag von lautem Gewehrfeuer wider. Abends wurde an Lagerfeuern gesungen und getanzt, und die Kinder erzählten sich von den Wundern jenes warmen und fruchtbaren Landes, das sie bald mit eigenen Augen sehen würden.

Jedes Kind, jeder Jugendliche, den Carmi in einen der TTG-Laster setzte, war ein weiteres gerettetes Leben. Und jedes dieser Leben hatte eine eigene Geschichte.

Aron Derman war achtzehn und hatte im Krieg bei den Partisanen gekämpft. »Direkt nach meiner Befreiung ging ich nach Slodim in Polen, um zu sehen, ob vielleicht jemand überlebt hatte. Ich wusste, dass aus meiner Familie niemand mehr lebte, aber ich dachte, vielleicht ist irgendjemand übrig, ein Vetter oder Freunde. Aber in Slodim fand ich niemanden. Es war wie auf einem Friedhof. Es war die Hölle. Also wollte ich so schnell wie möglich wieder weg, einfach nur woanders hin. Aber wohin? Ich hatte keine Familie mehr, deshalb wurde Palästina zu meiner Familie. Palästina war mein Traum.«

Derman und seine junge Verlobte Lisa machten sich auf den Weg nach Westen. Er überzeugte einen Mitarbeiter des Roten Kreuzes davon, dass er Grieche und kein Jude sei und bekam Papiere für die Reise von Lublin nach Bratislava in der Tschechoslowakei. Von dort aus fuhren sie mit einem Zug nach Graz. Tage später kamen sie erschöpft und hungrig in einem britischen Durchgangslager an.

»Wir konnten nirgendwohin, wir saßen in Österreich fest. Wie Gefangene. Und dann kamen diese Soldaten zu uns, echte Soldaten, und sie sagten, dass sie uns und noch ein paar andere mitnehmen. Wir reimten uns dann irgendwie zusammen, dass das unsere Befreier sein müssten. Sie verfrachteten uns auf Lastwagen. Wir fuhren eine ganze Weile, dann sagten sie uns, wir müssten ganz still sein. Dass es gefährlich wäre. Es sei verboten, dass sie uns mitgenommen hatten, und wir machten genau, was sie uns sagten. An den militärischen Kontrollstellen mussten wir uns auf den Boden legen, und sie deckten uns mit Planen zu. Niemand durfte husten oder reden. Aber als wir dann hinter der Grenze zu

Italien waren, sagten sie uns, dass sie von der Brigade wären. Phantastisch! Wir weinten, wir schrien, wir küssten uns! Kannst du dir das vorstellen, nach dem Ghetto und dem ganzen Elend, jüdische Soldaten zu sehen? Es war so toll. Alle weinten und lachten, lauter Tränen und Glück, alles durcheinander und alles gleichzeitig. Dass Juden aus Palästina kamen, um Juden zu retten! Es war alles sehr, sehr bewegend für uns. Und sie gaben uns Süßigkeiten und Essen. Sie brachten uns Kleider und alles, was sie entbehren konnten. Sie waren wundervoll. Und sie waren freundlich. Und sie waren freigebig. Sie überschütteten uns mit allem. Mit Liebe. Sie behandelten uns wirklich so, wie man es von Brüdern erwartet. Sie sagten, dass wir es nach Palästina schaffen würden. Sie sagten, sie würden einen Weg für uns finden. Und wir glaubten ihnen.«

Wenn Carmi in den ersten Wochen in die Gesichter der geretteten Kinder sah, musste er unwillkürlich an diejenigen denken, die umgekommen waren. Das schlimmste Erlebnis war für ihn, als er einen der Überlebenden berichten hörte, wie Babys über die Köpfe ihrer Mütter hinweg in die Gaskammern geworfen worden waren. Wenn es einen Gott gab, dachte er, wie konnte Er dann so viel Böses zulassen? Oder musste er die Dinge anders betrachten? Hatte es nicht in all dem Schrecken auch Wunder gegeben? Göttliche Hilfe hatte die Kinder, die die Brigade nun ins Gelobte Land bringen wollte, den Krieg überleben lassen.

★ ★ ★

Seit geraumer Zeit schon hatten Agenten des britischen Field Secret Service (FSS) die Brigade beobachtet. Und allmählich schöpften sie Verdacht.

OC FSS Wien
geheim & vertraulich

Betr.: Nicht autorisierte Bewegungen und verdeckte Tätigkeiten jüdischer Flüchtlinge in Österreich

1. Während der letzten drei Monate meldeten verschiedene Berichte nicht-autorisierte Bewegungen jüdischer Flüchtlinge in und aus der britischen Zone in Österreich. Die Berichte legen die Vermutung nahe, dass diese Bewegungen Teil einer Massenemigration aus Nordeuropa in Richtung PALÄSTINA sind ... Nachforschungen haben bisher ergeben, dass die Personen, die die nicht-autorisierten Bewegungen der jüdischen Flüchtlinge unterstützen ... zu jüdischen Einheiten gehören. ... Sie betrachten sich selbst in erster Linie als humanitäre Helfer und Juden, statt als neutrale Angehörige der britischen Streitkräfte.

Vorgehen: Diskrete Maßnahmen, um Einheiten oder Einzelpersonen der britischen Armee daran zu hindern, Verstöße gegen bestehende Vorschriften zum Umgang mit jüdischen Flüchtlingen zu begehen.

In der letzten Juliwoche ergriffen die Briten die ersten »diskreten Maßnahmen«. Sie hinderten die Flüchtlinge zwar nicht daran, sich bis nach Österreich durchzuschlagen, doch sobald sie im Durchgangslager Judenburg angekommen waren, übernahm der FSS die Kontrolle. Seine Leute hinderten sie an der Weiterreise – hier war für Juden Schluss. Sie sollten nicht nach Italien, und schon gar nicht nach Palästina. Peltz eilte mutlos zu Carmi: »Diese Route ist dicht. Das war's. Aus Judenburg kriegen wir niemanden mehr raus.«

Vierzig

———∽———

Carmi wollte sich nicht so einfach geschlagen geben. Natürlich konnte er jetzt nicht mehr einfach in Judenburg mit seinen gefälschten Papieren winken und mit einem Wagen voller Flüchtlinge wegfahren. Alarmiert wie sie waren, würden die Briten sofort Verdacht schöpfen. Das Risiko war größer geworden, soweit stimmte er zu. Doch er wollte die Flüchtlinge nicht abschreiben. Dass die Briten sie nach all ihren Leiden quasi inhaftierten, fand er furchtbar, ja geradezu sadistisch.

Wie so häufig, wenn seine Nerven bloß lagen, zog sich Carmi zu einem Spaziergang in die Berge zurück. Er lief stundenlang. Und als er in die Kaserne zurückkam, hatte er sich einen Plan zurechtgelegt. Es würde ein völlig neuartiges Unternehmen werden. Wenn alles klappte, hätten alle Flüchtlinge das Lager längst verlassen, ehe die Briten auch nur merkten, dass jemand fehlte.

★ ★ ★

Der Konvoi aus zwölf Lastwagen verließ Camperosso früh am nächsten Morgen. Carmi fuhr an der Spitze. In der Nähe des Lagers bog er von der Straße, die zum Haupttor führte, ab und steuerte den Wagen in den umliegenden Wald. Die anderen folgten ihm. Schließlich stoppte die Kolonne.

Carmi sprang vom Wagen. Er trug zivile Kleidung; Hose

242

und Jacke passten nicht zusammen und waren schmutzig. Den Schirm seiner Mütze hatte er tief ins Gesicht gezogen.

»Wie sehe ich aus?«, fragte er Robert Großmann. Großmann hatte damals mitgeholfen, dem Gestapo-Mann die Namensliste abzupressen, und hatte an der ganzen Entwicklung seitdem teilgehabt. Bei dieser Unternehmung war er Carmis rechte Hand. Großmann musterte seinen Freund eingehend. Es sei alles in Ordnung. »Ja, ich denke, so könnte ich einen passablen Juden abgeben«, grinste Carmi. Dann instruierte er seine Männer.

Er wollte bei Einbruch der Dunkelheit zurückkommen. Wenn er bis Mitternacht nicht aufgetaucht sei, sollten sie ohne ihn zurückfahren. Auf keinen Fall solle jemand versuchen, ihn rauszuholen. Beim Verlassen des Waldes sollten die Wagen ohne Licht fahren. Auf der Straße dürften sie bis Camperosso nicht anhalten, komme, was wolle. Großmann salutierte.

Carmi gab den Gruß zurück. Dann machte er sich auf den Weg zum Lager.

Er hatte keine Probleme, in das Lager hineinzukommen. Der Posten hob nicht einmal den Kopf. Es war nicht ungewöhnlich, dass Juden in den nahen Wald und wieder zurückschlenderten – die langen Tage boten den Flüchtlingen kaum eine andere Abwechslung.

Im Lager lief Carmi von Baracke zu Baracke und erläuterte seinen Plan. Die Flüchtlinge lauschten aufgeregt. Ein junger Mann unterbrach Carmi und fragte, was aus ihren Sachen werden würde. Carmi hatte sich darüber keinerlei Gedanken gemacht. Was besaßen die Leute schon? Eine Haarbürste? Ein Gebetbuch? Jedenfalls nichts Unersetzliches. Ein Mädchen bestand darauf, ohne ihr Kissen aus Gänsefedern könne sie nicht gehen. Es war absurd. Wenn jeder der Flüchtlinge ein Bündel auf dem Rücken trug, würde auch der uninteressierteste Wachposten argwöhnisch werden.

Carmi musste erkennen, dass er einen Fehler gemacht hatte. Dass sie so an ihren kleinen Besitztümern hingen, mochte zwar unvernünftig sein, doch andererseits hatten sie Dinge durchlebt, die jenseits aller Vernunft lagen. Es stand ihm nicht zu, darüber zu urteilen. Er konnte von diesen Juden nicht verlangen, die wenigen Erinnerungsstücke aufzugeben, die sie aus einer Welt gerettet hatten, die nicht mehr existierte. Er hoffte nur, dass diese Entscheidung nicht das ganze Unternehmen in Gefahr bringen würde.

Carmi sagte ihnen, sie sollten packen, ihre Rucksäcke und Taschen aber auf ihren Betten liegen lassen. Er würde dafür sorgen, dass sie abgeholt würden. »Ihr habt mein Wort.«

»Lauter!«, forderte Carmi. »Macht mehr Lärm!«

Sämtliche Lagerinsassen – etwa 150 Leute, die meisten davon Jugendliche – hatten sich nach Einbruch der Dunkelheit um ein loderndes Lagerfeuer versammelt. Es brannte weit von den Baracken entfernt in der Nähe des Waldrands. Alle sangen. Carmi reichte das noch nicht. Er wollte sichergehen, dass der Lagerkommandant, der vielleicht in eine Partie Bridge vertieft war oder sich einem Gläschen Gin widmete, sie auch wirklich hörte. Er wollte, dass jemand neugierig genug werden würde, um ein paar Wachen herüberzuschicken.

»Na los«, drängte er, »legt euch mal ins Zeug!«

Sie sangen noch lauter, klatschten in die Hände und stampften mit den Füßen. Und tatsächlich – bald tauchten ein paar Wachen auf. Sie hielten Abstand, beobachteten aber alles aufmerksam. Es schien sie zu amüsieren.

Als Carmi unverfänglich seine Mütze vom Kopf zog, schlenderte das erste Pärchen Hand in Hand in den Wald. Kurz darauf folgte ihm ein zweites. Die beiden umarmten und küssten sich ausgiebig, ehe sie im Schutz der Bäume verschwanden. Die Wachen beobachteten das Geschehen mit anzüglichem Grinsen und kehrten nach einer Weile ins Lager zurück. Es gab nichts Besonderes zu vermelden, außer, dass einige Pärchen offensichtlich Gefallen aneinander gefunden hatten. Was ihnen entgangen war: Keines der Paare kam aus dem Wald zurück.

Die Männer der Brigade warteten in der Dunkelheit auf die Flüchtlinge. Die Teenager lachten und gratulierten sich überschwänglich. Es war ihnen nur schwer klar zu machen, jetzt ruhig und schnell zu handeln. Die Soldaten halfen den Ersten auf die Lkws. Sobald ein Paar das Feuer verlassen hatte, bereitete sich das nächste auf seinen Abgang vor. Alles lief nach Plan, fast automatisch. Doch nach einer Weile wurden die verbliebenen jungen Leute ungeduldig. Jetzt waren es ganze Grüppchen, die in den Wald eilten.

»Das hier ist eine militärische Operation«, versuchte Carmi die Leute zu belehren. Niemand nahm von ihm Notiz. Wenn die Wachen jetzt zurückkehrten, würde alles auffliegen. Verärgert winkte Carmi mit seiner Mütze und befahl: »Los, alle in den Wald!«

Elf Lastwagen voller Flüchtlinge rollten langsam aus dem Wald. Der zwölfte wartete noch auf Feldwebel Fisher und einige weitere Soldaten, die die Rucksäcke und Taschen aus dem Lager holten. Carmi hatte Fisher versichert, es sei egal, dass sie Uniform trügen. Die Wachen würden um diese Zeit sowieso schlafen, und selbst wenn sie wach seien, würden sie nicht auf britische Soldaten achten. Für alle Fälle sollten sie die Telefonleitungen kappen, bevor sie das Lager verließen.

Wie vorhergesagt, war von den Wachposten nichts zu sehen. Es dauerte nicht lange, und die Männer hatten die Gepäckstücke eingesammelt. Als sie gerade in den Wald laufen wollten, ertönten laute Stimmen. »Halt, halt! Wartet! Lauft nicht weg!«

In seiner Anspannung brauchte Fisher einen Moment, um zu realisieren, dass die Worte auf Jiddisch gerufen wurden. Eine Gruppe von vielleicht vierzig Flüchtlingen tauchte aus dem Dunkel auf.

Die Flüchtlinge waren nach einer wochenlangen Reise erst vor einer Stunde in Judenburg angekommen. Doch sie fanden keine Juden. Als sie dann Fisher und seine Männer über das Gelände schleichen sahen, begriffen sie, was los war. Sie flehten ihn an, sie nicht zurückzulassen. Fisher war ratlos. In seinem Laster konnte er unmöglich vierzig Leute unterbringen – hätte Carmi ihm doch nur einen der großen Dodges dagelassen! Aber selbst, wenn er sie irgendwie hineinquetschen könnte, würden ihm die nötigen Papiere fehlen. Und ohne die würde er unmöglich durch die Kontrollen kommen. Und vor allem: Wenn die Leute weiter so durcheinander redeten, würde der Lärm die Wachen wecken. Dann käme niemand mehr raus.

Hastig improvisierte er einen Plan. »Wartet morgen Abend im Wald da drüben. Jemand wird euch abholen.« Dann eilte er mit den übrigen Soldaten zu seinem Laster und betete, dass die Posten die ganze Aufregung verschlafen hatten.

Noch vor Sonnenaufgang erreichten sie die Grenze. Carmi – jetzt wieder in Uniform – zeigte einem verschlafenen Militärpolizisten den Marschbefehl des Konvois und gab ihm die maschinegeschriebenen Listen, auf denen die Gefangenen des Transports aufgeführt waren. Carmi konnte sich lebhaft vorstellen, was dem Mann beim Durchblättern durch den Kopf ging. Er konnte entweder jeden der Wagen überprüfen – oder wieder ins Bett gehen.

»Gut, weiterfahren!«, hörte Carmi den MP sagen. Dann hob sich der Schlagbaum.

Sie erreichten Pontebba vor dem Mittagessen. Während die Jugendlichen von den Lastwagen stiegen, bemerkte Carmi, dass er stark schwitzte. Seine Uniform war völlig durchweicht. Zurück in Tarvisio, konnte er sich kaum noch auf den Beinen halten. Als Fisher ihm von den vierzig zurückgelassenen Juden berichtete, lag er schon mit 39.4 Grad im Bett. »Hol mir Johanan«, sagte er und ließ sich matt ins Bett zurückfallen.

★ ★ ★

Peltz beschloss alleine zu fahren. Die anderen waren zu erschöpft, und die Sache sah unproblematisch aus. Wenn er einen der Dodges nahm, konnten er alle vierzig hinten hineinquetschen. Er würde einfach hinfahren, seine Passagiere einladen und wieder zurückbrausen.

Je näher er dem Lager kam, desto unsicherer wurde er. Die Lagerleitung musste das Verschwinden »ihrer« Juden natürlich längst bemerkt haben. Vielleicht sollte er seinen Plan doch ändern. Peltz stellte den Lkw ein ganzes Stück vom Lager entfernt ab und ging zu Fuß zur verabredeten Stelle.

Unvermittelt traten einige britische Soldaten mit vorgehaltenen Gewehren hinter den Bäumen hervor. »Was soll das?«, wollte Peltz wissen. »Ich bin britischer Offizier.« Die Männer ließen die Gewehre sinken. Der Unbekannte wirkte zweifellos echt. Andererseits hatten sie ihre Befehle. Sie eskortierten Peltz in das Büro ihres Vorgesetzten. Der kommandierende Offizier, ein Major, war nicht so leicht zufrieden zu stellen.

»Sie sind ein Gangster! Ein Kindesentführer!«, schrie er Peltz an. »Sie haben es sogar gewagt, meine Telefonverbindung zu kappen!«

»Bei allem Respekt, Sir, ich weiß nicht, wovon Sie reden«, erwiderte Peltz.

»Das wird sich schon noch zeigen. Sie gehören zu diesen Flüchtlingsräubern.«

»Ich fürchte, hier liegt ein Missverständnis vor«, beharrte Peltz. Er erklärte, dass man ihm Urlaub bewilligt habe, um seine Familienangehörigen zu suchen. Er habe in das Lager kommen wollen, weil er jemanden zu finden hoffte, der ihm diesbezüglich helfen könne.

»Sie sind ja nicht mal Soldat«, brüllte der Major. »Zeigen Sie mal Ihr AB 64!«

Peltz zeigte sein Armeebuch ohne zu zögern vor – die Identitätsnummer darin war gefälscht, der Name erfunden. Gerade als der Major sich mit den Papieren befassen wollte, betrat ein Feldwebel mit einer Eilmeldung vom Oberkommando den Raum. Ungeachtet der Anwesenheit des Fremden las er die Nachricht Wort für Wort vor.

Die Meldung kam ungelegen. Den »Kindesentführer« würde der Major sich später vorknöpfen müssen. Er befahl dem Feldwebel, Peltz in Verwahrung zu nehmen. Peltz folgte dem Mann aus dem Zimmer. In der Eile fiel niemandem auf, dass er seinen AB 64 wieder vom Schreibtisch des Majors genommen und eingesteckt hatte.

Der Feldwebel brachte Peltz in ein anderes Büro. »Warten Sie hier«, sagte er und schloss von außen ab. Peltz wartete nicht sehr lange. Er öffnete das Fenster und stieg hinaus. Beim Verlassen des Lagers legte er keine Eile an den Tag. Erst als er den Wald erreicht hatte, rannte er los. Minuten später befand er sich mit dem Lkw wieder auf der Straße. Er holte aus dem Dodge heraus, was ging. Carmi würde sicher schnellstmöglich wissen wollen, was für Neuigkeiten er zufällig aufgeschnappt hatte. Für die vierzig Flüchtlinge mussten sie sich etwas Neues einfallen lassen.

Einundvierzig

————— ✤ —————

Carmi öffnete die Augen. Er hatte vor langer Zeit schon gelernt, dass man nicht wegen guter Nachrichten geweckt wird. Mit einiger Mühe setzte er sich auf. Sein Mund war ausgetrocknet, und er bat um ein Glas Wasser, an dem er nippte, während Peltz ihm berichtete, was er im Büro des Lagerkommandanten mitgehört hatte: Die Russen würden Graz verlassen, und die Briten würden die Stadt übernehmen. Carmi setzte das Glas ruckartig ab. Er konnte die Neuigkeiten nicht fassen. Seit drei Monaten leitete die *Bricha* die Juden, die aus Osteuropa flohen, nach Graz. Sie kamen zu hunderten in überfüllten Zügen oder zu Fuß. Der russische Oberst, unter dessen Befehl die Zone stand, war selbst Jude, und er sorgte dafür, dass die ausgemergelten Flüchtlinge in den Hotels der Stadt untergebracht wurden. Außerdem hatte er seine Untergebenen angewiesen, den britischen Militärfahrzeugen der TTG, die die sowjetische Zone auf ihrem Weg nach Italien in westlicher Richtung verließen, keine allzu große Aufmerksamkeit zu schenken. Diese Regelung hatte es Carmi und seinen Leuten ermöglicht, Juden in großer Zahl in das Lager Pontebba zu schmuggeln. Doch wenn nun die Briten Graz übernahmen, war das alles vorbei; sie würden die Stadt sofort abriegeln. Ihre unnachgiebigen FSS-Männer würden an allen Überlandstraßen postiert werden. Mit Tricks würde man vielleicht noch den einen oder anderen Juden aus einem Durchgangslager holen können, aber gegen eine gut organisierte britische Besatzungstruppe war man letztlich machtlos.

Peltz wartete gespannt auf Carmis Reaktion. Nach einer Weile fragte dieser, wie viele Juden in Graz darauf warteten, über Italien nach Palästina zu gelangen. Peltz hatte keine Ahnung. »Außerdem ist es auch egal«, sagte er. »Wir können nichts mehr machen.«

»Du musst doch irgendeine Vorstellung haben, Johanan. Wie viele?«

»Vielleicht tausend?«, schätzte Peltz.

»Mindestens«, murmelte Carmi. Und wenn er tausend Juden retten könnte, wenn er helfen könnte, tausend Pioniere nach Palästina zu bringen ...

»Wann übernehmen die Briten die Stadt?«, fragte er.

»Morgen um Mitternacht.«

»Dann haben wir zwei Tage.« Carmi stand zitternd auf und begann sich anzuziehen.

★ ★ ★

Das größte Problem waren die Lastwagen. Bei dem Bauernhaus von Camperosso stand ein Dutzend TTG-Fahrzeuge, doch tausend Flüchtlinge würde man nicht in zwölf Lkws stopfen können. Sie brauchten so viele Wagen, wie sie kriegen konnten. Obwohl Carmi durch das Fieber noch sehr geschwächt war, arrangierte er umgehend ein Treffen mit Major Schlomo Schamir und anderen höheren jüdischen Offizieren der Brigade. Er berichtete ihnen von den neuesten Entwicklungen in Graz und ersuchte Schamir, die Überlassung weiterer dreißig Lkws aus verschiedenen Einheiten der Brigade zu genehmigen.

Die Reaktion der Offiziere traf Carmi unerwartet. Eine Aktion dieser Größenordnung sei zu riskant, ein Fehlschlag würde die Brigade kompromittieren, vielleicht würde sie gar aus Europa abgezogen. Und wenn die Brigade tatsächlich nach Palästina zurückgeschickt würde, so wurde nicht zu Unrecht betont, dann hätte die *Bricha* überhaupt keine Unterstützung mehr.

Carmi versuchte mühsam, sich zu beherrschen. Für ihn war das Ganze nur eine Frage des Muts und des Wollens. Natürlich war es nicht ohne Risiko, aber es war zu schaffen. Doch wenn der ranghöchste Hagana-Mann der Brigade, Schlomo Schamir, die Lkws nicht freigab, würde das Unternehmen sehr viel schwieriger werden. Vielleicht sogar unmöglich. Nach einer Weile trat Israel Carmi einen strategischen Rückzug an. Er wolle seinen Antrag fallen lassen, sagte er den Offizieren. Dann drehte er sich um und ging. Schamir hatte ihm die Verwendung der Transportfahrzeuge ja nicht offiziell untersagt. Vielleicht ging es doch irgendwie.

»Soll ich dir sagen, was *ich* denen erzählt hätte?«, schimpfte Peltz, als Carmi ihm von dem Treffen berichtete. »Deswegen war es auch gut, dass du nicht dabei warst, Johanan. Aber wir werden schon einen Weg finden.« Und tatsächlich – Johanan Peltz hatte eine Idee. Ari Pinschuk sei doch für den Fuhrpark zuständig. Als Hauptmann könnte er ohne weiteres die Überstellung der Fahrzeuge genehmigen. Das Problem war nur, dass niemand wusste, wo Pinschuk steckte. Sie mussten unbedingt einen anderen Verbündeten in der Transport-Kompanie finden.

Carmi kannte Jigal Caspi noch aus der Vorkriegszeit. Damals hatten sie im Dienst der Hagana Etliches zusammen erlebt. Jetzt führte Caspi die 178er, eine Transport-Kompanie, die der Brigade vor Beginn der Senio-Offensive angegliedert worden war.

Als Carmi ihn um dreißig Lastwagen bat, um damit Juden nach Italien zu schmuggeln, stellte Caspi nur eine einzige Frage: »Unter wessen Befehl läuft die Sache?«

»Ich übernehme die Verantwortung«, antwortete Carmi. Caspi sagte sofort seine Unterstützung zu.

Nach dem Mittagessen gab Carmi den Befehl zum Aufbruch. Er fuhr mit Peltz und Chaim Laskow in einem Jeep an der Spitze. Der lange Konvoi aus 42 Lastern setzte sich Richtung Graz in Bewegung.

Entscheidend war, dass sie die Stadt mit den Flüchtlingen wieder verlassen hatten, ehe die Briten die Kontrolle übernahmen. Dafür hatten sie ganze dreißig Stunden Zeit. Es spielte keine Rolle, dass Carmi der kalte Schweiß auf der Stirn stand, dass seine Kehle wund und jede Bewegung eine Anstrengung war, die an seinen Reserven zehrte. Es spielte keine Rolle, dass sie die Davidsterne auf den Wagen in der Eile nicht mehr übermalen konnten. Es spielte keine Rolle, dass der Marschbefehl und die anderen Dokumente ganz offensichtlich hastig gefälscht worden waren. Es zählte nur, dass sich in Graz tausend Juden befanden, die sie dort rausholen mussten, ehe die Stadt von den Briten abgeriegelt wurde.

Carmi versuchte vergeblich zu schlafen. Sein Fieber quälte ihn, aber schlimmer noch war die Anspannung. Dieses Unternehmen war so verdammt wichtig, nicht nur für die Brigade, auch für ihn selbst. Er hoffte, dass die Rettung so vieler Flüchtlinge auf einen Schlag seine vergangenen Taten wieder gutmachen konnte und die quälenden Bilder des Todes vertreiben würde.

Zweiundvierzig

———— ⚬∿⚬ ————

Gegen acht am nächsten Morgen, ein oder zwei Stunden, nachdem Carmi dann doch in einen unruhigen Schlaf gefallen war, näherte sich die Kolonne den Ausläufern der Stadt. Zu beiden Seiten der Straße lagerte eine komplette britische Division, die auf den Startschuss für ihren Einzug in die sowjetische Zone wartete.

Laskow stupste Carmi an:»Und was jetzt?«

Carmi schreckte hoch und ließ seinen Blick über die Reihen britischer Soldaten schweifen. Sie konnten bis zur ersten Kontrollstation weiterfahren und mit etwas Glück in die Stadt gelangen. Je früher sie ankamen, desto mehr Zeit bliebe zum Einsammeln der Flüchtlinge. Doch was, wenn die Sowjettruppen sich seinen Leuten am Stadtrand entgegenstellten und sie an der Weiterfahrt hinderten? Oder schlimmer noch, wenn sie den Konvoi in die Stadt ließen, ihn dort aber festhielten und später den Briten übergaben? Sich in den Straßen von Graz mit kampferprobten Russen zu messen, war das Letzte, was er sich wünschte. Klüger und vor allem sicherer wäre es, wenn sie hier an der Straße warten und dann mit der britischen Division zusammen in die Stadt fahren würden. Einiges sprach für diese vorsichtige Variante, aber tausend Argumente sprachen gegen diese Verzögerung. Er ließ Peltz weiterfahren.

Etwa fünfzehn Kilometer vor dem Stadtzentrum erreichten sie den ersten Kontrollposten. Vier nebeneinander gestellte

Holzböcke wirkten wie der symbolische Versuch, die Straße zu sperren. Der Jeep stoppte. Kein russischer Soldat zeigte sich. Die Männer sahen sich fragend an. Schließlich stieg Carmi aus und schob die Hindernisse zur Seite. Peltz und Laskow gaben ihm mit gezogenen Revolvern Deckung. Nichts rührte sich, der Kontrollpunkt war verlassen – ebenso wie vier weitere Checkpoints, die sie auf dem Weg ins Zentrum passierten.

»Die Russen sind schon weg«, freute sich Peltz. »Sie sind einfach abgehauen.« Carmi war sich da nicht so sicher. Sowjetische Einheiten konnten durchaus noch in der Innenstadt warten. Bis Mitternacht stand Graz immerhin noch unter russischem Kommando.

Ein, zwei Kilometer vor dem Zentrum ließ Carmi die Kolonne in einer großen Parkanlage halten, um das weitere Vorgehen zu besprechen. Er würde zunächst mit Peltz und Laskow in die Stadt fahren, um die Flüchtlinge und eine geeignete Stelle für die Lkws zu suchen. Dann würden sie den Konvoi dorthin geleiten. Wenn sie Glück hätten, könnten sie Graz schon Stunden vor Mitternacht wieder verlassen. Dass der Erfolg des Plans davon abhing, ob sie auf sowjetische Truppen stießen, verschwieg er.

★ ★ ★

Der Jeep fuhr durch verlassene, stille Straßen. Es schienen sich weder sowjetische Truppen in Graz zu befinden, noch Zivilisten. Die Stille war beunruhigend. Peltz blickte argwöhnisch umher; Carmi spielte nervös an seinem Revolver.

Als sie auf die Hauptstraße einbogen, brach plötzlich Lärm los. Hunderte Menschen säumten die Straße auf beiden Seiten. Sie jubelten, schwenkten Union Jacks und warfen mit bunten Blumensträußen – die Begrüßung für die britischen Besatzungstruppen.

»Los, winkt!«, rief Carmi seinen entgeisterten Freunden zu. Blumen prasselten auf den Jeep.

Langsam rollte der Wagen durch die festlich geschmückte

Innenstadt. Hier musste irgendwo das Gebäude sein, in dem man die Flüchtlinge einquartiert hatte. In einer Seitenstraße wurden sie fündig. Vorsichtig betraten die drei Männer den Komplex. Er schien verlassen, nur Staub und Stille. Mit wachsender Beklommenheit stiegen sie in den ersten Stock hinauf. Nichts. Carmi gefiel das ganz und gar nicht. Peltz nahm sein Gewehr von der Schulter. Im zweiten Stock rief Carmi auf Jiddisch:»Die Jüdische Brigade ist hier. Wir sind gekommen, um euch nach Palästina zu bringen.«

Von überall her kamen vorsichtig Menschen. Sie strömten vom Dachboden herunter, aus verriegelten Zimmern und kletterten aus verschlossenen Schränken. Im Nu waren die drei von einer Menschenmenge umgeben, die ihnen aufgeregte Fragen zurief. Sie umarmten die Soldaten in ihrer Freude und fielen sich gegenseitig um den Hals. Inmitten dieses Gewühls bahnte sich der Anführer der Flüchtlinge, ein rothaariger Partisan, seinen Weg zu Carmi.»Wir dachten, ihr wärt die Gois, die uns in Flüchtlingslager bringen wollen«, sagte er erleichtert.»Aber so ist es einfach wunderbar. Wunderbar.«

»Die Briten werden bald hier sein«, dämpfte Carmi. Er instruierte den Roten, wie der Partisan genannt wurde, er möge dafür sorgen, dass die Flüchtlinge ihre Sachen zusammenpackten und sich zum Aufbruch bereithielten.»Wie lange wird das dauern?«

»Eine halbe Stunde«, meinte der Rote. Carmi war realistischer.»Sie haben drei Stunden. Danach fahren wir ab, komme was wolle.«

Nun mussten sie nur noch eine Stelle finden, an der die Lastwagen parken konnten, ohne größeres Aufsehen zu erregen. Hinter einem Schulgebäude stießen sie auf einen Sportplatz. Er musste für die zweiundvierzig Lastwagen ausreichen.

Zurück bei den Flüchtlingen, machte Carmi dem Roten klar, wie wichtig es war, dass die Juden so leise und unauffällig wie möglich zum Sportplatz kamen.»Am besten in kleinen Gruppen«, wies er ihn an.»Und geht auf verschiedenen Wegen.« Unauffälligkeit, wiederholte er noch einmal, sei von entscheidender Bedeutung.»Verstanden?«

★ ★ ★

Zum zweiten Mal an diesem Tag regnete es Blumen auf den
Jeep. Der Konvoi hatte sich an das Ende eines britischen Vo-
rauskommandos gesetzt, das nun Richtung Zentrum fuhr.
Auf Carmis Zeichen hin verließen die 42 Lkws nach einer
Weile die Kolonne wieder, und steuerten die Schule mit dem
Sportplatz an.
Jetzt musste es schnell gehen. Die Wagen wurden nebeneinander gestellt, die Planen hochgeschlagen und die Lade-
klappen herabgelassen. Carmi sah mit Befriedigung, wie rei-
bungslos alles klappte. Dann hörte er plötzlich Gesang. Laute
Stimmen schmetterten ein jiddisches Lied, seine Zuversicht
verschwand schlagartig. Der Rote kam die Straße herauf, mit
allen Flüchtlingen im Schlepptau. Ungläubig starrte Carmi
auf diese Szene; er spürte, wie ihm das Blut in den Kopf stieg.
»Ruhe!«, brüllte er. »Aufhören!« Er stürzte auf den Roten
zu, packte ihn am Mantelkragen und schüttelte ihn. Er war
auf dem besten Weg, völlig die Beherrschung zu verlieren.
Aus den Augenwinkeln sah er, dass eine Reihe Flüchtlinge
verwirrt und entsetzt näher gekommen waren. Er ließ den
Mantel los, warf dem Roten noch einen bösen Blick zu und
wandte sich ab.

Auf dem Weg aus der Stadt mussten sie wieder an den fünf
Kontrollpunkten vorbei. Es war fast elf, als der Konvoi sich
dem letzten näherte. In fahlem Licht warteten britische Soldaten auf Mitternacht. Noch waren die Militärpolizisten Seiner Majestät eine Stunde lang machtlos. Die Kolonne würde
die Stadt ohne Schwierigkeiten verlassen können.
Während sie langsam auf den Kontrollpunkt zurollten,
ertönte eine Hupe. Carmi blickte zurück und sah, dass einer
der Lkws am Straßenrand gehalten hatte. Er ließ seinen Jeep
wenden. Die Fahrzeuge hinter ihm hielten – keine 500 Meter
vor dem letzten Kontrollpunkt von Graz.
Ein aufgeregter Soldat lief Carmis Jeep entgegen. Carmi
stieg aus und folgte ihm zum Heck des Lkws. Im Schein

einer Taschenlampe sah er eine Frau in einer Blutlache liegen. »Wenn wir nichts unternehmen, stirbt sie«, meinte der Soldat.

Carmi sah auf die Uhr: 23.15.

»Bei der Polizei in Haifa habe ich Erste Hilfe gelernt«, bot Laskow an. »Ich könnte versuchen, ihr zu helfen.«

Carmi blickte auf die lange Kolonne der Lastwagen und rief zu Peltz hinüber, der noch am Steuer des Jeeps saß: »Bring alle über die Grenze. Und beeil dich!«

Peltz nickte, wendete den Jeep und jagte zurück an die Spitze der Wagen. Der Konvoi setzte sich wieder in Bewegung. Die britischen Soldaten ließen die ersten Lkws passieren. »Das ist es«, dachte Carmi. »Nicht zögern, sondern durch!« Er sah wieder auf die Uhr: 23.30. Dann wandte er sich an Laskow: »Wie geht's ihr, Chaim?«

»Schlecht.«

»Ist sie transportfähig?«

Laskow zuckte die Achseln. Die Zeit lief ihnen davon. Mitternacht rückte immer näher, und noch hatten längst nicht alle Wagen den Kontrollpunkt passiert. Carmi musste eine Entscheidung fällen. Er kletterte ins Führerhaus des Lastwagens und befahl dem Fahrer loszufahren. »Und geben Sie Gas!«, bellte er.

Um 23.52 Uhr, acht Minuten vor Toresschluss verließ dieser Wagen als letzter Graz. Sie hatten es geschafft! Kurz vor dem Frühstück kam der Konvoi in Pontebba an. Der Lagerarzt, der kam, um nach Carmi zu sehen, teilte zu Israels großer Freude mit, dass die verletzte Frau überleben würde.

Dreiundvierzig

———— ❦ ————

Pinschuk bereitete sich auf die nächste Etappe seiner Reise vor. Vor vier Wochen war er losgefahren und hatte gehofft, Lea mit etwas Glück in Italien oder in einem der deutschen oder österreichischen Flüchtlingslager zu finden. Doch nun hatte Simcha, der Metzger, ihm erzählt, dass Lea in Bytom in Polen sei. Ari musste sich auf eine lange Reise nach Osten einstellen.

Im Lager Radstadt breitete er seine Karte aus und versuchte, den kürzesten Weg zu ermitteln. Das wilde Durcheinander aus Farben und gepunkteten Linien, das nicht nur jede Menge Länder, sondern auch ein Labyrinth aus militärischen Besatzungszonen voneinander abgrenzte, entmutigte ihn zusehends. Sein Ziel lag tief in der sowjetischen Zone – und er war ein britischer Soldat ohne Visum. Die Kommunisten könnten ihn als Deserteur oder Schwarzhändler einstufen oder ihn womöglich gar für einen feindlichen Spion halten. Eine Gefängnisstrafe war eine Möglichkeit, vor ein Erschießungskommando der Roten Armee gestellt zu werden, war eine ganz andere.

Bevor er an diesem Abend einschlief, entschied er, dass eine ungenehmigte Einreise nach Polen zu riskant war. Am nächsten Morgen würde er zur sowjetischen Kommandatur in Salzburg fahren, auch wenn wenig dafür sprach, dass die Russen ihm helfen würden.

Salzburgs Straßen waren überfüllt, Militärfahrzeuge und Fuhrwerke bahnten sich ihren Weg durch Händler und hektisch umhereilende Menschen. Wann immer Pinschuk anhielt, um nach dem Weg zu fragen, oder weil es gerade nicht vorwärts ging, drängten sich Menschen um seinen Wagen. Uhren, Autoreifen, selbst Frauen wurden ihm angeboten. Oder, hätte der Gentleman selbst etwas zu verkaufen? Zigarretten vielleicht oder Nylonstrümpfe?

Ari Pinschuk war nicht nach Kauf- oder Tauschhandel zumute. Er wollte schnellstmöglich das Büro des American Jewish Joint Distribution Committee – oder Commitat, wie die Organisation auch genannt wurde –, finden, das Flüchtlingslager in ganz Europa erfasste. In Radstadt hatte man ihm gesagt, die Organisation habe ein leer stehendes Gebäude übernommen, in dem er vielleicht für ein paar Tage unterkommen könne.

Das Paar, das die Commitat leitete, war hoch erfreut, einen Soldaten der Jüdischen Brigade in ihrem Haus willkommen heißen zu können. Sie wollten einfach alles wissen: über Palästina, die Grundbesitzeinschränkungen des Weißbuchs, das Verhältnis zu den Arabern, den Einsatz der Brigade im Krieg ... Pinschuk beantwortete geduldig alle Fragen – schließlich boten sie ihm ein richtiges Bett und, was nach seiner langen Fahrt eine echte Wohltat war, ein heißes Bad und wunderbares Essen. Es gab Borschtsch, dick, säuerlich und mit viel Roter Bete; es gab Piroggen, die großen, glitschigen Teigtaschen, die mit grobem Gehacktem gefüllt waren; und als er meinte, keinen Bissen mehr herunterzubekommen, setzten sie ihm eine dampfende Platte mit geschmortem Lammfleisch vor. Jeder Geschmack, jeder Geruch war eine Erinnerung an etwas, das er verloren hatte. Es waren Impressionen eines früheren Lebens.

Zum ersten Mal seit Wochen schlief er zufrieden ein.

Am nächsten Morgen erschien ein frisch gebadeter und rasierter Pinschuk in seiner Hauptmannsuniform in der sowjetischen Kommandatur. An einem Schreibtisch in der Anmeldung saß ein weiblicher Offizier, blond, mit strahlenden Augen und um die fünfundzwanzig. Die Uniform stand ihr ausgezeichnet.

Als sie ihn auf Russisch ansprach, zuckte er nur mit den Schultern. Er hatte das Gefühl, es sei vorteilhafter, wenn er nicht zu erkennen gab, dass er Russisch konnte.

»Guten Morgen«, erwiderte er stattdessen mit einem hilflosen Grinsen. Zu seinem Erstaunen antwortete sie ihm in einem zwar stark Russisch gefärbtem, aber flüssigem Englisch.

»Was wünschen Sie?« Pinschuk erläuterte, er sei ein britischer Offizier, der seine Schwester suche und die Hilfe der sowjetischen Behörden brauche, um nach Polen einzureisen.

»Solche Angelegenheiten behandeln wir hier nicht«, meinte die Frau. »Wir haben eine andere Aufgabe. Ich kann Ihnen nicht helfen.«

Ari versuchte verzweifelt, sie umzustimmen, doch je länger er redete, desto mehr geriet sein Versuch, die Angelegenheit klar und wohl durchdacht vorzutragen, außer Kontrolle. Er wurde immer lauter, schrie beinahe. Seine Gedanken rasten: Wenn er keine Möglichkeit fand, legal nach Osten zu fahren, war alles vorbei.

»Was ist hier los?«, unterbrach ihn barsch eine Stimme.

Ein russischer Offizier kam langsam die Treppe herunter. Er trug Uniformhosen und knöpfte gelangweilt sein weißes Hemd zu.

Die Frau gab ihm auf Russisch wieder, wer Pinschuk war und warum er nach Osten wollte. Der Offizier starrte Pinschuk bohrend an. Ari brachte keinen Ton heraus, richtete nur einen flehenden Blick an den Russen. Nach einigen schier endlosen Minuten hörte er ihn auf Russisch zu der blonden Frau sagen: »Sagen Sie, soll nicht Oberst Polownik heute Nachmittag auf dem Weg von Innsbruck nach Wien hier vorbeikommen? Vielleicht nimmt der ihn mit.« Die Frau brachte ein paar Einwände vor, doch der Offizier betrachtete die Angelegenheit offenbar bereits als erledigt. Er wies sie knapp an, sie solle Pinschuk mitteilen, dass er am Nachmittag um drei wiederkommen solle, um den Obersten zu treffen. Dann legte er Pinschuk beruhigend eine Hand auf die Schulter. »*Dogovorílis*«, sagte er. »Alles geregelt.«

»Danke sehr«, murmelte Pinschuk auf Englisch. »Ich bin Ihnen wirklich äußerst dankbar.« Seine nicht zu übersehende, tiefe Freude machte jede Übersetzung überflüssig.

Um kurz vor drei kam Pinschuk wieder in die russische Kommandatur. Die Offizierin führte ihn in einen Salon mit unzähligen Polstermöbeln, wies auf ein grasfarbenes Sofa an einer Wand und hieß ihn Platz nehmen. Sie selbst ließ sich auf einem Platz am anderen Ende des Raums nieder, wo sich wenige Minuten später eine Kollegin zu ihr gesellte. Sie trug Zivilkleidung, hatte dunkle Haare und war ein bisschen üppiger als ihre Freundin. Die beiden Frauen unterhielten sich auf Russisch über Bettgeschichten, als wären sie unter sich. Pinschuk war von ihrer Unverblümtheit überrascht. Die Dunkelhaarige deutete nach einer Weile auf Pinschuk und fragte ihre Freundin, ob sie sicher sei, dass er kein Russisch könne. »Keine Sorge«, erwiderte diese grinsend.

Pinschuk saß mit übereinander geschlagenen Beinen auf seiner Seite des Salons, rauchte Players und bemühte sich, einen geistesabwesenden Eindruck zu machen. Er kam sich wie ein Spion vor. Nach einer Stunde des Wartens wurde er unruhig. Was, wenn der Oberst nicht kommen würde? Er würde kommen, er musste einfach! Und außerdem war es nach all den Wochen der Anspannung auch ganz unterhaltsam, dem Gespräch der beiden Frauen zu lauschen. Er hatte beinahe schon vergessen, dass es noch eine andere Welt gab, voller Erlebnisse und Gefühle. Wie seine eigene Zukunft wohl aussehen würde?

Nach geraumer Zeit öffnete sich eine Tür, und der Offizier, dem er am Vormittag bereits begegnet war, kam mit Oberst Polownik herein, einem sympathischen und entwaffnend gut aussehenden Mann. Polownik schüttelte Pinschuk die Hand, bedeutete ihm, dass er kein Englisch könne und fragte in etwas schleppendem Deutsch: »Nach Wien?«

»Nach Wien«, strahlte Pinschuk.

Pinschuk saß auf der Rückbank des Opel, Polownik vorne bei seinem Fahrer. Die beiden unterhielten sich auf Russisch. Sie erörterten gerade die Benzinknappheit, als Pinschuk eindöste. Es war eine lange Fahrt, die außer drei Reifenpannen ereignislos verlief.

Gegen elf Uhr nachts kamen sie an die Donau. Pinschuks Müdigkeit war wie weggeblasen – die Lichter von Wien leuchteten in der Ferne. Die Aussicht, bald eine weitere Reiseetappe geschafft zu haben, versetzte ihn in Hochstimmung. Der Oberst wies ihn an, sich auf dem Boden des Wagens zu verstecken. Es seien Posten auf der Brücke, und Pinschuks Name stünde nicht in seinen Reisedokumenten. Er deutete auf seinen Chenille-Mantel, mit dem Ari sich zudecken solle.

»Britische Offiziere verstecken sich nicht auf dem Boden von Autos«, platzte Pinschuk heraus. Auf der Stelle bereute er seinen herrischen Ton – doch sich zu verstecken, kam nicht in Frage. Der Oberst war sauer und hielt Pinschuk verärgert vor, dass er sie alle drei mit seinem Verhalten in Gefahr brächte. Doch Ari gab nicht nach. Johanan Peltz hätte sich auch nicht anders verhalten.

Als sie auf die Brücke fuhren, ließ Polownik seinen Fahrer anhalten. Für einen bangen Augenblick fürchtete Pinschuk, er würde aus dem Wagen geworfen werden. Stattdessen stieg der Oberst aus und lief die 25 Meter bis zu dem Wachhäuschen. Vom Rücksitz aus sah Pinschuk, wie er dem Posten eine Zigarette anbot und ihm ein Bündel Papiere gab. Dabei stand er geschickt immer so zwischen dem Wagen und dem Soldaten, dass diesem die Sicht versperrt blieb. Kurz darauf gab der Soldat die Papiere zurück und salutierte zackig.

Der Oberst kam zum Auto zurück und bedeutete seinem Fahrer, weiterzufahren. Dann drehte er sich zu Pinschuk herum: die Sache mit dem russischen Posten sei erledigt, doch um die amerikanischen Posten am anderen Ende der Brücke müsse sich Pinschuk schon selbst kümmern. Ari war wie vom Donner gerührt. Dass es auf der Brücke nach Wien russische *und* amerikanische Posten gab, hatte er nicht gewusst. Vielleicht wäre es doch besser gewesen, unter den Mantel zu kriechen …

Am amerikanischen Posten angekommen, reichte Polownik seine Papiere aus dem Fenster. Er erklärte dem GI, dass seine Genehmigung nicht für den Mann auf der Rückbank galt.

Der Posten forderte Pinschuk auf, sein Fenster herunterzukurbeln. »Sind Sie Russe?«, fragte er ihn auf Englisch. Pinschuk erklärte ihm, dass er Offizier der britischen Armee sei und zur Jüdischen Brigade gehöre.

»Sie sind nicht angekündigt«, sagte der GI.

Pinschuk hatte kaum eine andere Wahl, und entschied sich, dem Amerikaner seine Geschichte zu erzählen. Von der Suche nach seiner Schwester und wie er seit Wochen von Lager zu Lager fuhr und nun unbedingt nach Polen musste. Er musste dem Mann begreiflich machen, was das alles für ihn bedeutete. »Ich kann Sie durchlassen«, sagte der GI schließlich. »Aber ich kann Ihnen nicht versprechen, dass man Sie wieder rauslässt.«

»Bitte, lassen Sie mich einfach nur durch.«

Es war ein Uhr vorbei, als der Opel schließlich Wien erreichte. Kurz hinter der Stadtgrenze ließ der Oberst seinen Fahrer anhalten, drehte sich um und sagte knapp: »Raus! Auf der Stelle.«

Pinschuk stieg aus dem Wagen und blickte den schnell kleiner werdenden Rücklichtern nach. Und nun? Er hatte nicht einmal einen Wagen – seinen Jeep hatte er in Salzburg gelassen. Missmutig lief er die leere nächtliche Straße entlang.

Vierundvierzig

TOP SECRET
MESSAGE OUT
Von: G.H.Q. General Headquarters
An: Troopers London
Es existieren Beweise für illegale Auswanderung nach PALÄS-
TINA durch ITALIEN sowie Hinweise auf organisierten Trans-
port von Flüchtlingen, die illegal nach PALÄSTINA auswan-
dern wollen, unter Beteiligung palästinensischer Truppenteile.
Um die Kommunikationslinien wirkungsvoll und endgültig zu
kappen, sollte unbedingt erwogen werden, schnellstens alle
palästinensischen Einheiten von diesem Schauplatz abzuzie-
hen ...

Zwei Tage nachdem Carmis Konvoi aus Graz zurückgekehrt war, erhielt die Brigade den Befehl, Tarvisio zu verlassen. Der britischen Führung lagen Berichte über die
Umtriebe jüdischer Soldaten bei der Unterstützung von
Flüchtlingen vor; sie waren der Ansicht, wenn man die Sol
daten nur weit genug vom Mittelmeer entfernt stationierte,
würde sich die Sache von selbst erledigen.

Am 29. Juli 1945 trat die Brigade mit 600 Fahrzeugen ihre
lange Reise zu ihren neuen Stützpunkten in den Niederlan-
den und in Belgien an. Über den Brenner fuhren sie über
Innsbruck Richtung Deutschland. Während der folgenden
Tage passierte der Konvoi eine trostlose Reihe ausgebomb-

ter Städte – vorbei an Schutt und Trümmern. Es war eine gefährliche und anstrengende Fahrt. Knapp 5000 jüdische Soldaten befanden sich in »Feindesland«. Viele der Männer beschrieben die Planen ihrer Wagen mit provozierenden Sprüchen: »Deutschland Kaput! Kein Reich, kein Volk, kein Führer! Die Juden kommen!« Vereinzelt kam es anfangs auch zu Übergriffen gegen die deutsche Bevölkerung. Nachts schlichen sich rachsüchtige Soldaten in die Ortschaften und überfielen Frauen oder zündeten Häuser an. »Doch je weiter wir nach Deutschland hineinfuhren, desto stiller wurden wir alle«, erzählte Gerald Smith, ein aus Großbritannien stammender Angehöriger der Brigade. »Überall herrschte völlige Verwüstung. Die Leute starrten ungläubig auf unsere jüdischen Flaggen. Vor allem die Menschen in Köln taten uns Leid, es war ja kaum noch ein Stein auf dem anderen.«

Ende August hatte die Brigade ihre neuen Quartiere bezogen. Brigadegeneral Benjamin errichtete sein neues Hauptquartier in der Nähe von Brüssel, die einzelnen Einheiten wurden an verschiedenen Orten in Belgien und Holland stationiert. Die Briten hatten die jüdischen Bataillone damit zwar weit vom Mittelmeer entfernt postiert, doch für Carmi spielte das keine Rolle. Es gab noch viel zu tun. Und überrascht stellte er fest, dass die Verlegung nach Belgien durchaus auch Vorteile hatte. Er war befördert worden, bekam mehr Sold und befehligte nun den Fuhrpark des 2. Bataillons. Ohne Probleme konnte er die Reihen der TTG auffüllen. Und er rekrutierte Leute wie David Littman, Netanel Lorch und andere für eine besondere Aufgabe: Sie sollten für Kinder, die noch in den Schreckenskammern von Bergen-Belsen leben mussten, eine Schule ins Leben rufen. Die ehemalige Baracke 41 bedeutete nun für viele Kinder und Jugendliche den Anfang der Rückkehr zur Normalität. Ze'hava Brumberg, die als Jugendliche in verschiedenen Lagern eingesperrt gewesen war, war eine von ihnen. Immer wenn sie müde und erschöpft, hungrig und durstig von der Arbeit des Tages zurückgekehrt war, hatte sie sich in eine Phantasiewelt geflüchtet. Eine Phantasiewelt mit Lehrern und Schülern, Büchern und Heften. Sie glaubte fest daran, dass es jenseits des Stacheldrahts Mädchen gab, die jeden Tag vergnügt mit ihren Schulranzen zum Unterricht gingen. Mehr als an alles andere erinnerte sie sich an jene wunderbare Zeit in ihrem Leben, in der sie in der Schule gewesen war. Sie wollte wieder dorthin zurück; sie wollte sich auf das Lösen von Mathematikaufgaben konzentrieren und sich keine Sorgen wegen der täglichen Ration dünner Suppe machen, die oft alle war, ehe sie welche abbekommen hatte. Jetzt wurde ihr lang gehegter Traum wahr.

»Sie brachten uns«, erinnert sie sich heute dankbar, »einen frischen Geist und Ideale. Die Schule wurde so etwas wie eine Familie. Die Soldaten stärkten unser Selbstbewusstsein und machten uns klar, dass wir nicht weniger wert waren als andere Jugendliche, die nicht in einem Konzentrationslager gewesen waren. Die Schule wurde zu einem Hort, in dem unsere Seelen wieder lebendig wurden.«

★ ★ ★

Carmi brauchte nicht lange, um festzustellen, dass sich seine Männer inmitten einer Goldgrube befanden. Im Umfeld der neuen Brigadestützpunkte lagen dutzende von Nachschubdepots der britischen Rheinarmee, randvoll mit Waffen und Munition. Wer weiß, die würde man vielleicht schon bald gut gebrauchen können, denn die Nachrichten aus der Heimat wurden immer beunruhigender. Die Regierung Attlee war, was ihre Einwanderungspolitik und die staatsrechtlichen Fragen anging, nicht kompromissbereit, und die Jischuw hatten angesichts der Grauen des Holocaust ebenfalls wenig Sinn für Zugeständnisse. Die Ereignisse entwickelten eine gefährliche Eigendynamik. Der britische Staatsminister Lord Moyne wurde in Kairo von jüdischen Heckenschützen ermordet. In Tel Aviv brachen Unruhen aus, bei denen sechs Juden durch britische Kugeln umkamen. Die Mandatsregierung drohte der gesamten jüdischen Gemeinschaft mit einem 24-stündigen

Ausgangsverbot. Sollte das in Kraft treten, so war daraufhin von Seiten der Jischuw zu hören, dann müssten die Briten 600 000 Juden verhaften.

Wenn der Kampf um Palästina tatsächlich losbrechen sollte, würden die Soldaten der Brigade an vorderster Front stehen. Die Frage war nur, auf wen sie dann schießen würden – auf Briten, auf Araber oder auf beide.

Ohne die geringsten Schuldgefühle befahl Carmi seinen Männern, mitzunehmen, was die britischen Arsenale hergaben. Oly Givon schlich sich nachts wiederholt in eines der Depots und trug Scharfschützengewehre in Originalverpackung heraus. Peltz konnte gar nicht fassen, wie viele Kisten mit Maschinengewehren und Panzerfäusten nur darauf warteten, geklaut zu werden. Shaul Ramati, ein anderer Offizier, ging am gewissenhaftesten von allen vor. Das Waffendepot in seinem Kommandobereich enthielt stets die korrekte Anzahl von Kisten mit Enfield-Gewehren – allerdings gefüllt mit Handtüchern. »Was soll ich sagen?«, erinnerte sich der aus Polen stammende und in Oxford ausgebildete Ramati. »Ich folgte einer höheren Moral.«

Es war eine Goldader, in der man ohne Risiko schürfen konnte. Nun mussten die Waffen nur noch sicher eingelagert werden und dann irgendwie nach Palästina kommen.

Im Herbst 1945 requirierte ein Stabsfeldwebel der britischen Streitkräfte ein großes fensterloses Lagerhaus in einer abgelegenen Ecke von Antwerpen. Militärpolizisten hielten rund um die Uhr Wache. Das Gebäude unterstand dem Kommando der TTG.

Den ganzen Tag über rollten Lastwagen an, und eifrige Soldaten entluden ihre Beute. Waffen, Munition und andere Ausrüstungsgegenstände wurden sorgfältig in große Fässer gepackt, die angschließend versiegelt wurden. In einem letzten Arbeitsgang wurden die Fässer mit einem leuchtenden roten Kreuz gekennzeichnet.

Da das Waffenarsenal der TTG während der Wintermonate 1945/46 beständig anwuchs, bedrängte Carmi das Hauptquartier der Hagana in Paris mehrmals in der Woche mit Telegrammen. »Organisiert uns endlich ein Schiff, dann sorgen wir dafür, dass die Ladung an Bord kommt.« Am Ende der dritten Woche wurde Carmi erhört. Munya Mardor, der blasse Hagana-Offizier, der für die Waffenbeschaffung zuständig war, traf als britischer Unteroffizier verkleidet in Antwerpen ein. Arazi habe einen 400-Tonnen-Kahn namens »Tel Hai« gekauft, berichtete er. In zehn Tagen könne das Schiff nach Palästina auslaufen.

Carmi fragte nach dem Liegeplatz. »Marseille«, antwortete Mardor verlegen. Carmi war davon ausgegangen, dass das Schiff in einem italienischen Hafen liegen würde, sodass der Transport durch das winterliche Europa auf bekannten Routen stattfinden könnte. Auf eine Fahrt nach Frankreich war er dagegen nicht vorbereitet. Am nächsten Tag stürzte er sich auf seine neue Aufgabe. Zusammen mit den Fahrern, die er für den Konvoi ausgewählt hatte, studierte er die Straßenkarten, während eine andere Gruppe nach einem günstigen Übergang an der französisch-belgischen Grenze suchte. Nicht lange, dann war alles geregelt. Am Ende der Woche ließ Carmi 300 Rot-Kreuz-Fässer auf die Transporter laden.

Mitten in dieser heißen Phase erhielt Carmi die dringende Aufforderung, nach Paris in die Wohnung in der Rue de Ponthieu zu kommen. Es gebe da ein Problem. Die Briten, so erzählte Schadmi nach Carmis Ankunft, drängten die Franzosen, die »Tel Hai« müsse so bald wie möglich nach Palästina auslaufen. Das sei kein Grund zur Sorge, versuchte Carmi zu beruhigen. Seine Männer würden die Waffen rechtzeitig an Bord schaffen können. Schadmi schnitt ihm das Wort ab. Carmi würde nicht richtig verstehen: Die »Tel Hai« könne nur *eine* Fahrt von Frankreich aus unternehmen. Carmi verstand immer noch nicht. Bei Antwerpen gebe es ein Flüchtlingslager, fuhr Schadmi fort. Rund 1500 Leute säßen dort fest, vorwiegend junge Männer und Frauen. Überlebende ohne Familien. Sie mussten sich entscheiden, ob sie Waffen oder Menschen nach Palästina schicken wollten. Carmi stimmte mit Schadmi überein, dass Arazi ihm für den Waffentransport ein zweites Schiff besorgen musste. Offen blieb nun noch die Frage, wie und mit welchen Papieren die Flüchtlinge von Antwerpen nach Marseille kommen würden.

»Meine Männer kriegen das hin«, versicherte Carmi.

»Ich habe nichts anderes erwartet«, sagte Schadmi zufrieden.

★ ★ ★

Mitternacht. Ein leichter Nieselregen hatte eingesetzt, als die ersten Lastwagen vor dem Lager bei Antwerpen eintrafen. Die Passagiere warteten dicht gedrängt, ihr weniges Gepäck auf dem Rücken. In jedes Fahrzeug passten etwa dreißig Menschen. Nach einer Stunde war der Konvoi zur Abfahrt bereit.

Carmi hatte ausgerechnet, dass sechzig Lkws zum Transport der Flüchtlinge benötigt wurden. Selbst wenn es ihm gelang, so viele Fahrzeuge »auszuleihen«, würde ein Konvoi von rund anderthalb Kilometern Länge nur im Schneckentempo vorankommen und alles andere als unauffällig sein. Die Fahrt nach Marseille würde sich über drei oder gar vier Tage hinziehen. Für die geschwächten Flüchtlinge auf den Ladeflächen würde es eine Tortur werden. Daher hatte er beschlossen, nur dreißig Wagen zu verwenden und zwei Fahrten nacheinander durchzuführen.

»Vorwärts!«, schrie Carmi am 9. März 1946 kurz nach ein Uhr morgens und setzte sich mit seinem Jeep an die Spitze des Konvois. Er hatte einen Gutteil seines Lebens mit heiklen Grenzüberquerungen verbracht; als sie sich jetzt Frankreich näherten, durchlebte er eine vertraute Anspannung. Doch fünf Kisten Whisky hatten die Wachen schnell davon überzeugt, dass der Konvoi deutsche Kriegsgefangene zu einem Arbeitseinsatz transportierte.

Alle zwei Stunden machte die Kolonne eine kurze Pause. Die Flüchtlinge bekamen eine Tasse heißen Tee und konnten ihre Beine ein bisschen ausstrecken, bevor die nächste Etappe begann.

Je weiter sie nach Süden kamen, desto schlechter wurde

das Wetter. Die ganze Nacht lang hatte es genieselt, war dunstig gewesen, aber nun, kurz vor der Dämmerung gerieten sie in immer dicker werdenden Nebel. Carmi konnte kaum noch die Straße vor sich erkennen. Und dann hörte er das Geräusch von ineinander krachendem Metall. Drei Laster waren aufeinander aufgefahren. Bei zweien war die Vorderfront komplett eingedrückt, und irgendeine Flüssigkeit lief auf die dunkle Straße. Wenigstens war niemand verletzt worden.

»Also, wir machen Folgendes«, verkündete Peltz in seiner resoluten Art, nachdem er die zerstörten Maschinen begutachtet hatte. »Besorgt Seile, wir schleppen sie ab.« Carmi war sich nicht sicher, ob das klappen würde, doch die Alternative hieß, neunzig Flüchtlinge am Straßenrand stehen zu lassen. »Es ist einen Versuch wert«, brummte er.

Erst in der folgenden Nacht erreichten sie die Hafenstadt und das Lager, das Mardor wenige Tage zuvor provisorisch errichtet hatte.

»Willkommen in Marseille«, begrüßte er Carmi.

Nur eine Stunde später waren Carmi und die anderen Fahrer – ausgerüstet mit Thermoskannen voll schwarzem Kaffee – wieder auf dem Weg nach Antwerpen. Und weitere dreißig Stunden später führte Israel Carmi den zweiten Konvoi nach Südfrankreich.

»Willkommen in Marseille«, hörte er Mardor zwei Tage später erneut sagen.

Carmi war so erschöpft, dass er nicht mehr aus dem Jeep aussteigen konnte. So peinlich es ihm auch war: Zwei Soldaten mussten ihn aus dem Wagen heben und in das Zelt tragen, das Mardor vorbereitet hatte. Noch ehe er seine Stiefel aufgeschnürt hatte, schlief er ein. Und er schlief immer noch, als die »Tel Hai« am nächsten Abend mit ihren Passagieren in See stach.

Fünfundvierzig

———— ⚬⅄⚬ ————

Der russische Oberst hatte Pinschuk in einer düsteren Gegend Wiens abgesetzt; die Häuser waren heruntergekommen, viele von ihnen mit Holzbrettern verrammelt. Einsam und müde lief er durch die nächtlichen Straßen. Ein Motorengeräusch ließ ihn aufschrecken. Er blickte in die grellen gelben Lichter eines schnell näher kommenden Wagens. Pinschuk trat seitlich aus dem Lichtkegel und öffnete sein Halfter. Wenn es MPs waren, würden sie seinen Marschbefehl sehen wollen, wenn es Gangster waren, würden sie sein Geld wollen. Sein Herz klopfte heftig, als der Wagen neben ihm anhielt und das Fenster heruntergekurbelt wurde. Eine bekannte Stimme fragte: »Haben Sie einen Platz zum Schlafen?« Es war der Fahrer des Obersten. Argwöhnisch trat Pinschuk näher an den Wagen heran. Außer dem Fahrer war niemand zu sehen.

»Nein«, antwortete er.

»Das dachte ich mir.« Der Russe begann zu lachen. »Steigen Sie ein!«

Im Wagen erklärte der Russe ihm, dass es ihn sehr beeindruckt habe, wie er sich dem Obersten widersetzt hatte. »Britische Offiziere verstecken sich nicht auf dem Boden von Autos«, zitierte er ihn belustigt. »Gut gemacht, bravo.« Deshalb sei er auch, nachdem er den Obersten an einem Hotel abgesetzt habe, umgekehrt, um dem stolzen britischen Offizier zu helfen.

Sie fuhren zu einem großen Wohnhaus aus grauem Stein und mit schmiedeeisernen Balkonen, das mitten in der Innenstadt am Kärntner Ring lag. Der Russe parkte vor dem Eingang und sperrte die große mehrflügelige Tür auf. Er führte Pinschuk durch die Eingangshalle zu einer geschwungenen Freitreppe. Auf dem ersten Treppenabsatz öffnete er mit einem weiteren Schlüssel die Tür zu einer Wohnung und ging hinein. Pinschuk folgte ihm neugierig. Es war eine außergewöhnliche Wohnung mit riesigen Räumen. Am meisten beeindruckte Pinschuk die Ausstattung. Ganze Wände bestanden aus Spiegeln, überall standen edle und teure Möbel. Während er sich umsah, musste er an den Verlauf denken, den dieser Abend genommen hatte. Vor wenigen Minuten noch auf der Straße, befand er sich jetzt in einem überladenen Palast. Er fragte den Russen, wem diese Wohnung gehöre.

»Dem Oberst«, antwortete der und lachte. Es sei sein Liebesnest. Heute habe er aber in einem Hotel eine Besprechung mit anderen Offizieren, und darum habe er seinem Fahrer die Schlüssel überlassen.

»Heute«, fuhr er mit unverhohlener Schadenfreude fort, »schlafen wir in Federbetten und trinken den Wodka vom Oberst.«

Die erste Flasche ging bereits zur Neige, als Pinschuk den Augenblick für gekommen hielt, den Fahrer wegen seiner Polenfahrt um Rat zu bitten.

»Da brauchst du eine Genehmigung.« Erneut füllte der Russe die Gläser. Die beiden Männer prosteten sich zu und tranken. »Dafür musst du in die Kommandatur. Im Hotel Imperial.«

Pinschuk sah den Mann flehend an. »Also gut«, stöhnte der Russe nach einer Weile mit gespielter Verzweiflung. »Ich bringe dich hin.« Dann stand er auf, um die nächste Flasche zu holen. Aus irgendeinem Raum der weitläufigen Wohnung hörte Pinschuk ihn kichern: »Britische Offiziere verstecken sich nicht auf dem Boden von Autos, also wirklich …«

Am nächsten Morgen dröhnte Pinschuk der Kopf. Mühsam quälte er sich aus dem Bett, rasierte sich und polierte seine Stiefel. Wie schlecht es dem Russen ging, konnte er nur ahnen. Der jedenfalls hielt Wort und fuhr ihn zum Hotel Imperial. Dort schüttelte er Pinschuk feierlich die Hand, wünschte ihm viel Glück und fuhr eilig davon.

Der Hoteleingang wurde von zwei hünenhaften russischen Soldaten bewacht, die Star-Gewehre mit ihren markanten runden Magazinen im Arm. Reisegenehmigungen, bellte ihn einer der beiden an, gebe es hinter dem Hotel.

Pinschuk folgte dem knappen Hinweis und ging durch eine Gasse, die in einen Hof führte. Eine lange Menschenschlange hatte sich vor einem untersetzten russischen Offizier gebildet, der hinter einem großen Schreibtisch saß. Pinschuk stellte sich hinten an und stellte erleichtert fest, dass es schnell vorwärts ging. Der Russe schien sich weder besonders viel Zeit zu nehmen, noch schien er, wenn Pinschuk die verärgerten Wortwechsel richtig deutete, Genehmigungen auszustellen.

»Gehen Sie wieder nach Hause«, herrschte er die alte Frau vor Pinschuk an, »wir haben hier nichts zu verschenken.« Pinschuk, der sich eine kleine Rede zurechtgelegt hatte, konnte offensichtlich nicht mit viel Entgegenkommen rechnen. Selbstbewusst trat er vor den Offizier – ein aufrechter britischer Hauptmann.

»Sie sind Jude?«, ergriff sein Gegenüber das Wort.

Pinschuk, der sich innerlich auf eine Konfrontation vorbereitete, war erstaunt, als ihm der Russe die Hand entgegenstreckte.

»Ich auch. Womit kann ich helfen?« Pinschuk wollte ihm ausführlich von seiner Suche nach Lea berichten, doch der Mann unterbrach ihn. Die Einzelheiten seien unwichtig. »Warten Sie einen Moment, ich fertige eben noch diese Leute ab, dann kommen Sie mit mir zum Essen ins Offizierskasino. Ich werde alles für Sie regeln.«

Eine gute Stunde später saßen die beiden Männer im luxuriösen Speisesaal des Hotels. Nach einer ausgiebigen Mahlzeit stellte der Offizier Pinschuk einem bärtigen Major vor, der für die Reisegenehmigungen zuständig war. Ihm sollte Pinschuk seine Geschichte ausführlich erzählen. Nachdem er geendet hatte, betete Pinschuk im Stillen:»So eine Genehmigung ist doch bloß ein Stück Papier, mehr will ich ja gar nicht.«

Schließlich äußerte sich der Major. In zwei Tagen würde ein Zug mit polnischen Soldaten, die aus dem Armeedienst schieden, von Braunau nach Kattowitz fahren.»Wenn Sie wollen, können Sie mitfahren. Bytom ist nicht weit von Kattowitz entfernt.«

★ ★ ★

Der polnische Offizier, dem der Zug unterstand, forderte Pinschuk auf, seinen Revolver abzugeben. Am Ende der Fahrt bekäme er ihn wieder. Pinschuk blickte sich im Abteil um. Feindselige Blicke waren auf den Davidstern auf seinem Mantel gerichtet. Er weigerte sich, die Waffe abzugeben. Nach einem kurzen und heftigen Wortwechsel gab der Offizier nach.

Zwei Tage später erreichte der Zug Kattowitz. Von hier aus fuhr Pinschuk weiter nach Bytom. Mit klopfendem Herzen lief er zum Lager.

Lea war nicht zu finden, niemand hatte sie gesehen, niemand konnte sich an seine Schwester erinnern. Ari Pinschuk war dennoch nicht allzu entmutigt. Immerhin war es ihm gelungen, nach Polen einzureisen. Er war zuversichtlich, dass er seine Schwester hier auch finden würde. Entscheidend war, so rief er sich in Erinnerung, die Hoffnung nicht aufzugeben.

In den folgenden zwei Wochen suchte er in Flüchtlingslagern und in den Ortschaften der näheren Umgebung nach Lea. In allen Lagern gab es ein Schwarzes Brett. Die Mitteilungen, meist nur wenige, auf einen Zettel gekritzelte Zeilen, strahlten unsägliche Traurigkeit aus:»Mosche Abramowitz sucht seine Frau Sara, seinen Sohn Mendel und seine Tochter Rachel.« Von Lea dagegen hörte er, wenn überhaupt, nur Widersprüchliches.»Ja, sie war hier in Bytom«, erzählte ein

Mann, »aber vor drei Monaten ist sie fortgegangen.« Eine alte Frau aus einem Nachbarort von Reflowka erinnerte sich, dass Lea an Typhus gestorben sei und irgendwo im Wald vergraben worden war. Nein, wandte eine andere ein, sie sei sich sicher, dass Lea nach Moskau aufgebrochen sei.

Die Tage vergingen ohne greifbare Ergebnisse, und mit jeder neuen Enttäuschung schwand ein Stück seiner Zuversicht. Nach drei Wochen konnte er Polen nicht mehr ertragen. Das Land wirkte erstickend auf ihn. Es war, als schwebe die Asche der verbrannten Juden noch überall in der Luft. Er musste raus hier. Er würde nach Salzburg zurückfahren und von dort geschlagen zur Brigade zurückkehren.

★ ★ ★

Lea hatte Bytom zu dieser Zeit bereits verlassen. Sie hatte sich einigen jungen Flüchtlingen angeschlossen, mit denen sie in überfüllten Zügen erst in die Tschechoslowakei, dann nach Budapest und schließlich nach Österreich gefahren war. Nur wenige Tage vor ihrem Bruder erreichten sie Wien, wo die Gruppe drei Tage im jüdischen Rothschild-Hospital blieb. Vor ihrer Weiterfahrt drängte sie ein Angehöriger der Salzburger Commitat, der das Hospital besucht hatte, ihre Namen und nächsten Reiseziele auf kleine Kärtchen zu schreiben. Wenn Verwandte sie suchen würden, könnte das Commitat auf diese Weise vielleicht helfen. Lea wusste nicht, wer sie hätte suchen sollen – schließlich lebte ihr einziger Verwandter weit weg in Palästina. Aber da ihre Reisegefährten ihre Namen auf die kleinen weißen Kartons schrieben, tat sie es auch. Es konnte ja nichts schaden.

Sechsundvierzig

Knapp einen Monat nachdem er aus Marseille zurückgekehrt war, erhielt Carmi erneut eine Aufforderung, nach Paris zu kommen. Die 300 Rot-Kreuz-Fässer mit Waffen waren bereits in ein Zwischenlager in Toulouse verfrachtet worden, jetzt wartete man nur noch auf ein geeignetes Schiff nach Palästina. In der Wohnung an der Rue de Ponthieu führte man Carmi in einen winzigen Schlafraum neben Schadmis Büro. Irgendwo pfiff ein Wasserkessel, aber niemand kümmerte sich darum. Schadmi kam herein, deutete auf ein schmales Bett mit einer braunen Überdecke und forderte ihn auf, sich zu setzen. Es würde nicht lange dauern. Dann ging er. Carmi blickte aus einem ungeputzten Fenster auf einen schattigen Hinterhof und lauschte auf die Stimmen im Nebenzimmer. Die Worte waren nicht zu verstehen, aber der Ton war aufgeregt. Ihm schwante nichts Gutes. Nach einer Weile holte man ihn in das Büro, wo man ihm einen Stuhl vor Schadmis Schreibtisch zuwies. Es gab Tee, und Carmi nippte nervös an dem heißen, süßen Getränk. Ihm war klar, dass man ihn nicht extra nach Paris gebeten hatte, nur um die Planung der Waffenverschiffung durchzusprechen. Die Neuigkeiten, die Schadmi hatte, waren denn auch sehr beunruhigend. Arazi hatte im italienischen Hafen La Spezia ein Schiff, die »SS Fede«, organisiert, und war beim Versuch, tausend Flüchtlinge auf das Boot zu schleusen, verhaftet worden. Die italienische Polizei hatte ihn in ein Gefängnis in Mailand gebracht. Wenn man dort seine wahre Identität herausfinden würde, würde er umgehend den Briten überstellt werden. Was dann passieren würde, wusste Carmi. Arazi wurde wegen Waffendiebstahls von der britischen Armee gesucht. Als der FSS Eliezer Goldberg verhaftet hatte, der desselben Delikts beschuldigt wurde, hatte man ihn aufs Übelste misshandelt. Carmi sah keinen Grund, warum sein Freund glimpflicher davonkommen sollte. Und anschließend würden sie ihn hängen, daran hatte er keinen Zweifel.

Welche Auswirkungen Arazis Verhaftung auf die geheime Verschiffung der jüdischen Überlebenden von Italien nach Palästina haben würde, konnte Carmi sich lebhaft vorstellen. Das ganze Unternehmen würde zum Erliegen kommen.

Schadmi erhob sich langsam. »Was ich dir jetzt sage, ist bereits von Mosche Sharret und den Führern der Jischuw abgesegnet.« Mit ernstem Gesicht befahl er: »Hol ihn da raus, Israelik! Mach, was nötig ist, aber hol ihn raus!«

Es war ein schwierig zu planendes Unternehmen. Würde es sich gegen die italienische Polizei oder gegen die britische Armee richten? Befand sich Arazi in einem städtischen oder in einem Militärgefängnis?

Zurück in Belgien stellte Carmi zwei Tage später einen Stoßtrupp zusammen. Bei diesem Einsatz kam es seiner Einschätzung nach vor allem auf Wendigkeit und Unauffälligkeit an. Daher wählte er nur wenige Männer aus, allesamt Veteranen der *Huliyot*, Soldaten, die ihre Skrupellosigkeit und ihren Einsatzwillen schon mehrfach unter Beweis gestellt hatten. Peltz und Großmann waren dabei sowie Sammi Levi, Mardor, der Italienisch sprach und zwei weitere Männer.

Noch am selben Abend brachen sie auf. Rund 800 Kilometer lagen zwischen ihrem Stützpunkt in Belgien und dem Gefängnis in Mailand, und sie mussten diese Strecke schnell bewältigen. Sie wollten zuschlagen, bevor die Italiener den Gefangenen identifizierten. Sollte Arazi den Briten ausgeliefert werden, würde es ein völlig anderer Einsatz werden. Ein

Überfall auf ein Militärgefängnis würde nicht ohne Feuergefecht abgehen.

Der kleine Konvoi – ein offener Laster beförderte den nötigen Treibstoff, sowie ein Jeep, mit einem Anhänger mit Maschinenpistolen, Handgranaten, einem schweren Maschinengewehr und zwei Mörsern – passierte Brüssel ohne Zwischenfälle, ebenso die Grenze nach Frankreich. In der Nähe von Epernay bemerkte Großmann, dass der Lastwagen nicht mehr hinter ihnen fuhr. Doch Carmi wollte nicht anhalten; der Lkw würde schon wieder aufholen. Peltz blickte immer wieder nervös nach hinten. Nichts. Die Zeit verging, aber die Lichter des Lasters waren nirgends zu sehen. Schließlich kehrte der Jeep doch um. Sie waren bereits ein ganzes Stück gefahren, als sie einen grellen Lichterschein am Nachthimmel wahrnahmen. Sie fuhren schneller. Hinter einer Kurve sahen sie den Lkw brennend auf einem Feld liegen.

Ein paar Leute hatten sich an der Unfallstelle eingefunden. Großmann, der ein bisschen Französisch sprach, erfuhr, dass man die Fahrzeuginsassen fortgebracht hatte. Er fragte, ob sie noch am Leben seien, aber entweder reichte sein Französisch nicht aus oder, wie die Soldaten bedrückt vermuten mussten, niemand wollte die schlechten Nachrichten überbringen. Schließlich deutete einer der Einheimischen auf eine Wirtschaft auf der anderen Straßenseite.

Das Lokal war erstaunlich voll. Das Feuer hat sicher das Geschäft angekurbelt, knurrte Carmi verärgert und ging zur Theke. Peltz und Großmann waren in einem Nebenraum verschwunden. »Hier!«, hörte Carmi Peltz schließlich rufen. Er eilte in das Nebenzimmer. Der Fahrer des Lkws saß auf einem Stuhl, Blut tropfte aus seinen Haaren. Aber er lebte. »Wo sind die anderen?«, fragte Carmi. Der Fahrer deutete vage auf die Kellertreppe auf der anderen Seite des Zimmers. Das konnte nur eins bedeuten: Im Keller bewahrte man die Leichen auf.

Carmi ließ sich auf einen Stuhl fallen und starrte fassungslos auf die Treppe. Er traute seinen Augen kaum, als

Mardor wacklig die Stufen heraufkam. Seine Kleidung war voller Blut, sein Blick ging ins Leere. Als Carmi ihn ansprach, reagierte Mardor nicht. Stattdessen wankte er in den Schankraum nebenan. Die anderen folgten ihm und sahen, wie Mardor die hübsche Kellnerin musterte. Dann bestellte er einen Cognac, schenkte der Frau hinter der Theke ein charmantes Lächeln, nahm einen Schluck und wandte sich zu Carmi: »Ich glaube, es wäre am besten, wenn ich direkt zu einem Arzt ginge.« Einen Augenblick später brach er an der Theke zusammen.

Der eilig herbeigerufene Arzt befand, weder der Fahrer noch die drei anderen, die man im Keller notdürftig auf Pritschen untergebracht hatte, seien in der Lage, die Fahrt fortzusetzen. Vor allem Mardors Zustand sei bedenklich. Er müsse sofort in ein Krankenhaus. Die anderen sollten über Nacht im Gasthaus bleiben; am nächsten Tag wolle er wieder nach ihnen sehen. Carmi bedankte sich und steckte dem Arzt ein Bündel Geldscheine zu. »Es wäre höchst unglücklich«, sagte er, »wenn die Militärbehörden oder die Polizei etwas von diesem Vorfall erfahren würden.« Der Arzt blickte Carmi prüfend an. »Ich verstehe, Monsieur.«

Am nächsten Tag stellte der Arzt zufrieden fest, dass seine Patienten bereits auf dem Weg der Besserung waren. Mardor war nicht unter ihnen. Auf seine Frage, ob man ihn, wie dringend empfohlen, in ein Krankenhaus gebracht hatte, reagierten die anderen mit Schweigen und Schulterzucken. Nach einer Weile ließ er die Sache auf sich beruhen.

★ ★ ★

Mardor saß inzwischen unbequem gequetscht auf dem Rücksitz eines Jeeps. Er war mit dem Rest des Kommandos – Carmi, Peltz und Großmann – auf dem Weg nach Italien. Sie hatten fast die Hälfte ihrer Leute sowie ihren gesamten Treibstoff eingebüßt. Mardor hatte getobt und sich geweigert, das Unternehmen wegen seiner »lächerlichen« Verletzungen abzubrechen. Es gehe ihm außerdem schon viel besser. Carmi wollte ihm nur zu gerne glauben, schließlich war Mardor der Einzige, der Italienisch sprach.

Die Männer waren nach dem Frühstück aufgebrochen. Um die verlorene Zeit aufzuholen, hatte sich Carmi für die direktere Route über Grenoble entschieden. Ein schwerer Fehler. Die Pässe nach Italien waren zugeschneit. Sie probierten es auf verschiedenen Straßen, mussten aber immer wieder umkehren. Erst nach Stunden fanden sie einen passierbaren Weg über die Berge. Die Kälte und die unruhige Fahrt über vereiste und schneebedeckte Straßen waren zu viel für Mardor. Sein Zustand verschlechterte sich, er konnte kaum noch sprechen. Die Männer warfen sich besorgte Blicke zu. Carmi bemühte sich, Mardor im Gespräch zu halten, doch immer wieder verlor er das Bewusstsein. Sie mussten die Fahrt unterbrechen und den nächsten Gasthof ansteuern.

Ein Schluck Whisky brachte Mardor wieder zu sich. Er war einigermaßen klar und brachte auch ein tapferes Lächeln zustande. Trotz der vielen Decken, in die man ihn eingehüllt hatte, zitterte er am ganzen Körper. Carmi war sich nicht sicher, dass Mardor diese Nacht überstehen würde. Vor seinem inneren Auge sah er, wie sein Freund in ein verschneites Grab in den französischen Alpen hinabgelassen wurde. Die Aussicht auf eine letzte Ruhestätte in diesem eisigen Land, das so gar nichts mit der warmen Erde Palästinas gemeinsam hatte … Carmi brachte es nicht über sich, seinen Platz an Mardors Bett zu verlassen.

Im Morgengrauen bat Mardor mit schwacher Stimme um einen Whisky. Carmi reichte ihm eine Emailletasse, und Mardor nippte langsam daran. Mit Mühe trank er die Tasse leer. Nach dem Frühstück trugen sie Mardor zum Jeep und setzten ihn vorsichtig auf die Rückbank. Er lehnte sich an Carmi an und versuchte zu lächeln.

In der Nacht erreichten sie den Schlupfwinkel der Hagana in Mailand. Sie hatten Mardor gerade in ein Bett verfrachtet, als es heftig an der Tür klopfte. Die Männer sahen sich an.

Es wurde niemand erwartet. Peltz stellte sich mit gezogenem Revolver auf einer Seite der Tür auf, Großmann auf der anderen. Sie nickten sich zu und Carmi öffnete. Jehuda Arazi stand mit breitem Grinsen vor der Tür. »Gefängnisse«, sagte er verschmitzt, »wurden einfach nicht für Leute wie mich geschaffen.«

Siebenundvierzig

———— ✿ ————

Bei einer Flasche Rotwein schilderte Arazi seine Flucht, deren Umstände eher komisch waren. In einem Moment sei er wegen eines Verhörs noch von zahlreichen Polizisten umringt gewesen, im nächsten waren sie abgelenkt worden. Er sei dann »einfach so« davongeschlendert. Alle am Tisch wussten, dass Arazi flunkerte, die Risiken der gefährlichen Flucht herunterspielte, dennoch mussten sie herzlich lachen. Nach der Anspannung der letzten Tage tat es gut zu feiern.

Im weiteren Verlauf des Abends ging es aber auch um ernstere Themen. Arazi war der italienischen Polizei zwar entkommen, doch die 1014 Flüchtlinge hatten weniger Glück gehabt. Zur Zeit wurden sie noch an Bord der »Fede« festgehalten, aber die Behörden würden sie sicher bald zurück ins Flüchtlingslager bringen. Die Gelegenheit, über tausend jüdische Überlebende nach Palästina zu schmuggeln, war damit endgültig vorbei.

Während Arazi die Aussichtslosigkeit der Situation beschrieb, wurde Carmi das Gefühl nicht los, dass sein Freund im Grunde längst noch nicht aufgesteckt hatte – und er vermutete richtig. Zögerlich deutete Arazi eine neue Möglichkeit an: »Wie wäre es denn, wenn wir diesen Fehlschlag in einen Sieg ummünzen könnten? Angenommen, wir könnten dieses Dilemma zu unserem Vorteil nutzen, indem wir die Öffentlichkeit auf die Situation der Leute auf der »Fede« aufmerksam machen.« Carmi hatte Bedenken. Die Welt hatte zugesehen, wie das europäische Judentum ausgelöscht wurde. Warum sollte sie jetzt ausgerechnet an tausend jüdischen Flüchtlingen Anteil nehmen? Die britische Behörde für Öffentlichkeitsarbeit könne die Zeitungen in Italien nicht so zensieren, wie sie das in Palästina tat, argumentierte Arazi. Die Geschichte dieser heimatlosen, geschundenen Leute würde Schlagzeilen machen. Sie würde, prophezeite er, zu einem internationalen Drama werden. Die Briten könnten nicht zulassen, dass ihr stolzes Empire in der Weltöffentlichkeit plötzlich als menschenverachtendes System dastünde. Die Regierung Seiner Majestät würde nachgeben müssen. Arazi schlug mit der Faust auf den Tisch: »Sie werden tausend Flüchtlinge nach Palästina lassen. Und zwar als *legale* Einwanderer.«

Carmi blieb skeptisch. So wie er die Welt sah, reagierten Regierungen nur auf Gewalt. Peltz pflichtete ihm bei; es sei schließlich auch ein Bajonettangriff gewesen, der die Nazis aus La Giorgetta vertrieben habe, kein Zeitungsartikel. Arazi ließ nicht locker. Am nächsten Morgen wolle er auf die »Fede« zurückkehren. Carmi protestierte. Das sei viel zu gefährlich. Doch Arazi wischte den Einwand beiseite: Nein, ganz im Gegenteil – und er wolle, dass Carmi mitkäme. »Reden kann ich«, sagte er, »doch wenn es zu einer Auseinandersetzung kommen sollte, wäre es gut, dich dabeizuhaben.

★ ★ ★

Carmi und Arazi fuhren zum Dock in La Spezia. Einige Stunden zuvor hatten sie sich von den anderen verabschiedet. Mardors weitere medizinische Versorgung war sichergestellt, Peltz und Großmann würden sich auf die Reise zurück nach Belgien machen und sich wieder der TTG anschließen. Es galt, weiterhin Flüchtlingskonvois nach Süden zu bringen und Waffen zu besorgen. Carmi blickte die abfallende Straße hinunter und sah die Polizeitrupps, die den abgesperrten Zugang zu dem Schiff bewachten. Er war gespannt, wie der findige Arazi die italienische Polizei dazu bewegen wollte, sie an Bord des festgesetzten Schiffes zu lassen.

Arazi suchte sich in der Gruppe der Uniformierten ein verständnisvolles Gesicht und erklärte, er und Carmi seien jüdische Flüchtlinge, die zu ihren Leuten auf der »Fede« wollten. Der Polizist scheuchte sie weg. Arazi wiederholte seine Bitte wieder und wieder, er bettelte und flehte. Schließlich erklärte der genervte Polizist, sie sollten machen, was sie wollten, aber ihn gefälligst nicht weiter belästigen. Arazi warf Carmi einen triumphierenden Blick zu.

Am Nachmittag machte ein italienisches Kanonenboot an der »Fede« fest. Marinesoldaten mit Maschinengewehren stürmten auf das überfüllte Deck. Es war eine groteske Situation. In der Menge entdeckte Arazi schließlich den Befehlshaber der Truppe. Er schlenderte auf ihn zu und sagte, Menschen, die die SS und die Gestapo überlebt hätten, würden von diesen Waffen nicht eingeschüchtert. »Ziehen Sie Ihre Männer wieder ab«, forderte er. »Es ist einfach absurd, ja mehr noch, beschämend, unbewaffnete Frauen und Kinder mit Waffen zu bedrohen.«

Der italienische Kommandant antwortete, es täte ihm Leid, aber er befolge seine Befehle und könne nichts machen. »Ich bestehe darauf, dass diese Wachen abgezogen werden«, wiederholte Arazi.

Carmi wartete währenddessen unter Deck. Er hatte aus den Flüchtlingen eine Sicherheitstruppe zusammengestellt. Drei Dutzend Männer, die meisten von ihnen kampferprobte Partisanen, aber auch ein paar Jugendliche. Sie waren mit einem Revolver, einigen Messern sowie mit Holzplanken bewaffnet.

»Wenn wir Schüsse hören, greifen wir an«, instruierte Carmi seine Truppe.

Oben auf Deck fuhr Arazi fort, den italienischen Befehlshaber weich zu kochen. Und tatsächlich – nach einiger Zeit erteilte er den Befehl zum Rückzug. Unter dem Jubel der Flüchtlinge verließen die Soldaten die »Fede«.

An diesem Abend übergab Arazi, von seinem Sieg immer noch ganz aufgekratzt, einem jungen italienischen Journalisten, der den ganzen Tag an der Gangway gewartet hatte, ein Blatt Papier. »Wir sind 1014 Juden«, stand darauf, »Flüchtlinge, die das Massaker der Deutschen überlebt haben, und wir wollen nach *Eretz* Israel, unserer Heimat. Wir kehren dorthin zurück, von wo man uns vor 2000 Jahren vertrieben hat. Keine Macht kann uns daran hindern, unser Ziel zu erreichen, auch wenn viele von uns das mit dem Leben bezahlen müssen ... Macht unserem Leid ein Ende! Nach Aussagen des Schiffsarztes befinden sich etwa 150 schwangere Frauen an Bord. Wenn sie unter diesen schwierigen Bedingungen hier bleiben müssen, kann das zu einer Katastrophe führen. Wir machen diejenigen für die Folgen verantwortlich, die uns hier festhalten.«

Arazi verlangte, dass diese Mitteilung als Telegramm an den italienischen Premierminister, an den Präsidenten der USA, an den Papst sowie an die Herausgeber von einem Dutzend internationaler Tageszeitungen geschickt würde. Die Liste war beeindruckend, aber Carmi bezweifelte dennoch, dass diese Botschaft irgendetwas bewirken würde.

Einen Tag nachdem die Zeitungen das Telegramm abgedruckt hatten, beschlossen die Briten, die Sache in die Hand zu nehmen. Major Hill vom Geheimdienst betrat das Schiff mit einer Gruppe Soldaten und stellte ein Ultimatum: »Verlasst die ›Fede‹ auf der Stelle oder meine Leute schleifen euch mit Gewalt raus!«

Arazi trat aus der Menge hervor, die sich an Deck versammelt hatte, und stellte sich als »Alon« vor. Er sagte dem Major, er sei der Sprecher der Flüchtlinge und habe ebenfalls eine Erklärung abzugeben: Sobald ein britischer Soldat Hand an einen der Flüchtlinge lege, würde das Schiff in die Luft gejagt. Er würde eher jeden an Bord umbringen, Juden wie Soldaten, als zuzulassen, dass seine Leute wieder in die Flüchtlingslager geschickt würden. Dann deutete er zu einem Turm aus Benzinfässern, neben dem ein breitschultriger Flüchtling mit einem Streichholz in der Hand stand. »Sie sehen, es bedarf nur eines kleinen Streichholzes«, sagte Arazi.

Die Menschenmenge an Deck wurde plötzlich ganz still. Die britischen Soldaten starrten nervös auf den Major. Die Blicke des Majors wanderten immer wieder zwischen Arazi und dem Streichholz hin und her. Dann befahl er seinen Leuten, das Schiff zu verlassen.

Noch in der gleichen Nacht machte ein britischer Zerstörer längsseits der »Fede« fest. Und Panzer riegelten eilig den Kai ab.

Am Morgen beschwor Arazi die Flüchtlinge: »Es darf einfach nicht schief gehen. Wenn wir hier eine Niederlage erleiden, ist es mit der ganzen illegalen Einwanderung vorbei.« Dann verkündete er, dass sofort mit einem Hungerstreik begonnen werden sollte. Er sollte so lange dauern, bis die »Fede« die Genehmigung erhielt, nach Palästina zu fahren.

Über der Zufahrt zum Kai hing ein großes Stofftransparent. Auf Hebräisch, Englisch und Italienisch war zu lesen: 1014 MENSCHEN SIND HIER IM HUNGERSTREIK.

Die Ersten, die sich an der Zufahrt einfanden, waren neugierige Einwohner von La Spezia. Nicht lange, dann stießen auch italienische Reporter dazu. Dann französische. Am zweiten Tag waren auch Reporter von englischen und amerikanischen Zeitungen da.

Am Abend des zweiten Tages gab Arazi eine Pressemitteilung heraus: »Trotz des 48-stündigen Hungerstreiks sind wir guter Dinge. Doch wartet nicht, bis die ersten von uns das Bewusstsein verlieren. Wartet nicht, bis es Tote an Bord gibt. Verlangt unsere unverzügliche Abreise und schickt Protesttelegramme an die römischen Behörden.«

Carmi versuchte, sich trotz seines Hungers auf seine Pflichten als Schiffskommandant zu konzentrieren. Er konnte Arazis Glauben an die Wirksamkeit dieser Art der »Öffentlichkeitsarbeit« nicht teilen und war sicher, dass am Ende britische Truppen das Schiff stürmen würden. Und dann wollte er wenigstens dafür sorgen, dass seine kleine Sicherheitstruppe ein paar gegnerische Verluste bewirkte, ehe sie sich ergab oder umkam.

»Wir sind seit 63 Stunden im Hungerstreik. Die Schwangeren sind entkräftet. Die Menschen verlieren zu dutzenden das Bewusstsein. Wollte Ihr, dass wir sterben? Wenn Ihr Mitgefühl habt, dann stoppt den Massenselbstmord!«

Arazis Aufruf erschien auf den Titelseiten von Zeitungen in aller Welt.

H.R. Wishnograd, Korrespondent
La Spezia 24 (Nachrichtendienst Übersee)
Ich kehre gerade von einem Besuch bei den 1014 jüdischen Flüchtlingen zurück ... Der Innenraum des Schiffs wird von einem Gang in zwei Hälften geteilt, der gerade breit genug für einen Menschen ist. Siebenstöckige Betten reihen sich dicht an dicht ... Das Schiff erinnert an ein chinesisches Flussboot und sieht nicht so aus, als würde es eine zweiwöchige Seefahrt überstehen. Die bloße Tatsache, dass die Flüchtlinge sich auf eine so gefährliche Reise begeben wollen, zeigt die Verzweiflung und den Mut dieser Menschen, die schon eine Hölle hinter sich gebracht haben. Und nun stehen sie endlich vor der Schwelle zum Gelobten Land. Und selbst von der werden sie verwiesen ...
Nachdem heute früh die zionistische Flagge am Hauptmast gehisst wurde, hielten die Passagiere eine Beratung ab. Das Ergebnis war einstimmig: Der Hungerstreik wird bis zum bitteren Ende fortgesetzt ...

Gegen Ende des dritten Tages, siebzig Stunden nach Beginn des Hungerstreiks, gab Arazi eine weitere Mitteilung an die Presse: Solange man ihre Forderungen nicht erfüllte, würden Tag für Tag zehn Flüchtlinge auf dem Deck Selbstmord begehen. Die ersten zehn Freiwilligen hätten sich bereits gemeldet. Die »Operation« würde am kommenden Mittag beginnen.

Fünf Stunden später fuhren zwei schwarze Sedans der britischen Botschaft auf den Kai. Major Hill, ein Bevollmächtigter des Botschafters, und Harold Laski, der Vorsitzende der Labour-Partei, kamen zu Verhandlungen an Bord.

»Würden Sie, Mr. Laski, oder jemand von den übrigen Herrschaften«, legte Arazi los, »freiwillig in einem Lager leben wollen?« Und ohne auf eine Antwort zu warten, fragte er: »Wann ist Ihre Familie nach England gekommen, Mr. Laski?«

Laski war verärgert. Die Frage war nicht nur aufdringlich, sondern auch unverschämt – er war Engländer, kein Jude. Seine Vorfahren waren schon vor über hundert Jahren nach England gekommen. »Sehen Sie, hätten Sie das nicht getan«, sagte Arazi, »dann wären Sie jetzt einer von uns, einer ohne Heimat. Natürlich nur, wenn die Nazis Sie nicht vorher umgebracht hätten.«

Nach diesem ersten Schlagabtausch dauerte es nicht lange, bis ein Ergebnis erzielt wurde: Laski würde nach England zurückkehren und mit Bevin und Attlee über das Schicksal der »Fede« verhandeln. In dieser Zeit würden weder britische Soldaten noch italienische Polizisten das Schiff betreten. Der Hungerstreik war damit zu Ende.

Während die Juden auf eine Antwort der britischen Politiker warteten, feierten sie den ersten Pessach-Abend. Im vergangenen Jahr hatte Carmi den Seder noch in einem tiefen Schützengraben am Senio begangen, während über seinem Kopf die deutsche Artillerie dröhnte. Heute saß er in der kühlen Nachtluft an Deck eines überfüllten Flüchtlingsschiffs, neben dem ein britischer Zerstörer ankerte. Vielleicht würde er nächstes Jahr zurück bei Tonka und Schlomit in Giv'at Haschloscha sein.

★ ★ ★

Am 19. Mai 1946, dreiunddreißig Tage nachdem die Flüchtlinge an Bord gegangen waren, dampfte die »Fede«, die nach einem jüdischen Gewerkschaftsführer in »Dov Hos« umgetauft worden war, langsam aus dem Hafen von La Spezia. Alle 1014 Juden durften legal nach Palästina einreisen. Auf dem Kai spielte eine Kapelle, während hunderte von Italienern den Passagieren winkend eine gute Reise wünschten. Carmi, der zum ersten Mal seit langem wieder festen Boden unter den Füßen hatte, ging durch die laute, jubelnde Menge. Diesen Triumph hatten sie Arazi zu verdanken. Von seinem Mut, seinem Geschick konnte Carmi lernen. Er, der einen Lebensabschnitt lang Gewalt als das einzig zuverlässige Mittel, um etwas durchzusetzen, betrachtet hatte. Der die Welt nur aus dem Blickwinkel eines Soldaten betrachtet hatte. Arazi hatte ihm gezeigt, dass es auch andere wirksame Methoden gab und dass das, was im Hafen von La Spezia zum Erfolg geführt hatte, nicht im Widerspruch zu einem Leben als Soldat stehen musste.

Achtundvierzig

Nach über drei Wochen erfolgloser Suche traf Pinschuk wieder in Salzburg ein. Er übernachtete im Haus der Commitat und stand am nächsten Morgen frühzeitig auf, um seinen Jeep aus der Militärwerkstatt abzuholen. Er war froh, dass er niemandem begegnete. Er hatte alles aufs Spiel gesetzt – sein Leben als Soldat, seine Zukunft –, um Lea zu finden. Doch er hatte versagt, das würde er sich nie verzeihen.

Mit dem aufgetankten Jeep fuhr er zur Commitat zurück, um sein Gepäck einzuladen. Als er die Treppe von seinem Zimmer herunterkam, traf er den Leiter der Commitat. »Gott sei Dank, Hauptmann«, sagte er, »gut, dass ich Sie noch erwische.« Er bat Pinschuk in sein Büro und überreichte ihm eine kleine, weiße Karte. In Druckbuchstaben war zu lesen: »Lea Pinschuk. Binder Michal.«

Die Michael-Binder-Siedlung sei ein Flüchtlingslager bei Linz, erläuterte der Mann von der Commitat. Pinschuk reagierte nicht. Er konnte nicht aufhören, die kleine Karte anzustarren, untersuchte jedes einzelne Wort nach einem Beweis dafür, dass tatsächlich die Hand seiner Schwester diese Buchstaben geschrieben hatte.

Ari fuhr wie im Rausch. Kurz nach zwei Uhr morgens erreichte er das Lager. Dutzende flacher, grauer Gebäude erstreckten sich über ein weites Areal. Kein Mensch, noch nicht einmal ein Licht war zu sehen. Pinschuk zog seinen Revolver und schoss in die Luft. Ein paar Fenster gingen auf, und empörte Stimmen beschimpften den rücksichtslosen Soldaten. Noch ehe Pinschuk zu einer Erklärung ansetzen konnte, waren die Fenster schon wieder zugeschlagen. Er würde sich bis zum Morgen gedulden müssen.

Pinschuk verbrachte eine unruhige Nacht in seinem Jeep, stand bei Sonnenaufgang auf, zapfte etwas Wasser aus dem Kühler und rasierte sich. Er wollte einen ordentlichen Eindruck machen, wollte, dass seine Schwester bei ihrem Wiedersehen stolz auf ihn war.

Als er fertig war, begann er das Lager abzusuchen. In jedem Haus gab es mehrere Wohnungen, die einst SS-Offiziere beherbergt hatten. Neben den Eingangstüren befanden sich Listen mit den Namen der derzeitigen Bewohner. Beim sechsten Haus stieß er auf den Namen seiner Schwester. Daneben stand eine Zimmernummer.

Lea putzte sich gerade die Zähne, als es klopfte. Sie dachte, es sei eins der Mädchen von der anderen Gangseite. »Komm rein«, nuschelte sie.

Ari öffnete wortlos die Tür. Eine junge, blonde Frau stand mit dem Rücken zu ihm.

»Lea...?« Die Frau erstarrte, sagte nichts.

Nach einer Weile drehte sie sich langsam um. Ein britischer Offizier stand vor ihr. »Liebl?«

»Ich wollte dich abholen«, sagte er förmlicher, als er es beabsichtigt hatte.

»Oh mein Gott! Oh mein Gott!« Aufschluchzend warf sich Lea in die Arme ihres Bruders.

★ ★ ★

Sie weinten. Und redeten. Und weinten. Lea erzählte, was mit ihren Eltern geschehen war, aber sie hielt sich bedeckt, was ihre Flucht und ihr Überleben anging. Ari berichtete von dem Telegramm aus Moskau und wie er sich auf die Suche gemacht hatte. Dass er die Hoffnung schon aufgegeben hatte, verschwieg er. Und er verschwieg auch, dass das erfolgreiche Ende seiner langen, kräftezehrenden Mission ihn mit tiefer Dankbarkeit erfüllte. Leas Leben war ein Geschenk, und er selbst war endlich erlöst.

Lea sagte ihrem Bruder, sie brauche nur ein paar Augenblicke zum Packen. Sie besäße noch ein Kleid, eine Bluse und – am wertvollsten von allem – eine Schachtel mit Zuckerwürfeln. Ari sagte, sie solle alles dalassen. Sie brauche die Sachen nicht mehr. Lea zögerte, aber dann verstand sie. Ihr Bruder würde sich von nun an um sie kümmern. Sie klammerte sich fest an seinen Arm, als sie das graue Gebäude hinter sich ließen.

Neunundvierzig

———— ❧ ————

Israel Carmi war Ende Mai zu seinem Bataillon zurückge-kehrt. Er war müde und sehnte sich nach ruhigen Tagen und durchschlafenen Nächten. Und er dachte immer häufi-ger an zu Hause. Schlomit gehe jetzt zur Schule, hatte Ton-ka in ihrem letzten Brief geschrieben. Sie war inzwischen sechs, und in diesen sechs Jahren war er Monate und Jahre fort gewesen, um für die Jischuw und die Armee zu arbeiten. Über diese geheimen Missionen konnte er mit seiner Tochter nicht reden. Und selbst wenn – würde sie das über die vielen Geburtstage und Sabbate hinwegtrösten, an denen sie sich nicht gesehen hatten? Carmi wollte wieder Vater sein. Und Ehemann. Er wurde zu Hause gebraucht.

★ ★ ★

Auch Johanan Peltz sehnte sich danach, nach Palästina zurückzukehren. Unter der sengenden Sonne Palästinas, ver-wurzelt in fruchtbarer uralter Erde, wollte er sein neues Zuhause errichten. Es würde weder so riesig, noch so pracht-voll sein wie das Gut in Polen. Doch im Gegensatz zu Zabiec würde es von Dauer sein – ein Besitz, den er an die nächste Generation weitergeben würde. Ungeduldig wartete er auf den Tag, an dem die Brigade zurück nach Palästina geschickt würde. Aber zunächst wurde seine Einheit lediglich nach Hol-land verlegt.

Peltz' Kompanie musste ein deutsches Fallschirmjäger-Regiment in Bloemendaal bewachen. Für jemanden, der Mauthausen gesehen hatte, war das eine reizvolle Beschäftigung. An einem Frühlingsmorgen ließ Peltz einige Gefangene holen, Offiziere wie einfache Soldaten. Ohne ein Wort der Erklärung wurden sie von jüdischen Soldaten mit vorgehaltener Waffe in drei Lastwagen verfrachtet. Eine halbe Stunde später wurden die verängstigten Männer vor der alten Synagoge von Haarlem abgeladen. Die Brigade-Soldaten händigten ihnen Lappen, Schrubber und Besen aus. »Den Fußboden, die Fenster, die Messingteile«, bellte Peltz die Deutschen an. »Ich will alles blitzen sehen.«

★ ★ ★

Pinschuks Fahrt mit seiner Schwester zum neuen Stützpunkt der Brigade wurde zu einem Wechselbad der Gefühle. Sie saßen nebeneinander in dem Jeep und redeten ohne Pause, als wollten sie die verlorenen Jahre wieder wettmachen. Jetzt erzählte Lea ihrem Bruder alles – wie sie sich mit ihrer Mutter in dem Loch versteckt hatte; wie sie sich entschlossen hatte, in den Wald zu flüchten; sie berichtete von Boris, vom Sumpf und von den Partisanen. Sie erzählte Ari, wie allein sie gewesen war, voller Angst, aber wie sie dennoch nicht hatte aufgeben wollen. Zu hören, was seine Schwester durchgemacht hatte, quälte ihn, erfüllte ihn aber auch mit Bewunderung, weil sie alles so tapfer durchgestanden hatte. Nun lag es an ihm, das Vertrauen zu rechtfertigen, das Lea in ihn gesetzt hatte.

Sofort nachdem er sich bei der Brigade zurückgemeldet hatte, bat er Carmi, Lea einen Platz auf dem nächsten illegalen Schiff nach Palästina zu sichern. Carmi, der erfahren hatte, dass ein umgebauter Viehtransporter von Marseille aus in See stechen sollte, ließ Lea von einigen Soldaten der Brigade die ganze Strecke vom Stützpunkt bis zum Liegeplatz eskortieren.

Ari begleitete Lea nicht mit nach Frankreich. Er hatte um Heimaturlaub gebeten und befand sich auf See an Bord eines britischen Truppentransporters. Pinschuk wollte eine Unterkunft für seine Schwester suchen, sich dann vergewissern, dass sein Jura-Studium an der Hebräischen Universität gesichert war, und danach zur Brigade zurückzukehren.

Fünfzig

———— ✺ ————

Es waren politische Erwägungen gewesen, die die Regierung Seiner Majestät veranlasst hatten, eine Brigade jüdischer Soldaten in den Kampf gegen die Nazis zu schicken, und es war eine politische Entscheidung, sie wieder nach Palästina zurückzubeordern. Ihre Heimkehr war eine weitere Folge dessen, was die Regierung Attlee lakonisch als »die Einwanderungsfrage« bezeichnete.

Die Fahrt der »Fede« war für beide Seiten ein Wendepunkt gewesen. Der Erfolg bestärkte die *Bricha* darin, noch mehr Schiffe mit Flüchtlingen loszuschicken. Im Gegenzug verstärkte die Royal Navy ihre Blockade der Küste Palästinas. Aufgegriffene illegale Einwanderer wurden mit Waffengewalt in ein Auffanglager bei 'Atlit geschafft.

Für die Jischuw belebten die Bilder von erbarmungswürdigen Flüchtlingen, die von der geballten britischen Macht bedroht wurden – kaum seetüchtige Badewannen, die sich einer Zerstörerflotte gegenüber sahen; Frauen und Kinder hinter Stacheldraht, bewacht von arrogant herumstolzierenden Soldaten –, die allzu frischen Erinnerungen an den Terror der Nazis. Derart unangemessene Methoden waren an sich schon eine Provokation, und die aufgebrachten Juden Palästinas wehrten sich. Die Hagana stürmte das Lager von 'Atlit und befreite 208 Flüchtlinge. Sie griff den Bahnhof von Lydda an und sprengte die Raffinerien bei Haifa. Polizeibarkassen wurden versenkt, Radarstationen zerstört.

Die Briten reagierten mit Härte und schickten weitere Einheiten in ihr Mandatsgebiet. Polizeieinheiten in Panzerwagen fielen auf der Suche nach Waffen über die Kibbuzim her. Britische Fallschirmjäger zogen durch die Straßen von Tel Aviv, hielten nach Gutdünken Leute an und verlangten nach ihren Ausweisen. Palästina schlitterte einer Revolte entgegen.

Büro des stellv. Generalstabschefs
Jerusalem, Palästina
TOP SECRET

… die ENZIO SERENI, ein neues hölzernes Motorschiff von etwa 500 RT, wurde von der Royal Navy mit 911 illegalen Einwanderern an Bord … abgefangen und nach Haifa gebracht.
Ihre Verbringung nach 'Atlit wird von den Juden zweifellos als »unerträgliche Provokation« gebrandmarkt, woraus sich Vorfälle ergeben werden! In der Tat wurde gestern Abend erneut ein Anschlag auf die Küstenwachstation von Givat Olga verübt, bei dem 15 britische Soldaten sowie ein britischer und ein arabischer Polizist verletzt wurden. Ferner gab es einen erfolglosen Versuch, die Radarstation der Royal Air Force bei Haifa zu sprengen. Beide Vorfälle sind vermutlich als Reaktion auf die Einwanderungsfrage zu sehen.

Je mehr die Spannungen im Nahen Osten anwuchsen, desto offensichtlicher wurde, dass die Verlegung der Jüdischen Brigade von Tarvisio nach Belgien und in die Niederlande nichts gebracht hatte. Das Hineinschmuggeln von jüdischen Überlebenden nach Palästina würde nur aufhören, wenn die Brigade aus Europa abgezogen würde. Die Bataillone der Brigade waren britische Einheiten, und ihre Soldaten waren Kriegskameraden gewesen, doch dieser Krieg war längst zu Ende. Die Regierung Seiner Majestät musste konstatieren, dass ein neuer Krieg angefangen hatte.
In der ersten Juniwoche 1946 wurde die Brigade nach Hause beordert.

Zwei Tage nach dem Beschluss des Kriegsministeriums fuhr Carmi wieder nach Paris. Er war sich bewusst, dass die Aktivitäten der Brigade in Europa – Flüchtlinge auf Schiffe zu bringen, Waffen zu organisieren, Jugendliche in den Flüchtlingslagern auszubilden – weitergehen mussten. Und er hatte auch schon eine Idee. Schadmi lauschte Carmi interessiert, amüsierte sich über die Dreistigkeit des Plans und meinte schließlich, es könne funktionieren.

Einige Tage später durchsuchten ausgewählte Soldaten der Brigade die Lager nach Flüchtlingen mit bestimmter Haarfarbe, von bestimmter Größe, mit bestimmter Augenfarbe. Sie suchten junge Männer, die ihnen selbst zum Verwechseln ähnlich sahen. 138 Doppelgänger wurden aus den Lagern geschmuggelt und in ein Haus auf dem Land in der Nähe von Gent gebracht. Hier schlüpften sie in die Rolle der Soldaten, von denen sie ausgewählt worden waren. Sie lernten die Namen ihrer neuen Väter, Mütter und Freundinnen. Und sie wurden zu britischen Soldaten. Sie lernten, wen sie grüßen mussten, wie sie sich korrekt zu kleiden hatten und wie man auf die Fragen eines Offiziers antwortet. Das intensive Training dauerte zwei Wochen. Anschließend bekamen sie die Uniformen der Brigade und ihre neuen Ausweispapiere. Sie würden anstelle der echten Soldaten mit den Truppentransportschiffen nach Palästina zurückkehren.

138 Soldaten der Brigade erhielten ebenfalls neue Identitäten – als waschechte Briten. Die Fälscher der Brigade hatten schnell neue Ausweise mit englischen Namen hergestellt. Statt *Mesusas* trugen die Soldaten nun Kreuze um den Hals. Fotos von ihren Freundinnen bekamen Widmungen mit den neuen Namen. So getarnt, waren die Männer in Europa unterwegs, um ihre geheimen Aufgaben zu erfüllen.

Für Carmi und Peltz war es nicht möglich, in Europa zu bleiben. Carmi war Bataillonsfeldwebel und Peltz war zum Major befördert worden. Sie waren den Briten wohl bekannt; selbst die begabtesten Double hätten die beiden nicht ersetzen können.

Peltz und die ersten Doppelgänger verließen kurze Zeit später Europa. Auf dem Schiff nach Alexandria wurde über die Lautsprecher ständig »Drinking Rum and Coca-Cola« von den Andrew Sisters gespielt. Im Gegensatz zu der Fahrt nach Italien, zwei Jahre zuvor, musste man auf dieser Reise keine Angst vor Torpedos haben; Schwimmwesten wurden nicht ausgegeben. Trotzdem verlief sie nicht ohne Anspannung. Da einige der Soldaten Läuse hatten, erging am zweiten Tag auf See der Befehl, dass jeder Mann sich untersuchen lassen musste. Peltz stellte sich in die Reihe der halb nackten Soldaten und wartete. Dabei fiel ihm auf, dass der Arm des Mannes vor ihm mit einer KZ-Häftlingsnummer tätowiert war. »Der Arzt merkt das«, flüsterte er ihm zu. Doch das Double schien nicht zu begreifen, worauf Peltz hinauswollte. »Auschwitz«, gab er achselzuckend zurück. Peltz drehte sich zu den zwei Soldaten, die hinter ihm standen, um. »Ihr zwei, ich möchte, dass ihr eine Schlägerei anfangt«, befahl er. Die beiden blickten ihn zunächst entgeistert an, antworteten aber schließlich: »Ja, Sir.« Als sie die ersten Schläge ausgetauscht hatten und andere dazukamen, um sie auseinander zu zerren, bugsierte Peltz den Mann unbemerkt aus dem Raum.

★ ★ ★

Carmis Heimkehr war unspektakulär. Noch am selben Tag, an dem er in Rehovot aus dem Militärdienst entlassen wurde, meldete er sich im Hauptquartier der Hagana. Er berichtete von den Männern, die er in Europa zurückgelassen hatte, und von den Waffen, die bald eintreffen würden. Als Carmi fertig war, forderte Israel Galili, der Chef der Hagana, ihn auf, sich seine nächste Aufgabe auszusuchen. Doch Carmi lehnte ab. Seit zehn Jahren arbeitete er jetzt schon für die Jischuw – jetzt wollte er sich ausruhen. Die Zeit war gekommen, das Leben zu führen, das er sich immer gewünscht hatte. Er kehrte nach Giv'at Haschloscha zurück. Voller Erstaunen und Dankbarkeit hörte er zum ersten Mal seine Tochter etwas vorlesen. Er schlief bei seiner Frau und genoss ihre

Nähe. Er arbeitete von morgens bis abends in der Sonne auf den Feldern. Die Verheißung, die den Jungen aus Danzig einst in dieses neue Land geführt hatte, erfüllte sich endlich.

An einem warmen Herbsttag drei Monate nach seiner Heimkehr saß Carmi auf seinem Traktor und pflügte die Felder des Kibbuz, als er einen Mann auf sich zukommen sah. Er erkannte den schlohweißen Kopf sofort. »Lass mich in Ruhe!«, rief er. Galili setzte seinen Weg unbeirrt fort. »Hau ab!«, schrie Carmi. Galili kam näher. Und während Galili über das Feld auf ihn zukam, begriff er, dass all seine Empfindungen der letzten drei Monate nichts als Wunschdenken gewesen waren. Das Schicksal hatte ihm – seiner Generation – die Verantwortung dafür auferlegt, dass ein uralter Bund Wirklichkeit wurde. Und bis es so weit war, würde es weder Ruhepausen noch Belohnungen geben. Für Menschen wie ihn gab es nur die Pflicht. Und den festen Glauben, dass seine Opfer es ermöglichen würden, dass seine Tochter als freie Frau in einem freien Land aufwachsen konnte. Carmi schaltete den Traktor aus, sprang herunter und ging über die frisch aufgebrochene Erde auf seinen Freund zu, bereit, seine nächste Aufgabe zu übernehmen.

TEIL VI

Israel 1948 / Italien 1995

Einundfünfzig

———— ⌘ ————

Am 5. Ijar des Jahres 5708 – dem 14. Mai 1948 – wurde der unabhängige Staat Israel ausgerufen. Nach 2000 Jahren hatten die Juden wieder eine Heimat in Palästina. Noch während Israels frisch gebackener Premierminister, David Ben Gurion, dies verkündete, starteten ägyptische Bomber in Richtung Tel Aviv, und die Armeen der arabischen Welt überschritten die Grenzen des jungen Staates. »Es gibt fünfzig Millionen Araber«, äußerte Ibn Saud, der König von Saudi Arabien. »Was spielt es da für eine Rolle, wenn wir zehn Millionen davon verlieren, aber sämtliche Juden umbringen? Das ist den Preis wert.« Der Unabhängigkeitskrieg hatte begonnen. Und wieder mussten die Männer der Brigade an die Front. Und wieder führten sie die blauweiße Fahne mit dem Davidstern mit aufs Schlachtfeld. Jetzt war es die Flagge ihres eigenen Landes.

Ari Pinschuk, der an der Ahad-Haam-Knabenschule Englisch unterrichtete und abends Jura studierte, meldete sich sofort freiwillig, als der Krieg ausbrach. Er wurde stellvertretender Kommandeur eines Mörser-Bataillons, einer Kampftruppe, die überall im Land zum Einsatz kam. Vor allem im Negev wurde erbittert gekämpft, und die Anstrengungen, die Ägypter aus Faludscha zu vertreiben, kosteten viele Opfer. Ein Gefreiter aus Pinschuks Einheit wurde schwer verwundet und zur Behandlung nach Tel Aviv zurückgeschickt. Ein Monat verging, ehe Pinschuk Gelegenheit fand, ihn im Krankenhaus an der Balfour Road zu besuchen.

Als er in das Krankenzimmer kam, sah er eine hübsche blonde Krankenschwester, die seinen Freund versorgte. »So spielt das Leben«, sagte Jehuda tapfer über seine Verletzungen. »Aber hast du je so eine hinreißende Krankenschwester gesehen?«

»Na klar«, sagte Pinschuk und gab Lea einen Begrüßungskuss.

Johanan Peltz genügte ein kurzer Blick auf die Karte, um die Bedeutung seiner Unternehmung zu begreifen. Seit die Araber die Straße zum Flughafen kontrollierten, war Tel Aviv – und damit faktisch das gesamte Land – von der Außenwelt abgeschnitten. Peltz' Einheit hatte den Auftrag, den Hügel, der die Straße überblickte, zu besetzen und die Araber zu vertreiben. »Lasst sie büßen«, hatte die Anweisung gelautet.

Doch dazu war keine Gelegenheit. Als Peltz mit seinem Trupp den Hügel erstürmte, flüchteten die Araber. Während seine Leute ein altes österreichisches Maschinengewehr, eine Schwarzlose, aufbauten, versuchte Peltz vergeblich per Funk sein Hauptquartier von der Erfüllung des Auftrags in Kenntnis zu setzen. Es war entscheidend, dass man dort erfuhr, dass der Flughafenzubringer gesichert war. Peltz musste es von einer höher gelegenen Stelle aus noch einmal versuchen. Er sah sich um, erblickte einen blühenden Ahorn, kletterte hinauf und kauerte sich auf einen Ast. Er sog den frischen, süßen Duft der gelben Blüten ein und genoss den Blick über die sanft-wellige Landschaft. Einige Minuten hockte er reglos und in Gedanken versunken im Baum. Dann funkte er den Stützpunkt an – es klappte auf Anhieb.

Danach stieg er vom Baum herunter, besah sich den Ahorn aufmerksam und kramte einen metallenen Flaschenöffner aus seiner Hosentasche. Mit dem Griff seines Revolvers nagelte er ihn an den Stamm. »Wozu soll das denn gut sein?«, fragte ihn sein Adjudant irritiert.

»Wenn der Krieg vorbei ist, will ich diesen Baum wiederfinden können«, erklärte Peltz. »Denn genau hier werde ich mir mein Haus bauen.«

Die Operation mit dem Tarnnamen »Die zehn Plagen« sollte die Pattsituation im Negev aufbrechen. Wenn alles nach Plan lief, würden die Ägypter mit Eintreten der zehnten Plage zurück über die Grenze getrieben werden. Carmi und seine Stoßtrupps bildeten die erste Plage. Auf die Jeeps seiner motorisierten Einheit waren Maschinengewehre montiert worden; damit sollten sie überfallartig ägyptische Stellungen angreifen, so viel Schaden wie möglich anrichten und sich dann auf das nächste Ziel stürzen. Es waren schnelle und riskante Einsätze, ein Glücksspiel. Aber ein erfolgreiches: Die Ägypter mussten hohe Verluste hinnehmen. Während nun die Hauptverbände angriffen, erfuhren Carmis Männer von einer Attacke auf den Kibbuz Revivim. Carmi jagte mit seinen Trupps zu dem einsamen Vorposten in der Wüste. Als sie näher kamen, sahen sie, dass die Kibbuz-Miliz eine Reihe von Schützengräben im Wüstensand angelegt hatte und sich verzweifelt gegen eine ägyptische Übermacht zur Wehr setzte. Carmi befahl seinem Fahrer, auf die vorderste Verteidigungslinie zuzusteuern. Er sprang aus dem Wagen, hastete in einen der Gräben und begann zu schießen. Beim Nachladen bemerkte er das braun gebrannte Mädchen neben sich. Es hielt ein Gewehr in den Händen und lächelte ihn an. Jetzt erinnerte er sich plötzlich. Sie waren sich in einer Kirche in Polen zum ersten Mal begegnet. »Schalom, Eva.«

Zweiundfünfzig

---◡◞---

Es ist ein warmer Frühlingstag in Ravenna, fast fünf Jahr-
zehnte nach den Ereignissen im Negev. Auf einem gras-
überwachsenen Friedhof am Rand der italienischen Stadt treffen sich alle wieder.

Da ist Ari Pinschuk, mit etwas weniger Haar und etwas
mehr Gewicht, ein erfolgreicher Anwalt und der Vorsitzende
des israelischen Kriegsveteranenverbandes. Und da ist Johanan Peltz, in seinen Siebzigern noch genauso groß und
aufrecht wie als junger Mann. Er wurde Ingenieur und arbeitete jahrelang an einem Beförderungssystem für die Pottaschefabrik am Toten Meer. Die Fabrik liegt unweit jener Stelle, an der eine arabische Kugel seine Reitkünste jäh beendete.
Heute begnügt er sich damit, seinen Enkeln beim Reiten zuzu-
sehen. Sein Haus baute er neben dem blühenden Ahorn. An
der Eingangstür befindet sich der Messinggriff, den er aus
Zabiec mitgenommen hat.

Israel Carmi ist auch da. Seine Augen und Ohren sind nicht
mehr so gut wie früher, doch mit seinen breiten Schultern
strahlt er die Autorität eines Obersten im Ruhestand aus.
Heute ist der fünfzigste Jahrestag der Beendigung des Zweiten Weltkriegs, und die Drei sind nach Ravenna gekommen,
um diesen Tag zu würdigen und eine überfällige Pflicht zu
erfüllen.

Als sie das letzte Mal gemeinsam in Europa waren, waren
die Drei zu beschäftigt, zu jung und zu sehr auf sich selbst

bezogen, um ihre Leistungen einschätzen zu können. Nun, aus dem Blickwinkel des Alters, erkennen sie besser, was die Brigade bewirkt hat und welche Bedeutung auch ihnen an diesen Erfolgen zukommt. Die alten Männer leben heute in der Gewissheit, dass ihre Taten die Geschichte mitgestaltet haben. Denn sie haben der Welt vor Augen geführt, dass Juden sich gegen die Nazis zu wehren vermochten. Dass sie mit erhobenem Bajonett angreifen und siegen konnten. Es waren die Soldaten der Brigade, die in der Not ihre brüderliche Hand den Überlebenden des Holocaust hinstreckten, die Fürsorge und Stärke anboten und als Botschafter des Gelobten Landes fungierten. Zwischen August 1945 und Mai 1948 kamen 65 Schiffe mit 69878 Flüchtlingen in Palästina an. Nach der Ausrufung des Staates Israel kamen weitere 51000 aus britischen Auffanglagern auf Zypern. Viele dieser Flüchtlinge waren von der Jüdischen Brigade auf die Reise geschickt worden.

Und natürlich hatten sie auch den neuen Staat verteidigt. Ben Gurion schrieb: »Es ist fraglich, ob die Israelischen Verteidigungsstreitkräfte ohne die Offiziere und Soldaten der Jüdischen Brigade in so kurzer Zeit und unter derart widrigen Umständen hätten aufgestellt werden können.« Sie waren an der Beschaffung der Waffen beteiligt, die der neuen Armee ihren Widerstand ermöglichten. Und an der Beschaffung der Soldaten. Aus den jungen Überlebenden, die sie in ihren europäischen Lagern ausgebildet hatten, wurden im Krieg von 1948 20000 kämpfende Soldaten.

Wäre der neue Staat ohne das Eingreifen der Brigade überhaupt entstanden und hätte Israel überhaupt überlebt? Die drei alten Soldaten räumen ein, dass man über solche Fragen nur Mutmaßungen anstellen kann. Doch mit einiger Gewissheit lässt sich wohl sagen, dass es ein anderes Israel wäre. Und es ist diese Gewissheit, die ihren Stolz nährt. Denn es waren nicht zuletzt die Männer der Brigade, die durch ihre Taten die neue Nation beeinflussten: durch ihre mutige Bereitschaft zum Risiko; durch ihre feste Überzeugung, dass die Juden in aller Welt in Brüderlichkeit vereint sind; und durch ihren unerschütterlichen Glauben, dass Juden keine hilflosen Opfer mehr sind.

Sie waren noch jung. Und sie waren nicht ohne Fehler. Sie mordeten und übten Rache. Und natürlich, so geben sie zu, haben auch diese Dinge Auswirkungen gehabt. Mit den Jahren trat an die Stelle der ungezügelten Rache eine andere Form der Vergeltung. Sie kamen in Flugzeugen ihrer eigenen Luftwaffe nach Italien, mit Pässen ihres eigenen Staates. Die bloße Existenz dieses Staates, den sie mitschufen und mit anregten und mit verteidigten, ist die Antwort auf jene Mächte, die sich vorgenommen hatten, die Juden auszulöschen.

Langsam gehen sie zwischen den alten Grabsteinen umher, bis sie den einen finden, den sie suchen. Ein Davidstern ist darauf eingemeißelt und darunter der Name CHAIM BROT. Peltz steht in der Mitte, Carmi auf der einen Seite des Grabes, Pinschuk auf der anderen – drei Freunde, die sich wiedergefunden haben. Gemeinsam erfüllen sie ein altes Versprechen und singen: *Jitgadal vejitkadasch sch'mei rabah ...*

Und während sie ihr Gedenkgebet fortsetzen, hoffen sie, dass die Worte ihres Kaddisch den Himmel erreichen. Dass sie in ihr Land zurückkehren können, um dort den Rest ihrer Tage in Frieden zu leben und dass ihre hart errungene Heimat auch für ihre Kinder und Kindeskinder eine Heimat bleiben wird.

ANHANG

Über die Quellen

Dieses Buch entstand aus einem eher zufälligen Museumsbesuch. Ein Anflug von Neugier, der mich in eine Vitrine blicken ließ, sollte die kommenden drei Jahre meines Lebens bestimmen.

Es geschah nach einer Fahrt an einem Sonntagmorgen, die mich – jedenfalls der Karte nach – von meiner Wohnung in Connecticut in die abgelegeneren Gegenden New Jerseys führte. Wie sich jedoch herausstellte, war die Fahrt ein Klacks; ich erreichte das gigantische Gemeindezentrum, in dem ich über mein jüngstes Buch, *Der Schatz der Bibel. Moses und das Geheimnis des Heiligen Berges*, sprechen wollte, bereits Stunden vor der veranschlagten Zeit. Um nicht einsam in meinem Jeep Radio hören zu müssen (das dürftige Sonntagmorgen-Angebot bestand aus »Casey Kasem's Countdown« sowie aus der Übertragung von Gottesdiensten), beschloss ich, das Gebäude zu erkunden. Eine Stunde des Herumschlenderns später, ich hatte bereits ein paar Basketballspielern zugesehen und in der Snack Bar gemütlich eine Tasse Kaffee getrunken, stieg ich auf der Suche nach weiteren Ablenkungen eine Treppe hinauf und kam an eine Tür, auf der »Holocaust-Gedächtnis-Museum« stand.

Ich trat ein und stellte schnell fest, dass die Aufschrift an der Tür großartiger war als die Ausstellung selbst. An den Wänden eines hell erleuchteten Raums, nicht größer als ein Motel-Zimmer, befanden sich etliche Vitrinen mit Fotografien. Die Schwarz-Weiß-Bilder – Zerstörungen der Kristallnacht, ein verängstigter, großäugiger Junge mit einem gelben Stern auf dem Mantel, der von deutschen Soldaten abgeführt wird – sollten zweifellos aufrüttelnd belegen, was ein halbes Jahrhundert zuvor den Juden Europas angetan worden war. Die Bilder waren mir nur allzu vertraut. Ich hatte ähnliche Darstellungen bereits in so vielen Büchern gesehen, dass sie – jedenfalls für mich – ihre aufrüttelnde Kraft verloren hatten.

Ich war bereits wieder auf dem Weg zum Ausgang, als mir auf einem Bild in der Vitrine neben der Tür die Schulterklappe eines Soldaten auffiel. Ein Davidstern – das gut erkennbare gelbe Abzeichen, das tyrannisierte Juden auf ihrer Kleidung tragen mussten, prangte auf einem blauweißen Untergrund. Ein Kreis aus englischen und hebräischen Worten umfasste den Stern: »Jüdische Kampfbrigade.«

Neben dem Bild stand auf einem 8 x 13 cm großen Kärtchen: »Die Jüdische Brigade, eine Einheit der britischen Armee, bestehend aus Freiwilligen aus Palästina, wurde im September 1944 aufgestellt und kämpfte von März bis Mai 1945 auf dem italienischen Kriegsschauplatz.«

Eine Brigade aus jüdischen Soldaten hatte als Einheit der britischen Armee gegen die Nazis gekämpft? Davon hatte ich noch nie gehört. Was für ein Gefühl musste das wohl gewesen sein, fragte ich mich, zu dieser Armee zu gehören? Als Soldat gegen einen Feind in den Kampf zu ziehen, der sich vorgenommen hatte, das eigene Volk auszulöschen? Wie war er für diese Männer gewesen, dieser Krieg in Europa? Dies waren die ersten Fragen, die sich mir stellten, und auf meiner Heimfahrt nach meinem Vortrag beschloss ich, sie mir zu beantworten. Ich wollte es wenigstens versuchen.

Und so machte ich mich an die Nachforschungen, die drei Jahre später zu diesem Buch führten. Der einfachste Ansatz bestand darin, alle erreichbaren Bücher über die Brigade zu lesen. Doch auf Englisch war nur eine Hand voll zu diesem Thema erschienen (vor allem erwähnenswert: ein schmales, verwirrend aufgebautes, aber dennoch zuverlässiges britisches Bändchen namens *The Jewish Brigade: An Army with Two Masters* von Morris Beckman; die sehr aufrichtigen, in England unmittelbar nach dem Krieg veröffentlichten Erinnerungen des obersten Seelsorgers der Brigade, Bernard M. Casper: *With the Jewish Brigade*; von Leonard Sanitt *On Parade*, der großartige Bericht eines britischen Stabsfeldwebels, der in Italien zur Brigade gestoßen war; *Abram*, Henry Orensteins faszinierende Biografie über Abram Silberstein sowie die ausgezeichnete Übersetzung eines kraftvollen und bewegenden Romans, der ursprünglich vor drei Jahrzehnten von einem Soldaten der Brigade auf Hebräisch verfasst wurde: *The Brigade* von Hannoch Bartov).

Die unzähligen Dokumente (offizielle Kriegstagebücher, Geheimdienstberichte verschiedenster Art, Protokolle von Kabinettsitzungen, behördliche Korrespondenz), die ich im »Public Record Office« in London einsehen konnte, sowie Informationen aus dem Zionistischen Zentralarchiv in Jerusalem, aus der Beth-Hatefutsoth-Ausstellung und aus der Vereinigung der Kriegsveteranen waren in vieler Hinsicht hilfreicher. Diese Unterlagen vermittelten mir einen besseren Überblick über die politischen und logistischen Probleme, die sich aus der Aufstellung und dem Einsatz der Brigade ergaben. Zusätzlich füllten etliche hebräische Bücher und Monografien meine historischen Lücken: Naftali Arbel, *Guns on Senio*; Aharon Hoter-Yishai, *Only Yesterday*; eine Zusammenstellung mehrerer Artikel über die Brigade unter dem Titel *Collection*; die bemerkenswerten und ergreifenden Erinnerungen der Doppelgänger, die anlässlich ihres 44. Jahrestreffens von Carmy Patal unter dem Titel *A Secret Mission* herausgegeben wurden; *Jewish Palestine Fights Back* von der Jüdischen Kriegsveteranenvereinigung sowie das gut durchdachte *Jewish Volunteers in the British Army in World War II* von Yoav Gelbar), die Rachel Zetland, mein findiger, in Tel Aviv lebender Scout übersetzt hat. Um mein Hintergrundwissen zu erweitern, las ich mich durch eine Bibliothek von Büchern über den Holocaust und den Zweiten Weltkrieg. Als für meine Zwecke am wertvollsten erwiesen sich dabei: *The Secret Roads*, das nach dem Krieg in Großbritannien erschien und in dem Jon und David Kimche über die illegalen Einwanderungen berichten; *Fugitives of the Forest* von Allan Levine, ein umfassender Bericht über Partisanen; *The Battle for Italy*, eine Militärgeschichte von W. G. F. Jackson, sowie das monumentale *The War Against the Jews* von Lucy S. Dawidowicz.

Doch ich stellte bald fest, dass ich noch andere »Materialien« brauchte, wenn ich meine ursprünglichen Fragen beantwortet haben wollte. Ich musste mit den Männern sprechen, die in der Brigade gedient hatten. Zum Glück zeigten sich viele von ihnen bereit, entweder mir oder meinen Recherche-Helfern Auskunft zu geben. (Eine Namensliste der Veteranen findet sich am Ende dieser Anmerkung.) In Israel saß ich auf einer abgeschirmten Veranda mit Blick auf ein gepflügtes Feld in einem Kibbuz bei Haifa; ich besuchte einen Schießstand im Karmel, wo mir das ständige Ratatat der Uzis in den Ohren klang; ich trank in einer blitzend weißen Küche auf einem Berg im Karmel Tee, im Hintergrund das sonnengesprenkelte Mittelmeer – und immer lauschte ich dabei Geschichten vom Krieg in Europa und aus der Zeit danach. Und während ich mit diesen Veteranen der Brigade sprach, spürte ich, dass ich ein reiches, unerschlossenes Gebiet betrat: das geheime oder wenigstens noch nie berichtete Drama der Soldaten, die in der Jüdischen Brigade gedient hatten.

Wenn ich diese Geschichte genau wiedergeben wollte, wenn ich sowohl den historischen Fakten als auch den psychologischen Rätseln gerecht werden wollte, dann, so wurde mir klar, musste ich eine Geschichte zu Papier bringen, die diese beiden Fäden verknüpfte. Ich würde den Part des Historikers übernehmen müssen, indem ich versuchte, die Ereignisse zu verstehen und zu beschreiben. Ich würde aber auch über die Dokumente hinausgehen müssen, um dem Leser begreiflich zu machen, was die Menschen in dieser Geschichte dachten und fühlten, während ihr Leben dramatische Änderungen durchmachte.

Natürlich ist eine solche Erzählstrategie mit vielen Problemen behaftet. Persönliche Geschichten – Interviews oder Memoiren – sind subjektiv. Die Erinnerung von Menschen kann Ereignisse verfärben, Tatsachen verfälschen oder gar mit Absicht in die Irre führen. Dennoch sind archivierte Dokumente, die eigentlich die gängige Grundlage für die Akkuratesse eines Historikers bilden, bei einer Geschichte, wie ich sie erzählen wollte, ungeachtet ihrer scheinbaren Unanfechtbarkeit oft unvollständig. So notiert das Kriegstagebuch der Brigade, das ich aus dem britischen Militärarchiv (Army Form C, 2118) erhielt, unter dem 1. November 1944: »Brg. auf See.« Das stimmt – aber mehr auch nicht. Denn wie ich in Teil I berichte, vollzog sich in den Herzen und Gedanken der Soldaten ein faszinierendes Drama, während die »Brg. auf See« war.

Im Laufe meiner Nachforschungen wurde mir immer deutlicher, dass die effektivste Weise, diese Geschichte zu erzählen, in einer Verengung der Perspektive bestehen würde. Ich wollte zwar ein Buch schreiben, das die Erfahrungen einer ganzen Brigade von Männern wiedergab, doch ich würde dies vermittels einiger Hauptdarsteller tun. Allerdings bestand die Brigade aus 5000 Soldaten. Auf wen sollte ich mich konzentrieren? Wie der Leser inzwischen weiß, griff ich mir drei Freunde heraus – Israel Carmi, Johanan Peltz und Ari Pinschuk. Möge der Leser entscheiden, ob das, was mich an diesen drei Männern anzog, die Aufmerksamkeit rechtfertigte, die ich ihrer jeweiligen Geschichte widmete. Jeder meiner »Helden« (ich bekenne, dass meine Zuneigung für und meine Hochachtung vor diesen Männern ganz beträchtlich wuchs) brachte ungehobene Schätze mit. Carmi hatte auf Hebräisch einen autobiografischen Bericht seiner Militärzeit über die Jahre vor dem und während des Zweiten Weltkriegs mit dem Titel *The Fighter's Path* geschrieben. Frau Zetland übersetzte ihn, und was ich dann zu lesen bekam, war eine fesselnde persönliche Geschichte, die nie sentimental, aber immer provokant war. Peltz' umfangreiche Autobiografie ist noch nicht ganz abgeschlossen, doch die Teile, die er mir freundlicherweise zukommen ließ, waren in sorgfältigem Englisch verfasst und bildeten detailreich und spannend die Geschichte seines Lebens in Zabiec, in Palästina und während des Krieges in Europa. Er ist der geborene Schriftsteller; er kann amüsant wie bewegend schreiben, und immer ist er mitreißend. Ari Pinschuk gewährte mir – wieder von Frau Zetland übersetzte – Einblicke in ein privat herausgegebenes Erinnerungsbuch über Reflowka; gefühlvolle 470 Seiten detaillierter Rückblicke. Neben der Bereitstellung ihrer Bücher und Manuskripte waren diese drei Männer und Lea Pinschuk-Ziegler so entgegenkommend, mir geduldig stundenlange Interviews zu geben, mir dann noch mehr Interviews zu geben, und mir später auch noch all die kleinen Fragen zu beantworten, die sich mir stellten, als ich mit dem Niederschreiben und Bearbeiten des Textes begonnen hatte.

So hatte ich schließlich einen reichen Fundus, aus dem ich schöpfen konnte. Und ich war fest entschlossen, all diese unterschiedlichen Quellen – Archivmaterial, Geschichtswerke, Memoiren und Interviews – zu verwenden, um aus ihnen eine wahre Geschichte zu schaffen. Daher kann der Leser gewiss sein, dass die Zitate wenigstens von einem der am jeweiligen Gespräch Beteiligten ganz genau so erinnert wurden, wie sie im Text stehen. Und selbst längere Dialoge, deren wörtliche Wiedergabe nach fünfzig Jahren jemandem sehr viel abverlangen würde, sind nicht auf gut Glück entstanden. Wenn Peltz zum Beispiel auf der Fahrt nach Rom von seinen Kämpfen in Hartuv berichtet, dann zitiere ich seine Worte genau so, wie sie in seiner Autobiografie stehen.

Und weiter: Obwohl ich den Angriff auf La Giorgetta weitgehend aus Peltz' Augen wiedergebe, habe ich eine Vielzahl von Quellen verwendet, um seine Erinnerungen zu bestätigen und den ganzen Ablauf zu rekonstruieren: Peltz' Memoiren, die offiziellen Kriegstagebücher, freigegebene Geheimdienstberichte, Jacksons *Geschichte des Kriegs in Italien*, verschiedene Bücher über Minen und Minensucheinheiten (vor allem *War in the Desert* von James Lucas), Interviews mit mehreren anderen Teilnehmern des Angriffs, darunter Peltz' Feldwebel Avraham Uzieli; Beckmans *The Jewish Brigade* sowie die Übersetzung eines Interviews mit dem israelischen Historiker Joav Gelber. Und noch ein Beispiel: Wenn ich von Leas Schicksal berichte – was sie erlebte, fühlte und dachte –, dann sollte dem Leser bewusst sein, dass diese Abschnitte nicht allein auf ihren Erinnerungen beruhen, sondern mithilfe eher sachlicher Geschichtsbücher bestätigt und erweitert wurden, etwa mit *Fugitives of the Forest* von Levine, aber auch mit schriftlich niedergelegten Erinnerungen von anderen, die in Reflowka lebten, darunter vor allem Ziskin-Haim Bert, Rachel Fligelman und Ahuva Hendelsman.

Wertvolle Informationen, die nicht zu erwähnen nachlässig wäre, fand ich auch in Filmdokumenten. Eine israelische Fernsehdokumentation mit dem Titel *Hanokmim* (Die Rächer) und das Videoband eines schockierend freimütigen Interviews, das Meïr Zorea in seinem Kibbuz gab und das seine Witwe mir freundlicherweise zur Verfügung stellte (beide Filme übersetzte mir Frau Zetland), versah mich mit schier unglaublichen Augenzeugenberichten über die Ausführung der Racheaktionen. Wenn zum Beispiel Zorea (in Kapitel 34) seine Methoden zur Hinrichtung von Kriegsverbrechern darlegt, dann stammt diese Darstellung aus jenem Gespräch mit Mitgliedern seines Kibbuz kurz vor seinem Tod. Nicht weniger wertvoll war die erkenntnisreiche und äußerst intensiv verfilmte Geschichte der Brigade *In Our Own Hands* von Chuck Olin. Ihre Produzenten – Olin, Chuck Coppers und Matthew Palm – betreiben die Webseite www.olinfilms.com.

All diese Quellen erlaubten mir schließlich, jene Fragen zu beantworten, die an jenem schicksalsträchtigen Vormittag in New Jersey zum
ersten Mal in mir aufstiegen. Sie bilden die Grundlage dafür, diese
Geschichte sowohl spannend als auch korrekt zu erzählen.

Die Gespräche mit den im Folgenden aufgeführten Kriegsteilnehmern
waren von unersetzlichem Wert; ihre Erinnerungen haben dazu beigetragen, das Buch mit Leben zu erfüllen:

Abraham Akavia	Gabriel Knoller
Arie Amir	Jack Levy
Ted Arison	Netanel Lorch
Ephraim Ben Arzi	Shimon Maze
Eli Avni	Pavel Mozes
Izhak Bar-On	Shlomo Netzer (ein Überlebender,
Yehezkel Bar-On	der zum Ehrenmitglied der Brigade
Hannoch Bartov	wurde)
Zve Brenner	Johanan Peltz
David Ben-David	Ari Pinschuk
Gideon Ben Israel	Shaul Ramati
Israel Carmi	Joseph Seltzer
Eric Feuer	Meïr de Shalit
Oly Givon	Aharon Shamir
Cyril Goodman	Shlomo Shamir
Chanan Greenwald	Abram Silberstein
Martin Hauser	Israel Tal
Aharon Hoter-Ishay	Adin Talbar
Mark Hyatt	Avraham Uzieli
Maxim Kahan	Meïr Zorea

Die einzelnen Kapitel des Buchs beruhen hauptsächlich auf folgenden
Quellen:

Prolog
Dokumente: Memorandum »Palestinians in the Forces« des Kriegska-
binetts (1. 8. 1942);
Depeschen des Kriegsministeriums 1940–43; Korrespondenz des Kabi-
netts und des Außenamts 1940–44; Council Secretariat Report 10/42;
Korrespondenz des Premierministers 1940–44; Depeschen des Außenamts 1940–44; Middle Eastern War Council Report v. 24. 5. 1942;

Ministerielle Anweisung bez. »Jüdischer Armee« v. 13.7.1942; Weizmann-Churchill-Korrespondenz 1942–44
Bücher: Yehuda Bauer, *From Diplomacy to Resistance* (Jewish Publication Society of America); Morris Beckman, *The Jewish Brigade* (Spellmount); Michael Cohen (Hg.), *The Jewish Military Effort 1939-44* (Garland); Chaim Herzog, *The Arab-Israeli Wars* (Vintage); Henry Orenstein, *Abram* (Beaufort Books); Jehuda Wallace, *Israeli Military History* (Garland)
Interviews: Brigadeveteranen, Yoav Gelber (JG)
Monografien: David Ben-Gurion, *To a Comrade in Palmach* (Ministry of Defense); Joav Gelber, *Jewish Volunteers in the British Army in WW II*; Martin Gilbert, *Churchill and Zionism* (The World Jewish Congress); Werbebroschüre der Jüdischen Brigadegruppe, hrsg. von der Jewish Agency für Palästina; Rede von W. Churchill vor dem Unterhaus am 28.9.1944, Nachdruck der Jewish Agency
Zeitungen: *New York Times*, September-Oktober 1944; Archiv der *Central Zionist Palestinian Press*, 1939–45

Kapitel 1
Dokumente: Kriegstagebuch der Brigade; Memorandum des Brigade-Hauptquartiers; Unveröffentlichte Erinnerungen: Johanan Peltz, *With the Palestinian Police*
Bücher: Sam Axelrod, *My Story* (Midax Press); Israel Carmi, *The Fighter's Path* (Ma'arakhot, übers. v. Zetland); Bernard Casper, *With the Jewish Brigade* (Edward Goldston)
Interviews: Israel Carmi (IC); Johanan Peltz (JP); Ari Pinschuk (AP); Brigadeveteranen

Kapitel 2
Dokumente: Unveröffentlichte Erinnerungen: Johanan Peltz; Ari Pinschuk
Bücher: Bauer; Beckman; Carmi; Herzog
Interviews: IC; JP; AP; Brigadeveteranen

Kapitel 3
Dokumente: Unveröffentlichte Erinnerungen: Peltz, *My Big Grandfather*; Peltz, *The Furriers*; Pinschuk
Interviews: AP; JP; IC
Bücher: Beckman; Casper

317

Kapitel 4
Dokumente: Kriegstagebuch; Geheimdienstberichte; Memorandum des Brigade-HQ
Bücher: Axelrod; Bauer; Beckman; Ros Belford et. al., *The Real Guide: Italy* (Prentice Hall); Carmi; Cohen; Herzog; W. G. F. Jackson, *The Battle for Italy* (Harper & Row)
Interviews: IC; Brigadeveteranen

Kapitel 5
Bücher: Anthony; Bauer; Carmi; Cave, *Bodyguard of Lies* (Harper & Row); Cohen;
Interviews: IC; JP; Oly Givon (OG)

Kapitel 6
Dokumente: Kriegstagebuch; Memorandum des Brigade-HQ; Unveröffentlichte Erinnerungen: JP
Bücher: Beckman; Casper

Kapitel 7
Dokumente: Unveröffentlichte Erinnerungen: AP
Bücher: Axelrod; Beckman; Casper; Leonard Sanitt, *On Parade* (Spa Books)
Interviews: AP

Kapitel 8
Dokumente: Unveröffentlichte Erinnerungen: JP; AP
Bücher: Axelrod; Beckman
Interviews: AP; JP; IC

Kapitel 9
Dokumente: Unveröffentlichte Erinnerungen: Lea Pinschuk-Ziegler; AP; Ziskin-Haim Bert; Ahuva Hendelsman; Gershon Gruber; Itzhak Bril; Rivka Avira; Enya Burku; Tziporah Goldberg u. a. in Reflovka
Bücher: Lucy S. Dawidowicz, *The War Against the Jews* (Holt, Rinehart and Winston)
Interviews: Lea Pinschuk-Ziegler (LPZ); AP

Kapitel 10
Dokumente: Kriegstagebuch; Geheimdienstberichte
Bücher: Axelrod; Beckman; Carmi; Casper; Jackson
Interviews: AP; JP; IC; Brigadeveteranen

Kapitel 11
Dokumente: Kriegstagebuch; Geheimdienstberichte; Memorandum des Brigade-Hauptquartiers; Unveröffentlichte Erinnerungen: JP
Interviews: JP; YG; Avraham Uzieli (AU); Izhak Bar-On (IB); Shlomo Shamir (SS); Maxim Kahan (MK); Zve Brenner (ZB); Hannoch Bartov (HB); Brigadeveteranen

Kapitel 12
Dokumente: Kriegstagebuch; Geheimdienstberichte; Unveröffentlichte Erinnerungen: JP
Interviews: JP; MK; Brigadeveteranen
Dokumentarfilm: *In Our Own Hands*

Kapitel 13
Dokumente: Unveröffentlichte Erinnerungen: LPZ; andere in Reflowka
Bücher: Dawidowicz
Interviews: LPZ; AP

Kapitel 14
Dokumente: Kriegstagebuch; Geheimdienstberichte
Bücher: Beckman; Jackson; James Lucas, *War in the Desert* (Holt)
Interviews: JP; AU; MK; Brigadeveteranen

Kapitel 15
Dokumente: Kriegstagebuch; Text der Military-Cross-Verleihung an Meïr Zorea; Unveröffentlichte Erinnerungen: JP
Bücher: Beckman; Jackson
Interviews: JP; AU; MK; IC; Meïr Zorea (MZ); AP; Brigadeveteranen

Kapitel 16
Dokumente: Kriegstagebuch; Unveröffentlichte Erinnerungen: JP
Bücher: Beckman
Interviews: JP; AU; MK; HB; Brigadeveteranen
Dokumentarfilm: *In Our Own Hands*

Kapitel 17
Dokumente: Kriegstagebuch; Geheimdienstberichte
Bücher: Beckman; Carmi
Interviews: IC; Brigadeveteranen

Kapitel 18
Dokumente: Kriegstagebuch; Geheimdienstberichte; Memorandum des Brigade-Hauptquartiers
Bücher: Hannoch Bartov, *The Brigade* (Macdonald); Beckman; Carmi; Taylor
Interviews: JP; IC; MZ; AU; SS; IB; ZB; AP; Brigadeveteranen

Kapitel 19
Dokumente: Unveröffentlichte Erinnerungen: LPZ; andere in Reflowka
Interviews: LPZ

Kapitel 20
Dokumente: Kriegstagebuch
Bücher: Axelrod; Beckman; Carmi; Casper; Sanitt
Interviews: JP; IC; AP; SS; MK; Brigadeveteranen

Kapitel 21
Dokumente: Unveröffentlichte Erinnerungen: LPZ; AP
Bücher: Allan Levine, *Fugitives of the Forest* (Stoddard); Raul Hilberg (Hg.), *Documents of Destruction*, Quadrangle; Gerd Korman (Hg.), *Hunters and Hunted*, Delta
Interviews: LPZ, AP

Kapitel 22
Dokumente: Kriegstagebuch
Bücher: Beckman; Carmi; Casper; Peter Rabe, *Palmach's German Platoon in the Western Desert* (Amihai)
Interviews: IC; SS; Chanan Greenwald (CG); HB; JP; OG; Brigadeveteranen

Kapitel 23
Dokumente: Kriegstagebuch; Geheimdienstberichte
Bücher: Axelrod; Beckman; Carmi; Casper; Jackson
Interviews: MK; JP; AU; IC; SS; AP; Brigadeveteranen

Kapitel 24
Dokumente: Unveröffentlichte Erinnerungen: LPZ
Bücher: Hilberg; Korman; Levine
Interviews: LPZ

Kapitel 25
Dokumente: Kriegstagebuch; Memorandum des Brigade-Hauptquartiers
Bücher: Axelrod; Bartov; Beckman; Casper
Interviews: IC; JP; AP; SS; HB; Brigadeveteranen
Dokumentarfilm: *In Our Own Hands*

Kapitel 26
Dokumente: Kriegstagebuch; Memorandum des Brigade-Hauptquartiers
Bücher: Axelrod; Bartov; Beckman; Carmi; Casper
Interviews: IC; JP; AP; Brigadeveteranen

Kapitel 27
Dokumente: Unveröffentlichte Erinnerungen: JP
Bücher: Beckman; Casper; Carmi; Dawidowicz; Hilberg
Interviews: IC; JP; Hoter-Yishai (HY)

Kapitel 28
Dokumente: Unveröffentlichte Erinnerungen: LPZ; andere in Reflowka
Interviews: LPZ

Kapitel 29
Dokumente: Kriegstagebuch; Geheimdienstberichte
Bücher: Bartov; Beckman; Carmi,
Interviews: IC; SS; JP; OG; MZ; Abram Silberstein (AS); Brigadeveteranen
Zeitungsartikel: Benny Morris, »Interview Israel Carmi«, *The Jerusalem Post Magazine*, 7. 7. 1989
Dokumentarfilme: *Hanokmim*, Israelisches Fernsehen; *In Our Own Hands*; Zorea-Video

Kapitel 30
Bücher: Carmi
Interviews: IC; OG
Dokumentarfilm: *Hanokmim*

Kapitel 31
Dokumente: Unveröffentlichte Erinnerungen: LPZ
Interviews: LPZ

Kapitel 32
Bücher: Axelrod; Beckman; Carmi
Interviews: JP; IC; MZ; AS; OG; AP
Zeitungsartikel: *Jerusalem Post,* »Porträt Carmi«
Dokumentarfilme: *Hanokmim*; Zorea-Video

Kapitel 33
Bücher: Rabe
Interviews: JP; IC; OG
Dokumentarfilme: *Hanokmim*; *In Our Own Hands*

Kapitel 34
Bücher: Beckman; Carmi
Interviews: IC; JP; MZ; AS; OG
Dokumentarfilme: *Hanokmim*; Zorea-Video

Kapitel 35
Dokumente: Unveröffentlichte Erinnerungen: JP
Interviews: JP; IC; AS; OG
Dokumentarfilm: *Hanokmim*

Kapitel 36
Interviews: JP; IC; AP

Kapitel 37
Dokumente: Geheimdienstberichte des Kriegsministeriums; Kriegstage-
buch, »Special Reports« über Flüchtlinge des Zionistischen Archivs
Bücher: Beckman; Carmi; Casper; Dawidowicz; Jon u. David Kimche,
The Secret Road (Secker and Warburg); Dominique Lapierre, *A Thou-
sand Suns* (Warner); Aharon Hoter-Yishai, *Only Yesterday* (Ma'ara-
khot)
Monografien: Motti Friedman, *Studies in the History of Zionism*, The
Pedagogic Center
Interviews: IC; JP; SS; CG; HY; Brigadeveteranen

Kapitel 38
Dokumente: »Special Reports« über Flüchtlinge; Geheimdienstberich-
te des British Army Field Service; Unveröffentlichte Erinnerungen: AP
Bücher: Kimche; Hoter-Yishai
Interviews: AP

Kapitel 39
Dokumente: Gehcimdienstberichte des British Army Field Service; Unveröffentlichte Erinnerungen: Lisa u. Aaron Derman, Yonathan Adar, *Bricha Route Through the Alps*
Bücher: Axelrod; Beckman; Carmi; Sanitt
Interviews: IC; JP; SS; HB; MK; Brigadeveteranen
Dokumentarfilm: *In Our Own Hands*

Kapitel 40
Bücher: Carmi; Kimche
Interviews: IC; JP; Brigadeveteranen

Kapitel 41
Bücher: Carmi; Kimche; Orenstein
Interviews: IC; JP; MK; SS; AS; Meïr de Shalit (MS); Brigadeveteranen

Kapitel 42
Bücher: Carmi; Kimche
Interviews: IC; JP; MS; MK; AS; Brigadeveteranen; Lisa u. Aaron Derman

Kapitel 43
Dokumente: Unveröffentlichte Erinnerungen: JP
Interviews: AP; LPZ

Kapitel 44
Dokumente: Memorandum des Brigade-Hauptquartiers; Kriegstagebuch; Unveröffentlichte Erinnerungen: Ze'hava Litman Brumberg, *School in Bergen-Belsen Revived My Soul*; Netanael Lorch, *The Immigration of a Double*
Bücher: Axelrod; Bartov; Beckman; Carmi; Casper; Herzog; Kimche; I. F. Stone, *Underground in Palestine* (Boni & Gaer)
Interviews: IC; JP; SS; HB; OG; MZ; MS; Brigadeveteranen

Kapitel 45
Dokumente: Unveröffentlichte Erinnerungen: AP
Interviews: AP; LPZ

Kapitel 46
Bücher: Carmi; Kimche; Lapierre; Stone
Interviews: IC; JP; Brigadeveteranen

Kapitel 47
Dokumente: Beth Hatefutsoth, *Return to Life*, Ausstellung u. Katalog; Zionistisches Archiv
Bücher: Bauer; Carmi; Kimche; Lapierre; Stone; *Encyclopedia Judaica* (Macmillan)
Interviews: IC; JP; Gelber

Kapitel 48
Dokumente: Unveröffentlichte Erinnerungen: AP; LPZ
Interviews: AP; LPZ
Zeitungsartikel: Joseph Berger, »Grasping Life After War«, *New York Times*, 15. 1. 2000

Kapitel 49
Dokumente: Unveröffentlichte Erinnerungen: AP; Gabby Knoller, *Leni*
Bücher: Beckman; Carmi
Interviews: IC; JP; AP; HB; SS; Gabby Knoller; Brigadeveteranen

Kapitel 50
Dokumente: Kriegstagebuch; Depeschen der Kolonialbehörde; Zionistisches Archiv; Hatefutsoth-Ausstellung; Unveröffentlichte Erinnerungen: Carmy Patael (Hg.), *The Doubles in a Secret*
Bücher: Beckman; Carmi; Casper; Herzog; Kimche; Lapierre; Orenstein; Stone
Interviews: IC; JP; AP; SS; Brigadeveteranen

Kapitel 51
Bücher: Carmi; Herzog; Orenstein
Interviews: AP; LPZ; IC; JP

Kapitel 52
Dokumente: Hatefutsoth-Ausstellung
Bücher: Beckman; Kimche
Interviews: IC; JP; AP; SS; HB; JG

DANKSAGUNGEN

Obwohl ich beim Verfassen dieses Buches für eine mir endlos lang erscheinende Zeit in meiner Klause zwei Etagen über
einer Hauptstraßen-Pizzeria in einer Kleinstadt in New England recht abgeschieden lebte, war ich dennoch nie wirklich
allein. Von dem Augenblick an, in dem ich meine noch unaus-
gegorene Idee meiner Managerin (und Freundin) Lynn Nes-
bit mitteilte, stand sie mir mit kluger und wertvoller Hilfe zur
Seite. Cullen Stanley von der Janklow-Nesbit-Agentur war
während der gesamten Prozedur ebenfalls immer mit ihrer
Klugheit, Freundlichkeit und Freundschaft zur Stelle. Dazu
hatte ich bei HarperCollins das Glück, in David Hirshey einen
routinierten, einsichtsvollen und – was nicht weniger wichtig
ist, wenn die Dinge, wie üblich, irgendwann kompliziert werden – entscheidungsfreudigen Lektor zu haben. Jeff Kellogg,
ebenfalls Lektor bei HarperCollins, erwies sich als flink und
scharfsinnig; dieses Buch ist in mancherlei Hinsicht das Ergebnis seiner Aufmerksamkeit und Begabung. Auch Brenda
Segel und Patricia Kelly geizten nicht mit Hilfe und Ermuti-
gung. Und Graydon Carter, Doug Stumpf und Chris Garrett
von *Vanity Fair* unterstützten mich, noch ehe ein Manuskript
vorlag; ich verdanke ihnen die Finanzierung meiner Recher-
che-Reise nach Israel. In ähnlicher Weise engagierten sich
Nick Wechsler von Industry Entertainment sowie Harvey
Weinstein und Jon Gordon von Miramax Films, indem sie
eine Verfilmung des Buchs in Angriff nahmen, noch ehe ein
Buch vorhanden war; ihre Energie und ihr Interesse waren
wertvolle Begleiter beim Schreibprozess. Es war der immer
einfallsreiche und gebildete Bob Bookman, der die ersten
Kontakte herstellte. Alan Hergott sorgte nicht nur dafür, dass
auf jedem »i« ein Punkt und in jedem »t« ein Querstrich war,

sondern war auch ein ständiger Quell der Klugheit und Freundschaft; ich stehe in seiner Schuld. Rachel Zetland, die in Israel mit mir zusammenarbeitete, war eine nimmermüde Führerin, kunstreiche Übersetzerin und bohrende Interviewerin; ohne ihre Hilfe in den vergangenen drei Jahren hätte dieses Buch wohl nicht entstehen können. In Israel gilt mein Dank auch den vielen Menschen, die so freundlich waren, mich in ihren Wohnungen zu empfangen und mir ihre Lebensgeschichten zu erzählen. Es sind zu viele, um sie alle namentlich zu erwähnen, doch es wäre unverantwortlich, wenn ich meinen Dank gegenüber Johanan Peltz, Israel Carmi, Ari Pinschuk und Lea Pinschuk-Ziegler nicht ausdrücklich äußern würde. Mein Leben wurde durch sie bereichert. Und schließlich ist da noch meine Familie – meine Frau Jenny und meine Kinder Tony, Anna und Dani. Für sie habe ich dieses Buch geschrieben.

Die Originalausgabe erschien 2001 unter dem Titel The Brigade.
An Epic Story of Vengeance, Salvation and World War II *bei*
HarperCollins, New York.

Der Econ Verlag ist ein Unternehmen
der Econ Ullstein List Verlag GmbH & Co. KG, München

1. Auflage 2002

ISBN 3-430-11565-5

Gesetzt aus der Sabon und Optima
Satz: Franzis print & media GmbH, München
Druck und Bindung: Spiegel, Ulm